KB253848

안전하고 선진화된
부동산거래 보장받기

내일을여는지식 경영경제 13

안전하고 선진화된
부동산거래 보장받기

■ 진영섭 지음

KSI 한국학술정보㈜

우리 민족은 만주지역을 포함한 한반도에서 4000여 년을 살아오면서 비록 지금은 만주지역이 중국 영토가 되어 중국의 문명처럼 되었지만 과거 만주지역을 지배한 민족이 우리 민족이라는 것을 상기할 때 세계 4대 문명발상지 중의 하나인 황하문명이 과거 우리조상들이 이룩한 문명지라는 생각이 든다. 또 오늘날에도 우리민족은 우리나라를 단 40여년의 단 기간에 후진국에서 선진국 반열까지 진입한 한강의 기적을 이루어 낸 매우 위대한 민족이다.

우리민족의 역사는 시간만 유구한 것이 아니다. 단일민족으로써 우리가 살고 있는 이 지역을 매우 오랜 기간 지배한 세계에 가장 전통 있는 민족이다.

이에 비하여 우리나라의 부동산거래 실태는 세계에 낯 뜨거워 내놓을 수 없을 정도로 매우 낙후되어 있다. 즉 우리나라의 부동산거래는 재테크 수단이라는 미명하에 각종 방법의 투기를 통한 한탕주의가 만연하는가 하면, 여기저기서 부동산 관련 불법행위와 사기사건이 끊일 줄 모르게 일어나고 있어 실수요자에게 막대한 피해를 입히고 있을 뿐 아니라 전 국민들에게 허탈감과 위화감을 유발하고 있다.

또한 우리나라는 다른 나라와 다르게 좁은 국토에서 7,000만 명이 넘게 살고 있고 또 앞으로 살아가야 하므로 토지를 포함한 부동산을 최고 최선으로 유효하게 이용하여야 함이 절대적으로 요구된다. 이러한 부동산에 대하여 부동산거래도 국민적 요구에 부응하도록, 즉 부동산이 최고 최선으로 이용될 수 있도록 거래가 이루어져야 하는데 이렇지 못하고 있다.

이 결과, 투기꾼에 의해 조성된 고가의 지가는 곳곳에 개발하다 만 미완성 건축물을 양산하여 미관을 해치는가 하면, 방치된 채 각종 오염을 불러오고 있다. 또한, 완성된 건물도 수요를 초과한 건축으로 인하여 1층까지도 텅텅 빈 채 방치되고 있다.

이러한 사태가 발생한 데는 일부 몰지식한 중개업자를 포함한 투기꾼들의 불법행위에 그 원인이 있기도 하지만, 국민들은 물론 엘리트라는 학계지도자 및 정치계 지도자까지 모두 매우 위험하고 허술한 부동산거래 실태를 방치한 데 있다. 이에 이제라도 부동산거래를 바로잡지 않는다면 우리의 산업은 고가의 부동산가격에 의하여 낮은 성장을 하게 되고, 이로 인하여 국가경제는 파괴될 수밖에 없을 것이다. 따라서 정부 및 부동산거래 관련 주체들은 우리의 부동산 거래실태를 면밀히 검토하고 분석하여 우리나라의 부동산거래 후진 분야를 도출하고 이를 선진화하는 작업을 지금부터라도 추진해 나가야 한다.

그래서 본인은 부동산거래 선진화를 위해 일반국민과 부동산거래의 중추적 역할을 하고 있는 중개업자들에게 설문과 면접을 통하여 이들이 제시하는 문제점과 의견을 들었으며, 또 본인이 중개업을 약 10년간 운영하면서 우리나라의 부동산거래 후진성을 개선하기 위한 각종 분야에서 시험을 실시한 결과를 가지고 여러 문제점을 도출하고 그에 대한 대안을 제시하고자 하였다.

먼저 본 연구에서 제시하고자 하는 문제점을 정리하면 다음과 같다.

첫째, 부동산거래에서 가장 불안전한 요소인 거래당사자에 대한 진위 조사가 미흡하고 이에 대한 사회적 보장제도가 미흡하다.

즉 부동산거래도 하나의 상행위이므로 거래행위를 하는 사람의 행위가 매우 중요하다. 더구나 우리나라는 등기의 공신력이 없는 제도를 운영하면서도 그에 대한 보완책이 없으며, 부동산은 거액의 거래대금이 지불되는 상행위이기 때문에 이를 노리는 사기꾼들에 의한 각종 사고가 발생할 가능성이 항상 내재되어 있는데도 이에 대한 근원적 대책이 없다고 볼 수 있을 정도로 미흡한 상태이다.

둘째는 부동산거래에 있어 건축물의 거래는 신규건축물보다는 기존건축물의 거래가 대부분인데도, 기존건축물에 대한 거래를 함에 있어 기존 건축물의 근본적인 기능을 마비하거나 저하시키는 하자에 대한 하자의 기준과 사회적 보장대책이 매우 허술하다.

즉 부동산거래에 있어 하자의 종류에는 권리에 대한 하자와 물건자체에 대한 하자가 있다. 이 중 권리의 하자는 법규로 그래도 많은 점검 및 확인이 가능하다. 그러나 부동산자체의 하자를 살펴보기 위해 먼저 부동산 거래량을 보면 2006년도 우리나라의 주택보유는 13,534,000호이고, 2006년도 신규건설 주택은 470,000호이다. 신규 건설주택이 전체 주택 수의 3.4%로 기존건축물이 주류를 이루고 있다. 또 2006년도 주택거래건수를 보면 일반건물 및 아파트의 거래 건수가 총 2,913,898호인 데 비하여 신규 건설주택 470,000호는 총 건축물 거래의 16%로 기존 건축물 거래가 84%를 차지하고 있어 기존 주택 및 건물의 거래가 주류를 이루고 있다. 이 기존 건축물은 짧게는 3년으로부터 길게는 30년 이상 된 건물들이다. 그런데 건물의 하자보수에 관하여 법규를 살펴보았을 때 주택법에 의한 하자범위 및 하자담보책임 기간을 보면 1년 후부터는 하자가 발생할 수 있는 것으로 보이며, 집합건물에 관한 법률에 의한 공동주택 수리기준을 보면 5년부터는 수리를 해야 하는 것으로 나타나고 있어 우리나라의 부동산거래는 많은 하자가 있는 상태로 거래되고 있음을 증명하고 있다. 그런데도 현행 건물의 하자에 관련된 법규는 공급회사와 사용자 간의 하자문제이며, 사용자 간의 거래인 기존건물에 대한 하자의 기준과 책임문제에 대한 사회적 보장대책이 매우 미흡한 실태인 것이다.

셋째, 부동산에 대한 권리의 하자로서 우리나라 부동산등기제도가 공신력이 없다는 제도이기는 하나, 실제로는 우리나라는 단일민족이 좁은 지역에서 장기간 거주한 특성이 있어 거래당사자 간에 거래부동산에 대한 권리내용을 잘 알고 있으며, 과거 우리 조상들이 부동산거래를 하며 실시했던 관행의 내적 신뢰가 관습으로 내려와 등기부등본에 대해 매우 신뢰하고 있다.

과거 우리 조상들은 부동산거래를 할 때 그 부동산의 거래 역사를 알 수 있도록 본문기라는 당해 부동산의 거래 역사를 알 수 있는 서류를 매도인이 매수인에게 인계하는 권원을 보장하는 제도를 운영하여 왔다. 그러나 현재의 우리나라 부동산거래는 매도인의 진위를 확인하는 제도가 소유권을 이전할 때 인감증명으로 진위를 확인하는 외에 권리의 내용과 진위를 증명하기가 매우 어렵다. 이러한 상황에서 계약금 등 거래대금이 교부되고 있는가 하면, 계약금이 교부되는 시기에는 권원에 대한 확증이 미흡하고, 또 부동산거래 문서에 대한 진위확인을 할 수 있는 증명이 없으며, 만에 하나라도 이로 인하여 발생한 사고에 대하여 사회적 보장을 하는 부동산권리에 대한 안전방책이 제도적으로 제대로 구비하지 못하고 있다.

넷째, 거래대금 교부에 대한 안전성이 없다.

부동산거래는 소유권 또는 사용권에 대한 이전을 뜻하며, 이 권리의 이전을 해 주는 대신 받는 대가는 거래대금이다. 그런데 이 거래대금은 거액이므로 서민들에게는 전 재산이 되는 경우가 많다. 더구나 우리나라는 국민들에게 할당되는 토지의 양이 절대적으로 적기 때문에 부동산에 대한 관심이 많고 소유하고자 하는 욕망 또한 많다. 그래서 경쟁이 치열할 수밖에 없다. 특히 사기꾼들은 권리의 이전과 관계없이 거래대금을 취득하는 데 목적이 있으며, 계약금 등 거래대금의 일부만 취득하여도 소기의 목적을 달성하는 것이다. 따라서 그들은 자신의 목적이 성공 가능하다는 것을 믿고 과감하게 실행하고 있다. 또한 중개업자(중개보조원 포함)들 중 일부는 고객이 믿고 맡긴 금전에 대해 횡령하여 중개 사고를 발생시키고 있다.

이에 대하여 2000년 1월 28일 제8차 중개업법 개정 시부터 부동산거래 시 계약금 등의 반환채무이행의 보장제도를 운영하도록 하고 있으나 이에 대한 세부적인 실행규정 및 지침이 마련되지 않아 실행되지 않고 있으며 거래현장에서 가장 효율적으로 실행할 수 있는 방책이 마련되지 않고 있다.

다섯째, 부동산거래에 있어 임대차거래가 매매거래 못지않게 많이 이용되고 있다. 그런데 이 임대차거래로 인한 사회적 불안과 거래당사자 간의 불안전을 해소하기 위한 대책은 임대차 보호법이라는 제도적 보안책이 규정화되어 있다. 그러나 임차인에게 실질적인 중요한 문제인 물건 사용에 대한 하자문제와 임대보증금 반환에 대한 안전한 사회적 보장책이 미흡하다.

임대차는 거래부동산을 임차인이 사용 수익하는 데 그 목적이 있다. 그러나 기존 건물은 건축년도가 경과할수록 하자가 발생하도록 되어 있고, 또 사용하다가 고의 및 실수로 훼손되거나 고장을 일으킬 수 있으며, 임차인이 임대차가 만료되거나 신상의 변화로 이동이 불가피하면 임대인에게 사용권을 이전하여야 하는데 임대인이 자금이 없다는 이유로 제때 임대보증금을 내어주지 않아서 임대인과 임차인 간에 불신과 불화를 일으키고 또 임차인은 금전적 낭비를 초래토록 하여 최종적으로는 법성사건으로 비화되고 있다.

여섯째, 부동산거래의 주체인 중개업자의 자질이 매우 낮고 열악하여 거래사고를 유발하고 있다.

부동산거래는 직거래보다 중개업자에 의한 거래가 대부분이며, 국민의 주요 재산이 이동하는 것이므로 거래의 주체 중의 하나인 중개업자의 책임과 자질은 매우 중요하다. 그러나 중개업자의 학력 편차가 크고, 부동산에 대한 전문적 교육을 받은 정도의 차가 크기 때문에 중개업자 스스로 전문화를 위한 노력을 하여야 하는데 이렇지 못함은 물론, 책임감도 희박하여 각종 거래사고가 발생하고 있다. 또 우리나라의 부동산중개업자에 대한 인식에 있어서도 정책의 최고 책임자라는 대통령까지도 이들의 전문성을 무시하고 부동산중개업은 누구나 할 수 있는 것으로 인식하여 실업자 구제책이라는 미명하에 국민을 현혹하고 있는가 하면 이들을 전문화하려는 아무런 대책이 없어 이들로 인한 부동산거래사고가 만연되고 있다.

마지막으로 부동산거래는 국민의 일상 상거래 행위 중 거래단위가 가장 큰 상거래이며, 특히 다른 나라 국민보다도 우리나라는 부동산에 대한 전 국민의 관심도가 매우 높은 데 비하여 부동산거래에 관한 학문적 이론 체계 구축은 매우 낙후되어 있어 이에 대한 학문적 체제가 매우 미흡하다.

부동산거래는 다른 상행위와 달라 단일 거래단위로는 매우 큰 금액이 이동하는 데 비하여 체계화된 이론이 미흡하여 정부 및 거래당사자 공히 사회적 보장책이 마련되지 않아 매우 불안하고 위험한 상태의 거래를 하는 매우 부끄러운 낙후된 거래 형태를 가지고 있다.

이를 해소하기 위해서는 많은 검토와 작업이 요망된다. 이제라도 부동산거래에 관하여 깊이 연구하고 학문적 체제의 구축이 절실히 요구되며 이를 위해 학계에서는 부동산거래학회 또는 부동산중개학회를 별도로 구성하여 과학적이고 체계적인 부동산거래 및 중개가 요구된다. 따라서 본 연구에서 부동산거래를 전반적으로 연구한 목적도 여기에 다소나마 기여하겠다는 목적에서 연구하였다.

또한 본인은 이에 대하여 2008년 목원대학교에서 부동산 석사논문으로 "부동산거래절차의 선진화 방안 연구"를 연구한 바 있으며, 그에 대한 완성으로 당시 제시하지 않았던 각 선진화 요소들에 대한 선진화 방안을 제시하고자 했다.

끝으로 이와 같은 부동산거래 선진화 방안이 제도적으로 완성된다면 국민들 간에 평안하고 안전하게 부동산을 거래할 수 있고, 신뢰하는 정의사회가 구현될 것이며, 또한 국민들은 중개업자를 통한 부동산거래의 편안함을 느낌은 물론 최선의 서비스를 받을 수 있고, 지금까지 부동산거래를 통한 시간적 낭비와 경제적 낭비를 완전히 해소할 수 있다. 또한 거래당사자는 자신의 본연의 업무를 보다 열심히 하고 전념할 수 있어 더 큰 이익을 얻을 수 있어 세계 어느 나라에 못지않은 부동산거래 제도의 선진국이 될 것이다.

특히 본인이 이 연구를 함은 공직생활에서 익혔던 자세로 국가가 본인에게 주었던 공인중개사 자격증으로 중개업을 통해 국민과 국가를 위해 봉사와 보답하고자 본 연구를 제출하고자 한다. 그리고 우리나라의 부동산중개와 거래가 무질서하고 혼탁한 상태에서 빨리 벗어나 안전하고 합리적이며 과학적이고 투명하며 효율적인 거래가 형성되어 부동산거래 선진화에 기여하기를 바란다.

그동안 본 책자를 검수해 주시고 지도해 주신 목원대학교 산업정보대학원 부동산학과 이규금 교수님, 이정호 교수님, 이재우 교수님, 정재호 교수님께 다시 한 번 감사의 말씀드린다.

그리고 본 책자를 작성하는 데 적극적으로 설문에 참여해 주신 전국의 국민들과 대한공인중개사협회 임원진들에게 감사를 드리며, 설문을 받아주시고 적극 면접해 주신 김용열 친우와 장석수 박사님 그리고 우리 막내딸 상미에게도 감사를 드린다. 또한 본 책자를 발간하는 데 열심히 지도해 주신 한국학술정보 주식회사와 동 회사의 임은정 양에게도 감사를 드린다.

처음 마음먹은 대로 전부 논문에 게재하지 못한 부분을 이제 완성하면서 정책당국과 학회 및 협회 그리고 중개업자 및 법률을 입안하시는 분들께 많은 도움이 되고 본 내용이 좋은 결실을 맺어 우리나라의 부동산거래가 보다 안전하고 투명하며 효율성 있게 되어 세계 어느 나라에도 부끄럽지 않은 선진화된 부동산거래에 일조하였으면 한다.

2009년 6월
저자 진영섭

차 례

제Ⅲ장 ‖ 부동산거래 선진화를 위한 문제점 및 개선방향 /61

제Ⅳ장 ‖ 부동산 거래절차 선진화 방안 /215

제 I 장

부동산거래 역사

제1절 우리나라 부동산거래 역사

1. 부동산거래 역사 변화

부동산거래는 그 역사가 매우 깊은 것 같다. 고대 그리스와 로마에서도 중개인이 활동하였다[1]는 기록을 보면 부동산거래가 있었고 이 거래에 따라 부동산거래를 중개할 필요성이 요구되어 중개인이 활동하였을 것으로 판단해 볼 때 부동산거래는 고대 그리스나 로마 이전부터 실시되고 있었던 것으로 판단된다.

우리나라에서도 부동산거래에 대하여 9세기 말에 토지 매매문서가 작성되었음이 기록에 나타났다[2]는 기록을 보면 9세기가 고려 때에 해당하므로 고려 때 문헌에 나타난 토지문서가 작성되었다는 기록 이전부터 이미 부동산거래를 하였던 것으로 보인다. 그러나 조선조 초 이전까지 토지의 거래는 있었으나 그렇게 활발하지는 않았던 것으로 보인다. 즉 고려 말 조선조 초의 과전법 시행당시에는 각 관청에서는 납세자의 변동을 억제하여야 하였기 때문에 토지는 상속을 제외하고 처분행위를 금지하였으며, 가옥도 한성부 내의 家垈만이 매매·교환이 허용되었다. 그러나 실제로 토지거래는 禁令(금령)에도 불구하고 은밀히 행해졌으며[3] 또 토지 매매문서가 작성하였다는 기록만 있을 뿐 실제 전해 내려오는 토지 매매문서는 없고 금석문 형태로 우리에게 전해 내려오고 있다.

---

1) 랜드원 부동산교육전문연구소, 공인중개사법령 및 중개실무, 2009, p.20.
2) 이태교 저, 부동산중개론, 부연사, 1999, p.87.
3) 이태교 저, 상게서, p.87.

이상의 문헌상의 기록을 살펴본 결과를 보면 우리나라의 부동산거래는 고려조 또는 그 이전부터 실시되고 있었음을 알 수 있다.

한편 우리나라의 부동산거래가 서면으로 작성한 실제 부동산거래 근거는 이조 세종6년(1424) 3월 경기감사의 청에 의하여 부동산매매가 공식적으로 해금되게 되었으며, 대명률을 의용하여 일정 기한 연한을 정하여 매매를 허용하였고, 계약서에 따라 증명을 발급받게 되었다[4]고 하니 문헌상으로 우리나라의 부동산거래가 확인된 것은 최소한 670년 이상의 매우 유구한 역사를 가지고 있음을 알 수 있다.

이후 부동산거래 역사의 변천은 부동산중개업의 변천에서 유추하기로 한다.

2. 부동산거래 발생 사유

고려조 또는 그 이전에 부동산거래를 하게 된 이유를 살펴보면 토지를 매매하는 자들은 대개가 부모의 장례비용, 채무변제를 위해서 혹은 가난하여 팔지 않고는 생활할 수 없는 부득이한 처지에 있는 자들이었다는 기록을 보면[5] 이들 가난한 자들이 부득이한 사유로 부동산 매매를 실시하였다고 본다. 즉 과거부터 우리나라는 부동산거래가 실수요자에 의해 거래되었다기보다는 매도하는 사람은 돈이 필요하여 매도하지만 매수하는 사람은 자산적 가치로 매수하였던 것으로 사료된다.

---

4) 이태교 저, 상게서, p.88.
5) 이태교 저, 부동산중개론, 부연사, 1999. p.88.

3. 부동산거래 의뢰 방법

과거 우리나라 부동산거래의 특징은 노비를 소유하고 있는 자는 거래당사자가 직접거래하지 않고 노비가 계약체결에 임했다는 사실이다.[6] 즉 노비는 상전의 지시를 받아 거래를 하였다. 그러나 거래당사자의 성명 기재는 노비의 명이지만 "某宅奴某(모택노모)"라고 기록했으므로 어느 댁의 노비임을 알 수 있어 주인을 알 수 있도록 하였다.

이를 미루어 보아 우리나라의 부동산거래는 대리인(위임인)을 통한 거래부터 시작되었던 것으로 판단된다.

이때 주인은 노비에게 땅문서를 내주면서 대충 거래대금을 적은 첩지 또는 패자를 주어 적절한 매수자를 찾아 거래하도록 하였으므로[7] 지금처럼 중개의 형태가 아니라 위임의 형태로 거래를 실시하였고, 오늘날의 매도의향서처럼 대략적인 거래대금과 거래조건을 기록한 첩지를 준 것은 부동산거래 당사자가 자신의 노비이므로 별도로 위임장을 작성해 주지는 않았지만 거래대금과 거래조건은 기록하고 '모택노모'라는 증명을 주인이 서면으로 작성하여 자신의 노비에게 의뢰하였음을 알 수 있다.

즉 주인은 노비에게 부동산거래 의뢰를 할 때 서면으로 작성하여 거래 상대방이 알 수 있고 증명해 주었음은 중개계약를 서면으로 하였다고 볼 수 있다.

---

6) 이태교 저, 상게서, p.89.
7) 이태교 저, 상게서, p.89.

4. 부동산거래 권리 인정

과거 우리나라는 부동산거래 시 매도인은 자신의 대리인인 노비에게 신문기(지금의 계약서)와 첩지(패자)를 작성하여 제시하였다[8]고 한다. 이때 첩지는 매도자의 매도의도를 증명하기 위한 서류로서 오늘날의 매도의향서와 매도인은 증명하는 서류로 보인다.

또 부동산을 매매하는 경우 계약서는 구술계약은 드물고 반드시 신문기라는 명문·문기·문권 형식의 계약문서를 작성하였다.[9] 이때 매도인은 본문기(또는 구문기)[10]라는 당해 부동산의 소유권과 관련된 일체의 문서를 제시하고 또 부동산을 인도할 때 이 본문기와 새로 작성한 계약서(일명 신문기라 함) 및 부동산을 같이 인도하였다. 만일 본문기의 일부 또는 전부가 없는 경우에는 그 사실을 신문기에 이입하였으며, 그 사실에 관한 관청의 증명인 「입지」를 발급받아 본문기를 대신하였다[11]고 한다.

이처럼 과거 우리나라에서도 부동산 매매의 경우 그 권리의 진위를 위한 완전한 대책을 수립하였다. 다만 오늘날의 등기처럼 공람을 할 수 있는 제도는 없었으나 우리나라는 산악이 70% 이상으로 지역 간의 이동이 용이하지 않았으므로 그 필요성을 중요하게 생각하지 않았던 것으로 판단된다.

또한 신문기, 즉 매매계약을 작성할 때 거래당사자 외에 증인과

---

8) 이태교 저, 상게서, p.89.

9) 이태고 저, 상게서, p.88.

10) 당해 부동산에 관한 소유권의 유래가 진정하며 따라서 매도인이 진정한 소유권자임을 증명하는 권원증서. 본문기의 구성내용은 계약서뿐만 아니라 소유권이 전전하는 동안에 그 부동산에 관계되는 일절의 문서(판결문, 증여문서, 상속관계문서 등이 모든 것이 포함된 문서).

11) 이태교 저, 상게서, p.88.

집필인이 참여했다.[12] 집필인은 계약서를 작성하는 자로서 당사자가 집필인을 하지 않는 것이 원칙이었다.

매매계약서 내용도 일정한 형식을 사용하도록 하였는데 그 내용은 ① 계약서 제명과 ② 계약서 작성일시, ③ 매수인을 먼저 기록하고, 본문에는 ① 매도인의 매도사유, ② 부동산의 권리전승 유래, ③ 부동산의 소재지와 지번·면적·四標,[13] ④매매가격과 거래대금지불 사실, ⑤영구히 매도한다는 문언, ⑥본문기의 인도 여부와 인도하지 않을 경우의 사유, ⑦담보문언(수약문언)의 순으로 기록하고, 끝으로 ①매도인, ②증인, ③집필인이 기명하고 서명[14]하는 순서로 작성했다고 한다.

과거 우리 조상들이 사용한 매매계약서의 양식을 보면 당시의 사회제도 및 환경을 잘 반영하고 있기도 하지만 오늘날의 일반 매매계약서와 비교할 때 거래안전을 위하여 많은 노력하고 거래안전을 보장하기 위한 것까지 면밀히 포함하였음을 알 수 있다.

또한 가옥이나 임야의 경우는 토지의 매매계약서 양식을 대동소이하게 사용하였으나 가옥의 경우는 초·와가의 표시, 가량간수, 울안의 대지간수를 표시하고 울안에 수목이 있는 경우 그 수목의 종목과 수량까지 기재하였으며, 임야의 경우는 실 대상의 입목도 일일이 명기하였다[15]고 한다. 이처럼 우리 조상들은 거래대상물에 대해 매우 구체적이고 세밀하게 거래계약서를 작성하여 거래하였음을 알 수 있다.

---

12) 이태교 저, 상게서, p.90.

13) 오늘날의 경계로서 과거에는 지번이 발달하지 않았으므로 당해 부동산에 인접한 동서남북의 사방의 구체적인 경계를 기록함.

14) 이태교 저, 상게서, p.90.

15) 박병호, 한국의 법, 세종대왕기념사업회, 1974, pp.172~179.

5. 매매대금의 지불

　매매대금의 지불수단은 조선조 초 이전의 수단은 기록이 없으므로 자세히 알 수 없으나 그 당시의 상거래 대금의 지불수단이 화폐를 사용하거나 현물로 지불하였던 것으로 추정할 때 부동산의 매매대금도 동일한 수단으로 지불되었을 것으로 판단된다.

　조선조에서는 한때 저화가 사용된 때가 있었으나 18세기 숙종 때까지는 일반적으로 은, 정조, 백미, 목각, 면포, 우마 등 물·화폐를, 경종대까지는 이들과 함께 동전을 사용하였고, 영조대부터는 주로 동전을 사용했다[16]는 기록으로 보아 당시의 화폐수단에 의해 지불되었던 것으로 판단된다.

　이때 거래대금에 대한 거래사고는 문헌상으로 그 기록을 찾을 수 없는 것으로 보아 양반집 간의 거래는 체면상 사고가 없었던 것으로 판단되며, 만일 있었다 하더라도 관아의 엄격한 처벌과 거래문서의 안전화로 인하여 사고의 발생 여지가 없었던 것으로 보인다.

제2절 우리나라 중개업의 변천

1. 고려조 및 조선조의 부동산중개

　앞서 부동산거래의 역사에서 살펴본 바와 같이 우리나라는 고려시대 이전에도 부동산거래가 있었던 것으로 보인다. 그러나 이에

---

16) 이태교 저, 상게서, p.90.

대한 문헌상의 증거는 없다. 다만 앞에서 언급한 바와 같이 토지매매문서 자체는 전해 내려오지 않지만 문헌상으로 토지매매거래를 하였다는 금석문의 형태로만 전해 내려오는 것으로 보아 부동산거래가 그전에도 이루어지고 있었음을 알 수 있다.

또 부동산 형태별로 구분하여 부동산거래를 고려시대에는 건물매매에 대한 부동산거래는 문헌상으로 전해 오고 있는 것이 없고, 오직 토지매매만 금석문 형태로만 내려오고 있다.

건물거래는 조선조 이전의 기록은 없으므로 알 수 없으나 조선조에서는 한성부 내의 가대(家垈)만이 매매·교환이 허용되었다[17]는 기록이 있다. 건물거래의 경우는 주로 주택에 대한 거래로 판단된다. 그 이유는 과거로부터 우리민족은 온화한데다 자기의 토지가 있는 자는 자기 토지 위에 주택을 짓는 것에 제한하지 않았으며, 노비의 경우나 집사의 주택은 종중의 토지나 또는 주인의 토지 일부에 주택을 건축하여 살도록 하였다. 이러한 풍습은 지금까지도 전해져 내려오고 있어 지금도 종중 토지에 건물만을 짓고 살고 있으며 이 건물만의 거래도 지금도 행하고 있다.

따라서 건물의 거래는 조선조 때부터 거래되었던 것으로 판단된다.

이러한 과거의 우리나라의 부동산거래의 실태를 볼 때 부동산중개를 맡아 해 온 사람은 고려조의 객주를 도와 거래 쌍방을 연결해 주던 거간업에서 비롯되었다[18]고 한다.

거간은 물건을 거래하려는 거래당사자의 사이에서 흥정을 붙이자고 말한다. 그래서 거간은 오늘날의 중개업자와 같이 중간에서 흥정을 붙이는 보조행위를 했던 점으로 보아 중개업자의 시조라 할 수 있다.

---

17) 이태교 저, 상계서, p.87.
18) 랜드원 부동산교육 전문연구소, 공인중개사법령 및 중개실무, 2009, p.20.

이 거간은 조선조까지 계속 발전하여 왔으며, 조선조 중엽, 즉 18세기 초부터 가쾌(거간의 집)라 하여 오늘날의 중개업소로 발전하였고, 조선조 말엽에는 서울 지역에서 '복덕방'이라는 이름을 붙여 불렸다.

거간의 중개수수료(당시는 구전이라 함)는 거래대금의 1%를 매도인으로부터 받았다[19]고 한다.

중개수수료의 지불 시기는 거래완료 시점으로 잔금 지불 시기 또는 등기완료 시점[20]이라고 한다.

고려조 및 조산조의 부동산중개를 살펴보면 오늘날의 부동산중개형태와 유사하다. 즉 우리 조상들은 부동산중개업에 대해 나름대로 좋은 체제를 발전시켜 왔음을 알 수 있다. 다만 아쉬운 점은 이처럼 좋은 제도를 계속 연계하지 못하고 또 발전시키지 않고 관례로 발전시켜 왔음이 아쉽다.

2. 조선조 말 부동산중개

거간업은 조선조 말까지 관청으로부터 특별한 제한 없이 자유업으로 실시해 왔다. 그러나 조선조 말부터 서구문물이 물밀듯이 들어오기 시작하고 사회는 개화기로 접어들면서 상업이 급속도로 발전하게 되었다.

이 상업의 발전은 상인들의 활발한 주거지 이동을 불러왔으며 이로 인하여 주택의 거래가 성행하면서 거간업이 무질서하게 급속

---

19) 이태교 저, 상게서, p.94.
20) 이태고 저, 상게서, p.94.

도로 번창하게 되었다.

거간업의 무질서한 번창은 규제의 필요성을 불러왔고, 반면 부동산중개만을 전문적으로 실시하는 복덕방이 활발하게 운영되었으며, 그 결과 1890년 5월 5일 마침내 「객주거간규칙」을 만들게 되어 우리나라의 최초로 부동산중개업을 제도화하는 계기를 마련하게 되었다. 즉 우리나라가 중개업을 최초로 법제화한 것은 「객주거간규칙」이라고 할 수 있다.

그 후 1893년 서울에 객주와 거간 간에 부동산중개에 대하여 마찰이 일어나기 시작하자 한성부에서는 거간 업을 하려는 자는 먼저 신원조사를 받아 신원이 확실해야만 했고, 신원이 확실한 자 중 거간규칙에서 정한 일정한 절차를 거쳐 인가를 받아야만 인가증을 내주도록 하는 거간인가제를 실시하였다.

또 거간 업을 인가받은 사람은 자체 상인조합을 결성할 수 있도록 하였고, 이 거간상인조합은 관청의 통제 및 감독을 받도록 하였으며 관청에는 이들을 통제감독하기 위한 기관을 설치하여 거간업자들을 감독하도록 하였다.

3. 일제강점기의 부동산중개

한일합방 이후 1910년에 서울에서 실시하던 거간인가제를 폐지하고 다시 거간업을 자유롭게 설치하고 영업도 자유롭게 할 수 있도록 하였으며, 1922년 경기도에서는 경기도령 제10호로 「소개영업취체규칙」이라는 규칙을 제정하여 부동산소개업을 하려는 자들에 대하여 허가를 받고 부동산소개업을 하도록 허가제를 실시하였다.

4. 해방 후부터 조국 근대화 태동까지 부동산중개

　해방 후부터 농촌보다는 대도시로 인구가 밀집하기 시작하자 주택난이 발생하기 시작하면서 아파트가 등장하기 시작하였으며, 부동산거래도 과거 토지매매 중심으로부터 주택거래 중심으로 전환하기 시작한다.

　따라서 부동산중개업자도 서울·부산·대구 등과 같이 대도시로 편재하였었고, 주택의 임대거래가 늘어나면서 신규주택의 거래보다는 기존주택의 매매 및 임대차 그리고 상가임대차 및 임야의 거래가 성행하였다.

　또한 혼란기란 특징으로 다른 영업과 마찬가지로 중개업에 대하여 일정한 법정자격을 요구하지 않아 누구나 할 수 있도록 하였으며, 그 결과 농촌 지역 및 중소도시에서는 이장 및 반장이나 사법서사 등이 중개업을 대행하기도 하고 일부 노인층이 '복덕방'이라는 간판을 붙이고 영업을 하게 되었다.

5. 1960년대 부동산중개

　정부의 경제개발 5개년계획에 의거 급속도로 산업이 공업화되고 사회의 도시화로 인하여 1960년도 초에는 수도권 근교 및 외곽의 토지거래를 중심으로 부동산중개업이 활발히 활동하였고 1960년대 후반에는 전국 대도시 및 농촌 지역의 단독주택 및 공업단지 용도의 토지거래가 성행하면서 부동산중개업도 전국적으로 확대되어

갔다. 이때부터 기동력이 없는 노인층이 전담하던 복덕방에도 기동력을 갖춘 젊은 층이 관심을 보이기 시작했다[21]고 한다. 이는 부동산중개업자의 세대교체를 의미하는 것으로 매우 중요한 의미를 갖는다.

또 1961년 9월 23일 우리는 우리나라의 최초의 중개업법인 전문과 10개조로 구성된 「소개영업법」이 제정되었으며 특징은 부동산중개업을 하기 위해서는 관할 관청에 신고를 하는 신고제를 적용하였고, 업무의 범위는 부동산중개 외에 혼인중개 및 고용소개와 동산소개도 할 수 있도록 하였다.

그 후 1962년 9월 「소개영업법」에 대한 1차 개정을 하면서 업무범위를 축소하여 혼인중개 및 고용소개는 제외되고 동산과 부동산 중개만을 하도록 하였다.

6. 1970년대 부동산중개

1970년대 들어와서도 정부의 경제개발정책에 의거하여 1970년대부터 등장하기 시작하는 주공아파트 및 시영아파트가 서울을 비롯하여 수도권 및 대도시에서 건축하고 또 부동산중개 대상되어 부동산중개 활동이 활황을 이루기 시작했다.

이때 부동산중개업에 종사자에 대한 통계를 보면 1974년 우리나라의 경제활동인구가 1,144만 5,797명인데 이 중 신고한 부동산중개업자 32,649명이었고 신고하지 아니하고 부동산중개업을 하는 미신고 중개업자는 2배 이상이었다고 하니 약 10만 명이 부동산중

개활동을 하고 있었을 것으로 추정된다.

이 당시에는 부동산중개행위를 하기 위한 별도의 법적 자격요건이 필요로 하지 않았기 때문에 중개인들의 수준이나 연령이 전문성을 기대하기는 어려운 실정이었다[22]는 기록을 보았을 때 이때부터 부동산중개업자를 기억하고 있는 국민이나 정부관계인들은 지금도 누구나 쉽게 하는 것으로 인식하고 있다.

또 이때 중개업자들의 영업 지역도 전국을 영업권으로 할 수 있었고 실제 전국을 영업권으로 하여 활동을 하였다.

그리고 이때 전국을 상대로 부동산중개업을 하고, 정부의 각종 경제개발계획 추진으로 전국의 개발정보, 부동산 관련 사법 및 공법에 대한 지식이 요구되어 부동산중개업자들이 공부를 하기 시작했다.

또 이때 젊은 층이 운영하는 복덕방은 기동력과 개발 관련 각종 및 각 지역 정보망 획득, 자금동원 능력을 바탕으로 법인을 형성하여 부동산중개를 하는 법인형태의 부동산중개업자가 출연하게 된다.

그런데 1970년대 후반에 들어와 부동산을 사면 돈이 된다 하는 인식이 전 국민으로 확산되었고 또 이 당시는 부동산가격이 계속 상승하므로 부동산에 투기하려는 자들이 점차 증가하기 시작했다. 이로 말미암아 현재까지도 「복덕방＝부동산투기＝사기 및 협잡꾼」의 인식이 전 국민에게 각인되고, 지금도 이러한 인식은 팽배하다.

7. 1980년대 이후 부동산중개

1970년대 후반부터 중개업자가 급격히 증가하고 전국 여기저기

---

22) 이태고저, 상게서, p.99.

서 부동산 투기현상이 일어나 「소개영업법」만으로는 부동산중개업을 통제를 할 수 없어 부동산거래 질서를 확립하고, 부동산중개업을 건전하게 지도 육성하여 국민의 재산권을 보호할 필요가 대두되었다. 그래서 마침내 1983년 12월 30일 「부동산중개업법」이 제정되었다. 「부동산중개업법」은 1984년도 4월 1일부터 시행에 들어갔으며 1985년 9월 20일 제1회 공인중개사 시험을 실시함으로써 「부동산중개업」에 대한 자격제도가 시행되었고 전문성의 수순을 밟기 시작했다.

그 후 「부동산중개업법」은 8차에 걸쳐 개정되었으며, 2005년 7월 29일 「공인중개사의 업무 및 부동산거래 신고에 관한 법률」로 법률 제명이 바뀌었고 「공인중개사의 업무 및 부동산거래 신고에 관한 법률」로 제명이 바뀐 뒤에도 2008년 6월 13일까지 6차에 걸쳐 법률이 수정되었다. 수정된 법률의 내용을 살펴보면 다음과 같다.

가. 「부동산중개업법」 개정[23)

개정 횟수	개정목적	주요내용
제정 (1983. 12. 30)	부동산거래 질서 확립, 부동산중개 업무를 건전하게 지도·육성하여 국민의 재산권보호	1. 중개업의 허가제 2. 공인중개사 제도 도입 3. 중개대상물 확인·설명제 4. 중개행위에 대한 손해배상 보장을 위한 업무보증 설정제
제1차 (1989. 12. 30)	부동산투기방지	1. 공인중개사자격자만 신규허가 2. 검인계약서 사용 3. 중개업협회 공제제도 신설 4. 불법중개행위에 대한 벌칙 강화 5. 중개인 중개업허가에 관한 경과조치 6. 손해배상책임 보장에 관한 경과조치
제2차 (1990. 8. 1)	부동산등기 특별조치법 제정에 따른 개정	1. 중개업자에게 계약서 작성의무 부여
제3차 (1990. 12. 27)	정부조직법 개편으로 주관부서 변경	1. 내무부에서 건설부로 주관부서 변경

---

23) 랜드윈 부동산교육 전문연구소, 상게서, pp.22~23.

개정 횟수	개정목적	주요내용
제4차 (1993. 12. 27)	부동산거래과정상 국민불편 해소, 건전한 거래질서 확립 UR에 따른 부동산서비스업의 대외개방에 따름 선진제도 도입 경력을 구비한 중개업자 육성	1. 법인중개업자 분사무소 설치 가능 및 겸업행위 범위 확대 2. 전속중개계약제도 도입 3. 부동산거래정보망 설치·운영 4. 중개수수료 및 실비제도 개편 5. 중개업분쟁조정위원회 개편 6. 부동산정보거래망 이용 시 중개입 영업 지역 전국으로 확대 7. 공인중개사 시험위원회 설치 8. 부동산거래질서 문란행위 등에 대한 처벌 강화
제5차 (1997. 12. 13)	행정절차법 시행에 따라 개별법에서 정하는 행정절차 일원화 목적	1. 청문대상 행정처분 중 업무정지 처분이 삭제되어 업무정지 처분 시에는 사전 절차로서 청문을 걸칠 필요가 없어졌다. 2. 청문의 절차에 대해 1998년도부터 시행 중인 행정절차법에 따르도록 하여 부동산중개업법에서 규정하고 있던 청문절차는 삭제되었다.
제6차 (1997. 12. 13)	정부 부처명 변경에 따른 정비	서울특별시장, 직할 시장을 '특별시장, 광역시장'으로 건설부장관을 건설교통부장관으로
제7차 (1999. 3. 31)	불필요한규제 완화. 중개업 전문화 대형화 유도. 중개업의 자율적 성장 기반조성	1. 중개사무소 등록제 2. 중개보조원 고용제 폐지 3. 연수교육 및 일반교육제도 폐지 4. 중개업협회 관련 제도 개선 5. 사용인 고용·해고 시 신고의무 폐지 6. 사무소 전용의무 폐지 7. 업무개시의무 폐지 8. 휴업 기간 연장 시 사전 승인제를 통보
제8차 (2000. 1. 28)	지속적 정부규제 개혁 추진. 중개서비스 향상. 중개의뢰인 권리보호 강화	1. 중개업자의 이중소속금지의 폐지 2. 중개인의 업무범위 확대 3. 계약금 등의 예치권고제도 도입 4. '상태'에 관한 자료요구권제도 도입 5. 행정처분과 행정질서벌 중복처분 규정 삭제 6. 자격취소 여건 완화 (벌금형 이상에서 징역형 이상으로) 7. 유사명칭 사용금지 신설

나. 「공인중개사의 업무 및 부동산 거래신고에 관한 법률」 개정[24]

개정 횟수	개정목적	주요내용
제9차 (2005. 7. 29)	투기 및 탈세 조장방지 위해 실거래가격 신고제 도입. 투명하고 공정한 부동산거래 질서를 확립하여 국민의 재산권 보호	1. 법명 변경(부동산중개업법→공인중개사업무 및 부동산 거래신고에 관한 법률) 변경 이유: 부동산거래의 신고에 관한 항을 규정하기 위하여 법률의 명칭을 변경하였다. 2. 부동산거래의 신고 신설(법 제27조) 신고책임: 거래당사자 및 중개업자 신고 시기: 거래계약서 작성일로부터 30일 이내 3. 행정제재처분 효과의 승계(법 제40조) 폐업신고 전의 중개업자의 지위를 승계하도록 하고, 이 경우 폐업신고 전의 중개업자에 대하여 행한 행정처분의 효과는 그 처분일로부터 1년간 다시 승계되도록 보완. 4. 경매 및 공매대상 부동산에 대한 권리 분석 및 취득 알선과 매수 및 입찰신청 대리
제10차 (2005. 12. 7)	부동산중개업자에 대한 업무정지처분은 그 사유가 발생한 날로부터 3년이 경과한 때에는 이를 할 수 없도록 하려는 이유의 개정임	1. 자격증 취소 시 자격증 반납을 대신한 사유서 제출 자격이 취소된 자가 분실 등의 사유로 인하여 공인중개사자격증을 반납할 수 없는 자는 자격증 반납을 대신하여 그 이유를 기재한 사유서를 시·도지사에게 제출할 수 있도록 하였다. 2. 업무정지 처분의 시효 업무정지처분은 그 사유가 발생한 날로부터 3년이 경과한 때에는 할 수 없도록 업무정지처분의 시효가 신설되었다.
제11차 (2006. 12. 28)	중개업자의 실명을 간판에 표기함으로써 중개의뢰인의 신뢰 확보와 불법 중개행위를 방지하고, 실거래가 신고제도의 운영상 나타난 일부 미비점을 개선·보완함	1. 중개업자 실명을 간판에 표기 2. 실거래가 신고대상에 입주권과 분양권을 포함 3. 실거래신고 내용의 진위가 의심스러울 경우 관계공무원이 관련 자료의 제출을 요구할 수 있도록 함 4. 실거래가 신고 기한을 계약일로부터 30일을 60일 이내로 연장
제12차 (2007. 8. 3)	「자본시장과 금융투자업에 관한 법률」의 개정에 따른 일부 개정	「신탁업법」에 의한 신탁회사를 「자본시장과 금융투자업에 관한 법률」의 신탁업자로 개정(단, 시행일은 2009. 2. 4)
제13차 (2008. 2. 29)	「정부조직법」에 따른 일부 개정	제17대정부의 시작과 더불어 정부부처의 조직개편에 따라 건교부를 국해부로 변경
제14차 (2008. 2. 29)	「금융위원회 설치 등에 관한 법률」 개정에 따라 개정	「금융감독원을 금융위원회 설치 등에 관한 법률」에 의한 금융감독원으로 개정

---

24) 랜드윈 부동산교육 전문연구소, 상계서, pp.23~24.

개정 횟수	개정목적	주요 내용
제15차 (2008. 6. 13)	부동산거래 신고제도의 실효성을 증진하고 그 밖에 현행제도의 운영상 나타난 일부 미비점을 개선·보완	1. 공인중개사시험위원회 설치 근거 신설 2. 부동산 거래신고의 단독신고 규정 정비, 거래당사자 일방이 신고를 거부할 경우 다른 일방이 신고 가능 3. 중개업자의 주택거래신고제 신설 주택거래신고 지역에서 중개업자가 주택거래계약서를 작성·교부한 경우에 중개업자가 부동산 거래신고 4. 거래대금 증명서면 요청제 신설 시장·군수·구청장 필요시 거래대금지급을 증명하는 자료 요구 5. 실무교육 주관청 변경(국해부→시·도지사) 6. 부동산 거래신고 의무위반에 대한 과태료 부과관청 정비
제16차 의안번호 1817 제출일: 2008. 11. 7 제출자: 정부	법인중개업자에 대하여 관할 구역 내에도 분사무소 설치를 허용하고, 겸업제한을 완화하는 등 영업활동자유를 강화하고, 시·도지사가 실시하는 중개업자에 대한 실무교육의 전국적인 균형을 유지하기 위하여 국해부의 통일적 지침을 마련할 수 있도록 하며, 중개업자에 대한 지도·단속사유를 제한하여 영업의 자율성을 확대하는 한편, 그 밖에 현행제도의 운영상 나타난 미비점을 개선·보완	1. 공인중개사자격시험 기본계획 수립에 관한 법적 근거마련(안 제4조 제3항 신설) 응시자격, 시험과목, 시험방법 등 시험에 필요한 사항을 정하는 기본계획을 수립함 2. 법인인 중개업자의 분사무소 설치기준완화(안 제13조 제3항) 법인인 중개업자에 대하여 등록관청 관할 구역에도 분사무소 설치 허용함 3. 법인인 중개업자의 겸업제한 완화(안 제14조 제1항) 법인인 중개업자의 분양대행업무를 모든 주택 및 상업용 건축물로 확대함 4. 실무교육지침 마련 법적 근거 신설(안 제34조 제2항) 전국적 균형을 유지하기 위하여 국해부장관이 실무교육지침을 수립할 수 있도록 근거 마련 5. 중개업자에 대한 감독상의 명령 등 최소화(현행 제37조 제1항 제1호 및 2호 삭제) 감독상의 명령 등은 부동산투기동향 파악 및 법령위반자의 처분 등의 경우만 한정하여 허용함. 일상적인 업무는 감독상의 명령 등의 대상에서 제외

제Ⅱ장

부동산거래 선진화 개념 고찰

제1절 부동산거래 선진화의 필요성

1. 역사적 필요성

앞에서 살펴본 바와 같이 우리나라는 매우 오래전부터 부동산거래 역사를 가지고 있으며, 부동산거래를 함에 있어도 부동산거래 안전에 가장 근본인 권원이 확인될 수 있도록 본문기라는 문서를 계속 인수인계하면서 권리의 진위성을 증명할 수 있도록 매우 선진화된 부동산거래 제도를 가지고 있었다.

그러나 우리 조상들은 사농공상의 사상에 의해 상업을 천대시한 가치관에 의하여 더 이상 발전을 하지 못함은 물론 그 전통조차 유지하지 못하였다.

그러다 1960년대부터 일어난 우리나라의 산업혁명에 의하여 택지소요가 급격히 늘어나고 이로 인하여 부동산거래가 폭발적으로 성행하자 이를 통제할 필요성에 의해 1983년도 부동산중개업법을 제정하게 되었다. 이때 부동산중개업법은 과거 우리 조상들의 선진화된 부동산거래를 유입하지 못하고 객주거간규칙 등 그 당시 존재하던 규칙들과 일본의 택지건물취인업법(약칭 택건법) 등 외국의 부동산중개업 관련 법을 참조하고 인용하여 1984년도 우리나라의 중개업법을 제정하여 오늘날의 부동산중개업제도가 형성되었다.

이에 반하여 불과 200여 년의 역사를 가지고 있는 미국은 부동산 사기범을 근원적으로 막을 수 있는 자국에 맞는 에스크로우제도를 갖고 있음을 생각하면 우리의 처지가 매우 아쉬운 실정이다. 이제라도 우리나라는 과거 우리나라 부동산거래 역사를 심층 깊게

파악하고 우리나라 부동산거래의 후진성이 무엇인지를 심층 연구
하여 우리도 선진국과 당당히 맞설 수 있는 선진화 제도가 절실히
요구되고 있다.

2. 국토의 효율적 이용

우리나라는 남·북한 및 도서를 포함하여 22만㎢(남한만 99,720.39
㎢)의 좁은 국토에 7천만 명이 넘는 많은 인구가 살고 있는 특징이
있다. 즉 우리나라는 인구밀도가 높아 국민 1인당 할당되는 국토의
면적은 0.003㎢씩 해당된다.

이 중 전 국토의 70%가 산악임을 감안하면 생산 활동에 유용한
토지의 1인당 면적은 더욱 적어서 타 재산에 비하여 그 가치가 높
아질 수밖에 없는 국민의 대표적인 재산이다.

이와 같이 우리나라는 좁은 국토에서 주거도 하고 상업도 하여야
하며 공장도 지어야 하기 때문에 토지의 이용에 있어 그 효율성이 매
우 요구된다. 또한 부동산으로 인하여 우리나라 상품이 세계시장에서
가격경쟁력에서 뒤지는 부담을 주도록 부동산거래 간의 불필요한 가
격 상승이 일어나지 않도록 부동산 거래제도가 절실히 요구된다.

따라서 부동산거래 또한 토지의 효율적인 이용에 기여할 수 있
도록 활동되어야 한다고 볼 때, 우리나라의 부동산 거래제도는 세
계 어느 나라보다도 부동산을 가장 효율적으로 이용하는 세계에서
가장 선진화된 부동산 거래제도가 요구된다.

3. 경제적인 부동산 거래제도 필요

우리나라는 부동산 거래제도의 후진성으로 인하여 중개업자 및 중개의뢰인이 전속중개계약을 체결하지 않고 있어 부동산거래 시 연간 1조 693억 원~1조 3,800억 원 이상을 낭비[25]하고 있고, 부동산가격형성의 비합리성으로 부동산투기의 온상이 되는가 하면, 부동산거래 관련법의 비합리성과 미비점, 부동산중개업의 비과학성, 그리고 부동산관리와 이용의 비체계성과 무책임성으로 부동산거래와 관련하여 각종 사고를 자초함은 물론 국민들에게 질 낮은 서비스를 제공하고 있다.

따라서 부동산 거래제도의 혁명적 개혁으로 거래당사자의 책임을 강화하고, 중개업자의 자질 및 능력과 책임강화, 거래자체의 투명하고 효율적이며 안전성이 확보되도록 부동산 거래제도의 개선이 요구된다. 이와 같은 부동산 거래제도는 거래당사자는 물론 국가적으로 고효율화될 수 있도록 경제적인 부동산 거래제도로 발전되어야 한다.

또한 현재 부동산거래에서 가장 중요시되고 있는 부동산가치를 결정함에 있어서도 보다 부동산을 가장 효율적으로 사용할 수 있도록 하면서 과학적으로 산출하기 위하여 모든 부동산가격은 당해 부동산의 용도 지역과 수익성에 기초를 두고 판단하고 해당 용도 지역 내 부동산 간의 차이는 경영자의 능력에 따라 차이가 있도록 가치를 결정하는 제도(수익성 가격 평가제도)로 바뀌어야 한다.

---

25) 주진헌, 전속중개계약의 정착효과에 관한 연구, 목원대학교 석사학위 논문, 2007, p.66.

제2절 선진화의 정의와 개념 정립

국어사전에 선진화(先進化)란 "발전의 단계나 진보의 정도 등이 다른 것보다 앞서거나 앞서 있는 일"이라고 해석하고 있다. 즉 정치, 경제, 사회, 문화 등 우리 인간생활과 관련하여 제 분야의 발전 단계나 진보해 가는 정도가 다른 사람이나 다른 단체 또는 다른 국가보다 앞서 있거나 또는 앞서 가는 것을 선진화라 할 수 있다는 말이다.

여기서 '앞서거나'는 이미 앞서 있는 것을 뜻하며, '앞서 가는 것'은 앞서 가고 있는 과정을 뜻하므로 선진화란 이미 앞서 있는 것과 앞서 가는 과정이 모두 포함된다.

또 한국선진화 포럼에서는 홈페이지에 선진화의 정의를 설명하고 있는데 이들은 선진화를 "우리의 생각을 이 방향(모든 분야에서 선진국이 되기 위해서는 국민 전반의 의식수준이 그에 걸맞게 진화해야 한다는 방향)으로 맞춰 국민의 공감대를 형성하면서 그에 필요한 구체적이고 실용적인 정책을 꾸준히 개발하여 실천함으로써 우리 민족의 역사적 염원인 선진국 달성에까지 이르는 노력이요 과정이다"라고 정의하고 있다. 즉 선진국으로 가려는 노력과 과정을 선진화라 말하고 있다.

한국선진화 포럼에서 말하는 선진화는 정부의 위치에서 보면 선진국을 달성하는 것이 선진화라 할 수 있다. 그러나 한국선진화 포럼에서의 정의가 모든 분야에서 다 적용할 수 있느냐 하는 것은 다소 검토해 볼 필요가 있다. 왜냐하면 선진국이라고 해서 모든 것이 다 선진화되었다고 말할 수는 없다. 후진국이라 하더라도 어느 분야 또는 어느 과정에서는 다른 나라보다 선진화된 것이 있을 수 있기 때문이다.

우리나라는 현재 선진화란 용어를 매우 광범위하게 사용되고 있고, 각급 제대 및 분야에서 이 선진화에 대한 작업을 많이 하고 있다. 그런데 이 선진화는 각급 제대 및 분야에서 정확한 정의 및 개념정립 없이 불합리한 제도개선이나 경영의 합리화 등에 널리 사용하고 있으나 지금이라도 먼저 각급 제대 및 분야는 대상을 선정하고 자신이 처한 제대 및 분야의 특성을 검토하여 이에 적합한 선진화 정의 및 개념정립이 필요하다.

선진화의 개념이나 목표는 그 대상이 누구냐에 따라 다를 수 있으므로 국가, 지자체, 개인에 따라서도 선진화 개념이 다를 수 있다. 즉 국가는 선진국이 대상이 될 수 있으므로 선진국에서 사용하고 있는 효율적인 방법을 선진화 개념으로 할 수 있으나, 지자체는 선진국의 지자체도 대상이 될 수 있지만 자국 내의 지자체 간에도 선진화된 분야를 대상으로 할 수 있으므로 선진화 개념이 다를 수 있다.

또 분야별로도 선진화 개념이 다를 수 있다. 즉 정치, 경제 사회, 교육 등 분야에 따라서도 그 개념이 다를 수 있다. 즉 경제에 있어서는 돈을 잘 벌거나 버는 정도에 따라 선진화되었다고 말할 수 있는가 하면 과학은 기술수준에 따라 선진화를 논할 수 있다.

그리고 자국 내에서도 각급 제대가 동시에 이루어야 할 사항이 있는 분야는 각급 제대별로 검토하여 종합적으로 선진화 개념을 정립해야 할 경우도 있을 수 있다.

즉 부동산의 경우를 예로 들면, 국가는 투명성과 효율성이 잘되어 있으면 선진화되었다고 말할 수 있는가 하면, 부동산거래를 하는 국민에게는 안전하고 편하게 되는 것이 선진화라 할 수 있고, 행정업무를 처리하는 중개업자는 제도적으로 편리하면서 능률적으로 업무가 처리될 수 있어야 선진화되었다고 할 수 있을 것이다.

이처럼 해당 조직 및 분야의 선진화 목표 또는 개념이 정립되면, 각 요소별로 이 해당 분야의 선진화 요소를 기준으로 선진화된 사항과 선진화가 안 된 사항을 세계 각 국가를 포함한 각 제대 및 분야와 비교하여 검토한 뒤, 선진화된 것은 새로운 선진화를 위한 개발 활동계획이 필요하고, 선진화가 안 된 것은 선진화된 국가의 선진화된 요소를 대상으로 활동계획을 수립하여 이에 맞추어 정진할 때 선진화가 이루어질 것으로 본다.

다만, 여기에서 고려되어야 할 사항은 세계 각 국가를 대상으로 할 경우 현 선진국에서 사용하고 있는 제도가 꼭 우리나라에 적합다고 볼 수는 없다. 제도 자체는 선진화되어 우리가 모방하거나 응용을 할 수는 있지만 그 방법 면에서는 우리 실정에 맞도록 수정 또는 변형을 하여 선진화 개념을 맞추어야 할 부분이 있다는 것을 고려하여야 한다.

그러면 선진화를 위한 목표 또는 방향은 무엇에 기준을 두어야 할 것인가.

이 문제는 정부가 우리의 현실을 정확히 파악하여 학계 및 전문가에 의하여 진지한 토의가 필요하다.

제3절 부동산거래의 선진화 개념 정립

1. 부동산거래 선진화 요소 고찰

가. 선진화 요소 도출

부동산거래는 국민들의 생활 터전인 부동산에 대한 거래이므로 공공관리 분야가 있을 수 있고, 국민들 간에 사적 재산의 유통이라는 사적 관리 분야가 있을 수 있다. 부동산시장은 이 두 분야가 동시에 검토되고 검토결과가 상호 적절하게 조화를 이룰 때 거래의 선진화를 이룰 수 있다.

1) 부동산거래의 공공관리면

부동산거래의 관리에 있어 공공 분야란 주로 정부나 지방자체단체에서 관리하여야 할 분야를 의미한다. 또한 부동산거래를 관리함에 있어 공공의 복리와 운영에 필요한 요소들을 말한다.

부동산거래에 있어 공공관리 되어야 할 요건들을 살펴보면 다음과 같다.

첫째, 부동산과 관련된 모든 사항이 종합적으로 관리될 수 있도록 자료가 통합되어야 하고 관련 부서 및 국민들이 이 자료를 이용할 수 있도록 하여 부동산거래 시 통합된 자료가 이용될 수 있도록 되어야 하며, 이 통합 자료는 적시성이 있어야 한다.

이는 부동산관리의 중복을 방지하고 관리상 누락된 부분의 조기 검토가 가능하여 낭비를 방지할 수 있고, 누락사태를 예방할 수 있어 부동산 관련 세금의 잘못된 사항을 바로잡을 수 있는 데 기여하며, 부동산거래의 투명성과 효율성을 보장하여 부동산이 실수요자 위주로 거래되어 최고 최선의 이용이 가능하다.

둘째, 부동산가격의 거품으로 인한 일반경제에 미치는 악영향에 대한 통제 및 관리이다.

부동산은 일반경제에서 생산의 3요소 중 하나로 대단히 중요한 생산요소이다. 그래서 부동산 가격은 각종 물가의 원가를 증감시키며 부동산가격의 상승은 각종 비용을 증가시켜 무역에 있어 상품의 가격 경쟁력을 상실하여 국가 경제를 어렵게 한다. 따라서 부동산은 공개념에 의해 운영되어야 하며 국가는 이를 위해 부동산가격이 적절하게 유지되도록 통제되어야 한다.

국가가 부동산가격을 통제하는 데는 많은 어려움이 있다. 부동산가격은 수요와 공급에 의하여 결정되는데 이는 사적 관리 부분이므로 국가가 국민의 사적 재산을 임의로 조정할 수 없어 통제에 한계가 있을 수밖에 없다. 따라서 국가는 시장경제원리와 통제가 적절히 조화를 이루는 정도에서 통제가 필요하다. 이러한 조화를 이루는 데는 투명성이 강조되고 부가하여 그 이용에 있어 강력한 통제 또한 가격을 결정하는 제도를 수익성에 기초하여 결정할 수 있는 제도로 전환되어야 한다.

셋째는 부동산이란 인구 수 및 산업의 발달 정도에 따라 그 수요를 적절하게 판단하고 과소비가 되지 않도록 통제가 필요하다.

부동산의 특성인 부증성과 고정성 때문에 개별 부동산마다 그 가치가 상이하며 이를 이용하는 효용성에 따라 가치가 상이하다. 즉 부동산은 이 부증성과 고정성 때문에 희소가치가 증가하여 일관된 가격을 형성하지 못하는 특징이 있다. 그러나 정부만은 이 부증성을 조절할 수 있는 방법을 가지고 있는 특징 또한 있다.

부동산 중에서 건물은 부증성을 해소할 수 있는 방법으로 활용이 가능한데 정부가 인·허가 시 이를 적절하게 통제하지 못하여 과도한 개발로 인한 난개발이란 문제와 과도한 공급으로 자원의 낭비란 문제를 일으키고 있다.

자원의 효율적 이용은 인간이 지구상에서 영원히 생존하기 위해서는 필수적인 요소이다. 따라서 정부는 이 부동산에 대한 사용을 국가적 차원에서 효율적으로 이용하기 위하여 적절한 통제가 필요하며 이를 위하여 부동산 이용 관련 통계와 소요판단에 대한 체계 발전이 요구되고 있다.

넷째는 부동산거래에 있어서 거래당사자의 피해를 보상하는 것도 정부나 지자체로서는 매우 중요한 일이 될 수 있다. 그래서 1984년 중개업법을 제정하면서 중개업법안에 중개업자에게 거래당사자가 손해를 받았을 경우 손해보상을 강구하도록 해 왔다.

거래당사자에 대한 손해를 보상하는 방법은 「공인중개사업무 및 부동산거래 신고에 관한법률」을 통하여 공제제도, 보증보험제도, 그리고 공탁제도를 활용하도록 하고 그 외에 민사 및 형사 소송을 통해 그 피해를 구제하거나 방지하도록 하고 있다.

그런데 이 손해보상제도가 제대로 제 몫을 못하고 있다.

즉 현재의 거래당사자 피해보상을 위한 공제제도는 한국감정평가연구원이 2002년도 건설교통부의 의뢰를 받아 연구한 '공제제도 개선을 통한 부동산거래의 안전성 제고방안'에 의하면 "공제사업 특별회계 관리비항목에 공제사업팀 외 3개 팀의 업무추진비가 포함되어 있어 일반회계와 구분되어 작성되지 않은 것으로 보인다."[26] 라는 내용을 보면 협회는 회원들의 회비를 가지고 운영되어야 하나 회원들로부터 회비를 걷어 협회를 운영하려 하지 않고, 협회의 운영비를 과도하게 책정 및 방만하게 계획하여 회원들로부터 징구하는 회비로는 충당하기 곤란하도록 계획을 수립하고 있고, 이 부족한 예산을 공제금으로 운영하고 있음을 말해 주고 있다.

이렇게 공제금으로 협회의 운영비를 운영함으로써 국민들에게 손해배상할 기금을 제대로 확보하지 못하여 국민들에게 손해배상을 제때 제대로 해 주지 못할 가능성이 있다. 또한 공제금은 회원

---

26) 한국감정평가연구원, 공제제도 개선을 통한 부동산거래의 안전성 제고방안, 2002, p.99.

들의 자금이므로 공제목적에 충실하여야 하나 이 공제금을 가지고 협회 운영에 사용하고 있어 회원에게 돌아가야 할 복지기금으로는 사용하지 못하고 있다.

이러한 협회의 공제기금 사용에 대해서는 정부도 일말의 책임이 있다. 즉 정부는 공제제도에 대한 지도 감독의 책임이 있으므로 공제금을 공제제도의 기본목적에 적합하게 운영하는지 지속적으로 관리·감독하여야 하며, 이를 통하여 거래사고 자체가 발생하지 않도록 지도 감독하고, 만일 거래과정이나 운영관리상에서 손해를 본 국민이나 중개업자가 발생하면 이들의 손해에 대하여 적절하게 보상을 할 수 있도록 감독하여야 한다.

다음은 손해배상에 대한 보장제도가 매우 미흡하다.

부동산거래 과정에서 발생할 수 있는 손해 및 피해의 발생은 먼저 부동산 자체의 하자에 의거하여 손해를 받을 수 있으며, 부동산거래는 권리의 이전을 뜻하므로 권리의 하자에 의해 피해를 받을 수 있고, 부동산거래는 거액의 이동이므로 이를 탐내는 거래대금의 횡령 등의 손해를 받을 수 있다. 또한 임대차의 경우 임차인이 임대차가 만료되어도 새로운 임대차가 이루지기 전까지는 이사를 제때 하지 못하는 손해를 받을 수 있으며, 임대차 기간 중에는 임차인이 임대료를 제때 지불하지 않거나 임대료가 임대보증금으로 전부 삭감하고도 이사를 제때 하지 않는 손해를 발생하고 있다.

이와 같은 피해에 대해 그 보장책은 부분적으로 그 보장책이 규정되어 있으나 종합적이고 전반적으로 그 보장책이 수립되어 있지 않고 있어 이에 대한 종합적 보장책 강구가 요구되고 있다.

2) 부동산거래의 사적관리면

부동산거래와 관련하여 사적 관리 부분을 살펴보면 다음과 같다.

사적 관리는 부동산거래과정과 부동산관리운영 면의 두 과정으로 구분하여 동시에 살펴볼 필요가 있다. 즉 부동산거래는 거래 자체도 중요하지만 이 거래를 통하여 당해 부동산이 이용에 적합한 자에게 거래되어 최유효 이용이 되도록 거래되어야 한다.

이를 거래 유형별로 거래당사자들이 생각하는 문제점이라고 생각하는 요소와 중개업자가 중개과정을 통하여 느끼는 문제점을 검토해 보면 다음과 같다.

부동산거래과정은 크게 매매 및 교환, 임대차로 구분할 수 있다.

국민들이 매매 및 교환의 경우 문제점으로 제시한 것을 보면 매도인의 경우

① 매수자가 물건을 보러 올 때 특히 주택의 경우 도둑이나 강도가 오지는 않을까 ② 물건을 보러 와서 이것저것 손대거나 훔쳐가지는 않을까 ③ 계약 후에 거래대금은 계약서대로 제대로 이행을 할 것인가 ④ 계약 후에 물건의 하자를 이유로 계약을 해제하자고 하지는 않을까 ⑤ 계약 후 매도인도 이사 갈 곳을 계약해도 되는 것인가 ⑥ 잔금 이후에 물건의 하자를 이유로 손해배상을 요구하지는 않을까 등을 말하고 있다.

한편 매수인의 경우에는 ① 매도인이 진정한 매도인인가 ② 사기당하는 것은 아닌가, 즉 물건 값은 적절한가, 제대로 된 물건을 사는 것인가 ③ 계약 후 매도인이 마음이 변하여 계약을 해약하자고 하지는 않을까 ④ 계약 후 물건에 하자가 있는 것은 아닌가 ⑤ 계약 후 다른 권리가 등기등본에 들어와 추가적인 권리를 부담하

는 것은 아닌가 ⑥ 잔금 이후에 등기권리증은 제대로 나오는 것인가를 불안하게 생각하고 있다.

다음은 부동산의 임대차 경우 문제점을 제시한 것을 보면 임대인의 경우 ① 계약 전에는 안정적인 임차인인가 ② 계약 후에는 월세는 제대로 낼 수 있는 사람인가 ③ 임대차 기간 중 집은 제대로 관리하는 사람인가 ④ 임대차 만기가 되면 제때 부동산을 인도해 줄 것인가 ⑤ 보증금이 적어서 이사 가기가 어렵지는 않은가 ⑥ 권리금 받겠다고 같은 업종의 세입자가 나타날 때까지 안 비워주는 것은 아닌가 등을 말하고 있다.

임차인의 경우에는 ① 임대차 입주 전 및 임대차 기간 중 혹시 임대 물건이 경매 들어가는 것은 아닌가 ② 임대차 만료 시 보증금은 내줄 수 있는 것인가 ③ 살면서 중간에 고장이 나면 바로 고쳐줄 수는 있는가 ④ 혹시 중간에 나가라고 하지는 않을까 등을 문제점으로 제시하고 있다.

이상의 부동산거래 과정에서 거래당사자들이 제시하는 문제점을 보면 효율성이나 투명성보다는 안정성에 더 많은 문제점을 제시하고 있음을 알 수 있다.

이를 요약하여 정리하면 다음과 같다.

첫째, 부동산관리에 있어 사적 관리는 부동산거래에 매우 중요한 영향을 주고 있다. 그러나 우리나라 국민들은 대부분 부동산을 재산적 가치로 중요하게 생각하면서도 부동산 관리는 매우 등한시하고 있다. 그래서 당해 부동산이 본래의 목적대로 지속적으로 운영될 수 있도록 관리되어야 하지만 유교사상에 깃들여 상업이나 기술부분은 천대시하는 관념에 의거하여 이런 분야에 습관이 되어 있지 않으며, 또 정부에서는 이러한 국민성을 감안하여 부동산관리를 우리의 생활 속에 포함하여 교육 및 관리 제도를 제대로 구비하지 않고 있다.

둘째, 앞서 국민들의 의식에서 본 바와 같이 매도인과 매수인은 공히 거래의 안전성이 제일 중요시하고 있다. 즉 매도인의 입장에서는 매수인이 마음의 변동이 일어나 해약하자고 하지 말기를 바라며, 거래대금을 제때에 지불하기를 가장 불안하게 생각하고 있다. 반면, 매수인은 매도인이 마음의 변동이 일어나 계약을 해제하자고 않기를 바라며, 소유권 이전할 때까지 추가적인 권리변동이 없이 안전하게 거래부동산이 인수되길 원한다.

이처럼 매도인과 매수인은 거래계약을 체결한 뒤에 부동산거래에 있어 안전하게 계약이행이 되는 것이 가장 중요한 요소로 생각하고 있다. 따라서 정부는 제도적으로 부동산거래가 가장 안전하게 이루어질 수 있도록 법제화하고 제도를 확립하는 데 노력하여야 할 것이며, 거래를 중개하는 중개업자 및 공인중개사협회는 이러한 거래당사자의 거래 안전화를 위해 불안전하거나 위험요소를 점검 표화하여 꼼꼼하게 챙겨줄 수 있도록 자질과 능력을 구비하여야 하고, 또 거래당사자도 이 안전화를 위한 제도적 장치에 적극 참여함은 물론 신의성실의 원칙에 의하여 차질 없이 이행하려는 자세가 구비되어야 할 것이다.

셋째는 우리나라 국민들은 국민성이 낙천적이고 성질이 급한 편이라 매사를 빨리빨리 처리되기를 원한다. 그래서 모든 거래를 함에 있어서 계약서나 약관 등을 본인 스스로 읽지 않고 설명만 듣고 계약을 처리하는 경향이 많으며, 특히 부동산거래는 나름대로 거래목적이 있어 거래를 하지만 실제 거래단계에서는 신속하게 업무가 처리되기를 원하고 있다.

국민들의 이와 같은 심리작용에는 본인이 부동산을 살 수 있는 능력이 있어 거래할 수 있다는 것 자체가 다른 사람보다 본인이 더 우월하다는 자부심을 가지고 있어 거래상의 위험성에 대한 점검은 잊어버리고 과시욕을 나타내려는 것이 압도하고 있는데 있고 또는 통상 부동산은 재산비축으로 생각하여 거래과정보다는 빨리 부동산은 인수받는 것에 더 관심이 많아 과정은 빨리 처리되기를 원한다.

이와 같은 우리나라 국민성을 고려할 때 부동산 거래과정의 시간상의 효율성은 대단히 중요한 요소이다. 따라서 정부나 부동산중개업자는 이런 점에 착안하여 거래과정의 복잡화를 정리하여 거래를 단순화할 수 있도록 규범화가 매우 필요하다고 보며, 이에 대한 제도적 장치를 만들어야 한다고 본다.

넷째는 인간은 누구를 막론하고 자신의 소중한 물품을 남에게 노출되기를 꺼린다. 따라서 부동산거래에 있어서도 부동산거래 자체도 남이 알기를 원하지 않으나 더 원하지 않는 것은 부동산 거래가격이 노출되는 것을 매우 싫어한다.

국민들의 이러한 현상은 과거부터 우리나라는 부동산을 재산적 가치로 매우 중요시해 왔으며 이 부동산을 어느 정도 소유하고 있느냐에 따라 부의 정도를 나타내기도 했다. 뿐만 아니라 부동산은 본인의 노력이 별로 많이 소요되지 않으면서 큰돈을 벌 수 있다는 관념 하에 투기의 대상으로 생각하여 왔다. 따라서 절세 및 탈세를 하기 위하여 각종 행동을 하다 보니 가격의 노출은 절대 금기시되었던 것이다.

물론 정부나 지자체는 거래의 투명성이 각종 세금이나 부동산 정책을 수립하는 데 필요하므로 모든 부동산 정책에 이 투명성을 고려하지 않을 수 없을 것이다. 이로 미루어 볼 때 투명성은 국민보다는 정부나 지자체 측의 선진화에 더 중요한 요소가 될 수 있다고 본다.

이를 요약하면 부동산 선진화에 있어 부동산거래 당사자 입장에서 선진화 필수요건은 안전성, 효율성이 더 중요 요소가 되며, 필요하다면 투명성을 고려할 수 있다고 본다.

나. 부동산거래 선진화 필수요건 검토결과

부동산시장에 대한 선진화 필수요건은 투명성과 효율성에 두고 있으나 이는 거래과정을 소홀히 한 검토로 보이며, 부동산의 정책, 시장의 거래, 개인의 부동산 보유의 전 과정을 고려할 때 부동산시장의 선진화 필수요건은 투명성, 효율성, 안전성, 책임감으로 보아야 할 것으로 본다.

이를 각 과정으로 보면, 부동산정책 면에서는 투명성과 효용성에 중요도가 더 있으며, 거래과정에서는 안전성과 책임감 및 효용성에 그 중요도가 더 있다고 볼 수 있고, 부동산 보유 및 관리에서는 안전성과 책임감, 효용성 및 투명성에 중요도가 있다고 보인다.

2. 부동산거래 선진화 개념

앞서 부동산거래 선진화 요소를 검토에서 살펴본 바와 같이 부동산거래 선진화 요소는 안전성, 효용성, 투명성, 책임감에 있다. 따라서 부동산거래에서 선진화되기 위해서 거래당사자 및 중개업자와 정부 그리고 거래과정, 권리의 이전, 물건 자체, 거래대금 면에서 선진화 요소가 충족되는 개념이어야 한다.

이를 각 거래주체별로 살펴보면 다음과 같다.

가. 거래당사자

거래당사자 면에서 안전성은 매도인의 경우는 거래대금이 약정한 대로 이행되어야 하고, 부동산이 인도될 때까지 멸실되지 않고 존재되어야 하며, 매수자가 사용목적대로 사용할 수 있는 상태가 인도될 때가지 유지되어야 한다. 그리고 소유권이 이전될 때까지 추가적인 권리가 설정되거나 기입되지 않아야 한다.

매수인의 경우는 거래대금이 만일의 경우에 회수 가능하여야 하고, 거래대금이 계획된 조달계획대로 조달이 가능해야 하며, 물건 자체가 구입목적대로 상태가 유지되어야 한다. 그리고 소유권이 하자 없이 인수되어야 한다.

거래당사자의 투명성은 매도인의 경우 매수자가 진정한 당사자여야 하고, 매수자 자금조달계획이 출처가 명확하여 약속한 대로 거래대금이 납입될 수 있는 믿음을 주어야 한다.

매수인의 경우는 매도인이 진정한 거래당사자여야 하고, 물건에 하자 등이 없거나 매도인이 사실대로 고지하고 인계시켜 주어야 한다. 그리고 거래과정이 투명하여 거래당사자가 예측이 가능한 부동산거래절차 제도가 요구된다.

거래당사자의 효율성은 매도자 및 매수자 공히 신의성실로 약속을 성실히 수행하여 불필요한 낭비가 없도록 하는 것과 매수인은 물건자체에 대한 하자를 속여 소유권 이전 후 불필요한 시간적 경제적 낭비를 하지 않도록 되어야 한다.

끝으로 거래당사자의 책임감에 있어서는 거래계약은 양 당사자의 신의성실에 의한 이행에 의해 종결되며, 물건 자체가 인수하는 사람이 계속해서 사용이 가능하도록 기능이 유지되어야 하므로 주기적으로 하자보수 등 관리를 철저히 하여야 한다.

나. 중개업자

중개업자의 안전성은 거래당사자가 진정한 당사자여야 하고, 권리에 하자가 없어야 하며, 물건자체에 하자가 없어야 한다. 또한 물건을 매수자가 구입목적대로 사용이 가능하도록 공법상 제한이 없는 안전성이 확보되어야 한다.

중개업자의 투명성은 물건 자체의 기술적인 면에서 하자가 없거나 있더라도 누락하거나 숨긴 것이 없어야 하고, 거래과정의 일정이 투명하며, 거래금액이 투명하여야 한다.

중개업자의 효율성은 중개를 위해 지불하는 비용이 적게 들고 계약이 가급적 단시일 내 종결되어야 한다.

중개업자의 책임감은 거래당사자에게 손해가 발생하지 않도록 물건자체에 대한 완전한 물건을 가급적 거래시키고 거래과정에서 권리 및 거래대금이 안전하게 이행될 수 있도록 거래당사자와 지속적이고 충분히 협의하여 완전하게 이행되도록 활동하여야 한다.

다. 정 부

정부는 부동산거래에 있어 거래당사자가 안전하게 거래됨으로써 불필요한 사회적 비용을 낭비하지 않도록 거래 제도를 안전함을 보장하면서 편리하도록 완벽하게 하여 구축하고, 거래과정에서 납부하여야 할 세금이 공평하게 부과될 수 있도록 투명성이 확보되어야 한다.

뿐만 아니라 부동산정보를 누구나 공유할 수 있도록 행정체제를 편리하게 구축하여야 하며, 국민들이 정부가 만든 안전하고 편리한 부동산거래 제도를 잘 이용할 수 있도록 계도를 하여야 한다.

그리고 정부는 부동산거래 선진화를 위하여 학자 및 중개업자가 부동산거래 및 중개에 관하여 계속 발전시킬 대안을 정부에 건의할 수 있도록 부동산 관련 정보를 공개하여야 한다.

라. 부동산거래 선진화 개념

위의 내용을 종합해 볼 때 부동산거래의 선진화 개념은 부동산을 거래함에 있어 거래과정상에 안전성이 확보되어 부동산거래 주체인 거래당사자나 중개업자, 정부 누구에게도 피해를 주지 않도록 사회적 보장제도가 제도적으로 완비하고, 거래사고가 발생하지 않는 안전한 거래와 더불어 거래과정이 예측 가능하도록 투명하게 거래되면서, 불필요한 시간이나 금전적 낭비를 하지 않는 효율적인 거래가 이루어져 세계 어느 나라에서도 찾아볼 수 없는 안전하고 투명하며 효율적이고 편리한 상태가 이루어진 상태의 거래 제도를 말한다.

제4절 부동산거래의 분류

1. 부동산거래 분류

부동산거래란 부동산과 거래대금이 교환되는 거래로서 부동산 자체의 이전이 아니라 소유권이 이동하는 것을 말한다. 이 부동산거래에는 공적 거래와 사적 거래가 있다.

공적 거래에는 정부 및 지방자치단체에서 판매 및 매입하는 입찰과 수용이 있고, 법원에서 채권자의 요구에 의거하여 실시하는 경매, 그리고 국가재정을 관리하기 위하여 운영하고 있는 자산관리공사를 포함하여 공공기관에서 실시하는 공매가 있다.

사적 거래는 개인 간의 부동산거래를 말하며, 사적 거래에는 직거래와 중개거래가 있다.

직거래에는 건설회사가 공동주택이나 골프장, 대형빌딩 및 상가빌딩 등을 건축하기 위하여 대량 토지를 매입하는 법인과 법인 간의 직거래와 법인과 개인 간의 직거래, 그리고 개인 간에 직접 유상으로 거래하는 통상의 직거래가 있으며, 상속 및 증여, 기부와 같이 무상거래의 직거래가 있다.

중개거래에는 회사와 개인 간(분양 등) 또는 거래당사자 사이에 중개자가 개입하여 알선을 하는 거래로, 중개대상물에 대하여 거래당사자 간의 매매·교환·임대차 그 밖의 권리의 득실변경에 관한 행위를 알선하는 것을 말한다.[27] 이 중개거래에는 국가에 등록을 하고 영업을 하는 등록업자 중개거래와, 국가에 등록하지 않고 중개하는 무등록자 중개거래, 중개업소에 채용되지 않고 중개업소 명의를 이용하여 거래하는 떠돌이 중개거래, 마을 이장이나 통장 등과 같이 마을 일을 보거나 다른 업을 하면서 알고 있는 부동산 정보를 중개업소에 제공하고 중개수수료를 받는, 즉 현장에서 흔히 부르는 '똠방' 중개거래 등이 있다. 이 중개거래는 거래형태에 관계없이 유상거래라는 것이 특징이다.

우리나라의 부동산거래를 계약의 형태로 보면 유상거래로는 매

---

27) 공인중개사의 업무 및 부동산거래 신고에 관한 법률, 제2조 제1호.

매·임대차·교환 등이 있고, 무상거래로는 상속·증여·기부·사용대차 등의 거래가 있다.

부동산거래시장으로 보면 매매시장과 임대차시장으로 나누어지는데[28] 매매시장에는 매매와 교환이 있고, 임대차시장에는 전세·월세·사글세·사용대차 등이 있으며, 기타 부동산시장으로는 상속·증여·기부 등이 있으나 이는 무상거래이므로 중개거래에서는 별로 취급되지 않고 있다.

이러한 여러 형태의 부동산거래 중 유상거래는 일반적으로 일정한 절차를 거쳐 거래가 이루어지고 있다.

부동산거래절차에 대해서는 제3장 3절 부동산거래절차에서 자세히 살펴보기로 한다.

유상거래에 있어 부동산 거래절차 면에서 직거래와 중개거래의 차이는 직거래의 경우는 중개거래에서 중개업자가 하는 역할을 거래당사자 중 한 사람이 실시하여야 하는 것만 차이가 있다. 따라서 본 연구에서는 부동산거래 전반과정을 기준으로 하되 중개거래를 중심으로 거래절차를 검토하였으며 개인 간 직거래에서만의 특성이 있는 부분은 해당 사항에서 같이 고려하였다.

중개거래로서 중개업자 종류를 보면 국가에 등록하고 정식으로 중개업을 하고 있는 중개업자는 법인 중개업자와 공인중개사 중개업자가 있고, 기존인원에서 새로이 배출되지 않는 중개인 중개업자가 있으며 기타 법인중개업자로 관련법에 의해 부동산거래를 하는 특수법인 중개업자가 있다.

---

28) 부동산서비스와 거래의 선진화 방안, 2001. 12, 한국형사정책연구원, 건설교통부, p.11.

2. 부동산거래 및 선진화 주체

부동산을 거래하기 위해서는 부동산이라는 자체가 있어야 하고, 이 부동산을 소유하고 있던 자가 매도하여야 하고 이 부동산을 소유하고자 하는 자가 있어야 하며, 부동산을 매도하려는 자와 부동산을 매수하려는 자의 중간에서 부동산에 대한 정보를 제공하고 권리 등 각종 정보를 분석하며, 가격 등을 흥정하고 조정하는 중개업자가 있어야 하며, 거래 자체를 인정할 수 있는 공증업무를 수행하는 정부가 있어야 한다. 이 매도자 및 매수자, 즉 거래당사자와 중개업자, 정부 이 3자를 부동산거래의 주체라고 한다.

이 부동산거래 주체는 곧 그들이 할 업무가 구분되어 있으며 연계성을 가지고 있다. 따라서 이 거래주체들이 각자 자신의 업무를 선진화하여야 할 주체들이므로 부동산거래 주체는 곧 부동산거래 선진화의 주체이기도 하다.

제5절 부동산거래의 선진화 핵심요소

부동산거래를 선진화하기 위한 선진화 핵심요소는 앞서 부동산거래 선진화 개념에서 찾아야 한다. 즉 부동산거래 주체가 부동산거래절차의 각 과정에서 하여야 할 행위를 부동산거래 선진화 개념에 입각하여 선진화하는 데 필수적인 요소를 부동산거래의 선진화 핵심요소라 한다.

부동산거래 선진화를 위한 핵심요소를 도출하기 위하여 부동산

거래 주체별로 도출해 보면 다음과 같다.

1. 거래당사자 면에서 선진화 요소

먼저 거래당사자는 먼저 거래당사자가 책임 있는 당사자여야 하고, 책임 있는 거래당사자로서 부동산거래를 함에 있어 책임 있는 행위를 하여야 한다. 따라서 거래당사자의 책임 여부를 명확하게 하기 위해서는 모든 행위를 가급적 서면화하는 습관을 가져야 한다. 그리고 매수자의 경우 거래사고의 주요 원인이 거래대금의 준비부족에서 발생하므로 거래대금 조달계획이 확실할 때 구매를 하여야 한다. 또한 부동산거래는 부동산 자체의 점유로 이전되는 것이 아니라 권리의 이전이므로 권리를 인증하는 거래문서의 진위성이 요구된다.

따라서 거래당사자의 위치에서 부동산거래와 관련하여 선진화되어야 할 것은 ① 거래당사자의 진위를 입증할 증좌 제시, ② 중개의뢰 서면화, ③ 거래주체들이 인정할 수 있는 거래대금 조달계획의 확실성, ④ 권리문서의 진실성 등이 요구된다. ⑤ 그리고 매도인은 물건자체의 즉각 사용이 가능토록 물건 자체 점검 또는 진단을 받아 물건의 하자를 미리 점검하는 제도 수립이 절실하며, 일정기간 하자를 책임을 짓도록 하여야 한다. 그리고 매수자의 경우에는 권원의 보장과 거래대금의 안전을 보장받을 수 있도록 권원보험 및 거래대금반환 보장보증보험(에스크로우)에 가입하는 사회적 보장책이 병행되어야 한다. 따라서 거래당사자 입장에서 부동산거래 선진화가 되어야 할 사항은 거래의 안전성과 거래당사자의 책임감, 그리고 거래의 투명성으로 보인다.

2. 중개업자 면에서 선진화 요소

다음으로 중개업자는 부동산거래의 90% 이상을 성사시키는 활동을 하므로 부동산거래 주체 중 거래당사자 다음으로 중요한 위치이다. 따라서 중개업자의 자질과 능력은 부동산거래에 있어 매우 중요하다.

중개업자는 부동산거래를 안전하고 정확하면서 신속하게 처리할 수 있는 능력과 자질을 구비하여야 하고, 업무를 안전하면서 신속하게 처리할 수 있는 전문지식을 지녀야 한다. 또한 부동산거래는 국민의 큰 재산의 이동이므로 법규에 구체적으로 규정되어 있다. 그러므로 중개업자는 법규를 준수하여야 하고, 부동산은 소멸되지 않고 영속성을 가지고 있으며 특히 우리나라와 같이 좁은 영토에서 많은 인원이 공존하여야 하므로 부동산을 가장 효율적으로 이용됨이 요구된다. 따라서 중개업자는 부동산을 최고최선으로 이용될 수 있도록 거래당사자를 상담하고 기획해 주는 전문적 활동을 하여야 한다. 이를 위해 중개업자는 각종 자료를 잘 관리함과 동시에 지속적으로 공부하고 연구하여 부동산을 최고, 최선으로 이용될 수 있도록 중개하여야 하고 이를 위하여 자신의 업무를 지속적으로 발전시키는 노력을 하여야 한다. 즉 중개업자 면에서 부동산거래의 선진화 요소는 우선 중개업자 자질의 전문화가 요구되고 거래절차가 신속·정확하면서 효율적으로 이루어질 수 있도록 효율적이어야 하며 안전하게 거래될 수 있도록 안전성이 요구된다.

3. 정부 면에서 선진화 요소

끝으로 정부는 부동산거래가 안전하게 거래될 수 있도록 하고 선진화시키는 데는 제도적으로 구비하여야 하므로 각종 제도를 완벽하게 법규로 제도화시키고, 부동산중개를 건전하게 육성하기 위해서는 중개업자가 중개업을 통하여 생계기 가능하도록 중개입자의 수요와 공급의 균형을 유지되도록 양성하여야 하며 또 중개업자가 적정한 능력을 갖출 수 있는 시험 및 자격의 제도를 발전시켜야 한다. 또한 부동산거래가 안전하게 거래되는 데 필요한 각종 사회적 보장 제도를 보험제도로 발전시켜 거래당사자와 중개업자가 부동산거래를 안전하고 신뢰할 수 있도록 하여야 한다. 즉 정부의 입장에서 부동산거래의 선진화는 안전하고 투명하게 부동산거래가 이루어질 수 있도록 안전성과 투명성이 요구되며, 이에 제도화가 요구된다.

이상의 부동산거래 과정에서 선진화 요소를 종합하여 보면 부동산거래 선진화 요소는 안전성이 가장 중요하고, 더불어 투명하고 효율성이 요구됨을 알 수 있다. 또한 이 외에 거래당사자의 책임감이라든가 중개업자의 자질 구비 그리고 정부의 부동산거래의 선진화를 위한 각종 사회보장적 안전장치 제도화 등이 요구되고 있다.

제Ⅲ장

부동산거래 선진화를 위한 문제점 및 개선방향

제1절 부동산거래 현황 분석

1. 토지거래

　먼저 연간 부동산이 얼마나 거래되고 있는지를 검토해 보기 위하여 2006년도 부동산의 거래에 대한 통계자료를 살펴본 결과 토지거래와 건물거래, 아파트거래로 구분하여 현황을 구분하고 있다.

<표 3-1> 토지거래 현황(2006년도)

구 분		06년 1월	06년 2월	06년 3월	06년 4월	06년 5월	06년 6월	06년 7월	06년 8월	06년 9월	06년 10월	06년 11월	06년 12월
전국	필지	152,672	197,488	260,721	231,902	249,145	211,882	182,603	178,130	236,989	239,835	330,965	272,915
	면적 천㎡	178,563	191,282	257,037	222,800	325,512	211,046	198,922	194,427	196,345	195,309	249,528	471,423
서울	필지	18,725	28,253	36,547	33,668	37,695	33,079	25,149	25,264	40,731	47,167	60,676	52,373
	면적 천㎡	1,241	1,914	2,639	2,642	2,996	2,251	2,365	1,647	2,616	2,939	3,930	3,557
부산	필지	7,800	10,155	11,839	11,122	11,534	9,271	7,172	6,557	10,168	9,421	14,065	15,586
	면적 천㎡	1,726	2,008	2,687	2,063	2,309	1,767	1,880	1,438	1,775	1,550	2,827	5,018
대구	필지	8,059	8,918	10,241	9,993	8,407	7,585	7,056	5,625	7,168	6,591	12,460	15,173
	면적 천㎡	1,626	1,616	2,149	2,185	2,036	2,586	2,167	1,364	1,262	1,744	2,458	4,438
인천	필지	5,750	8,594	10,589	10,497	10,903	10,516	9,610	8,769	13,301	12,560	19,342	22,370
	면적 천㎡	1,482	1,966	2,784	2,381	2,711	3,843	4,408	2,585	2,232	2,383	6,660	25,988
광주	필지	5,447	5,700	7,042	6,280	4,969	5,922	4,462	3,697	5,263	5,324	8,923	9,024
	면적 천㎡	1,143	1,198	1,284	1,451	2,563	1,455	1,507	1,943	1,178	1,441	2,117	4,335
대전	필지	3,959	4,705	8,096	5,230	2,253	4,267	3,682	3,156	5,406	4,173	4,704	5,279
	면적 천㎡	1,103	1,014	1,539	1,310	2,769	1,780	955	1,669	964	1,284	1,030	1,604
울산	필지	3,290	4,830	5,737	5,060	5,949	6,065	5,693	4,916	4,735	4,983	6,129	9,562
	면적 천㎡	2,973	4,163	3,551	2,809	3,533	2,572	2,581	2,106	2,596	2,808	2,976	7,347
경기	필지	36,958	44,921	61,460	55,372	66,207	52,408	45,887	46,295	66,076	71,992	102,984	100,301
	면적 천㎡	21,777	28,428	41,274	29,738	47,324	32,456	27,612	24,507	26,742	26,330	37,667	78,893

구 분		06년 1월	06년 2월	06년 3월	06년 4월	06년 5월	06년 6월	06년 7월	06년 8월	06년 9월	06년 10월	06년 11월	06년 12월
강원	필지	9,982	11,811	17,692	13,772	14,708	12,360	10,258	10,398	11,850	11,321	15,346	23,562
	면적 천㎡	35,605	26,603	32,949	26,996	47,540	31,775	26,003	21,655	24,367	29,746	40,352	70,199
충북	필지	5,758	8,420	10,600	8,811	9,123	9,246	8,996	7,593	8,255	7,413	10,134	13,183
	면적 천㎡	10,654	13,440	18,687	18,615	23,881	12,913	12,711	15,290	13,354	13,940	15,099	37,063
충남	필지	7,953	13,029	16,799	14,057	15,442	12,832	8,898	8,768	10,998	9,514	12,251	15,823
	면적 천㎡	10,401	22,941	24,343	20,407	28,272	20,525	17,498	12,874	15,836	15,849	17,710	26,654
전북	필지	6,779	8,532	12,567	11,396	9,662	8,665	8,233	7,327	9,974	8,968	11,762	14,712
	면적 천㎡	11,643	13,604	21,573	17,873	18,012	17,295	12,937	17,342	13,233	13,822	16,293	27,664
전남	필지	5,596	7,933	13,030	11,795	11,746	9,800	9,063	9,300	9,777	8,354	10,963	17,369
	면적 천㎡	21,241	20,332	32,732	25,111	40,251	24,371	20,178	23,002	21,302	19,876	19,656	37,390
경북	필지	11,836	14,751	17,923	16,157	16,792	13,152	13,175	12,757	13,753	12,726	17,245	25,783
	면적 천㎡	32,025	30,284	39,598	37,543	46,408	26,492	39,313	37,494	37,370	36,033	42,358	68,206
경남	필지	11,847	13,909	16,241	15,821	17,607	14,018	12,942	14,788	16,785	16,496	20,117	27,565
	면적 천㎡	16,741	17,912	23,759	26,014	39,421	24,289	23,072	25,096	25,515	21,748	26,015	55,868
제주	필지	2,933	3,027	4,318	2,961	3,148	2,696	2,327	2,920	2,749	2,832	3,864	5,250
	면적 천㎡	7,181	3,860	5,488	5,661	15,516	4,675	4,094	4,415	6,004	3,815	12,380	17,198

〈자료: 국토해양부, 온나라 정보, 인터넷통계〉

먼저 토지거래를 보면 <표 3-1>에서 보는 바와 같이 2006년
도의 경우 1년 동안에 2,845,247필지, 2,891.994.000㎡(874,828,185
평)가 거래되었으며, 이 중 최고로 많이 거래가 이루어진 달은 12
월로 필지 수로는 372,915필지였고, 면적으로는 471,423,000㎡로
약 142,605,457평이 거래되었으며, 거래가 가장 적었던 달은 1월로
152,672필지로 면적으로는 178,563,000㎡로 약 54,015,307평이 거
래되었다. 또 한 달 평균 거래량은 237,104필지에 240,999,500㎡
(약 72,902,348평)이 거래된 것으로 나타나고 있다.

이와 같은 토지거래량은 전 국토 3,600만여 필지 중 1년에 약
285만 필지가 거래하고 있음은 매년 전 국토의 7.9%나 되는 많은
양이 거래되고 있음을 알 수 있으며, 2006년도 한 해에 거래된 면
적은 남한의 국토면적이 99,678.12㎢로 이 중 산악이 70%이므로
이를 제외한 산업용지는 29,903. 44㎢로 실제 거래 가능한 면적이
남한 국토의 10%가 거래되고 있다.

<표 3-2> 용도별 토지거래 현황(2006년도)

용도 지역	필지 수		면적(㎡)	
	수량	%	수량	%
총계	2,845,247	100	2,892,194	100
주거 지역	1,659,692	58	232,218	8
상업 지역	168,633	6	16,678	1
공업 지역	68,789	2	41,733	2
녹지 지역	180,214	7	304,844	10
개발제한 지역	23,157	1	49,616	2
미지정 지역	33,910	1	66,864	2
도시계획 외 지역	710,852	25	2,180,247	75

〈자료: 국토해양부, 온나라정보, 인터넷통계〉

토지거래를 용도별로 보면 <표 3 - 2>에서 보는 바와 같이 필지 수로는 주거 지역이 가장 많이 거래되고 있고, 다음으로 도시계획 외 지역, 녹지 지역, 상업 지역, 공업 지역 순이며, 면적으로는 도시계획 외 지역이 가장 많이 거래되고 있고 녹지 지역, 주거 지역, 미지정 지역, 개발제한 구역, 공업 지역 순으로 거래되고 있다. 즉 도시계획 외 지역이 많이 거래된 것은 투자를 위한 거래와 정부의 균형발전에 의해 지방 소도시 및 농촌 지역에 공동주택이 많이 건축되었음을 나타내고 있다.

또 토지거래를 중개업소 거래량으로 판단해 보면 1개 중개업소당 평균 거래량은 1년에 36개 필지에 36,788㎡(11,128평)씩 거래한 것으로 판단된다. 즉 한 달에 중개업소당 3개 필지씩 거래한 것으로 판단된다.

그러나 토지는 토지를 전문으로 하는 중개업소에서만 중개를 할 수 있기 때문에 전 중개업소가 토지를 36,788㎡를 거래하였다고 볼 수 없고, 또 이 토지에는 국가에서 개발하거나 재개발하는 토지와 민간 건설사들이 아파트 건축 및 골프장 등 대량 토지를 거래한 양이 포함되어 있으므로 실제 중개업소를 통하여 거래한 양은 이보다 적을 것으로 판단된다.

2. 건물거래

<표 3-3> 건물거래 현황(2006년도)

구분	1월	2월	3월	4월	5월	6월	7월	8월	9월	10	11월	12월	계
서울	15,637	24,380	34,073	31,486	35,291	30,308	22,465	22,932	36,706	44,270	56,774	49,312	403,634
부산	6,644	9,167	9,659	8,849	9,842	7,457	5,856	5,412	8,656	7,684	12,421	12,446	104,093
대구	7,033	7,552	8,290	7,110	6,197	5,287	4,751	3,833	5,784	5,374	7,830	9,823	78,864
인천	4,646	6,961	8,821	8,404	8,914	8,696	7,457	6,769	11,586	11,210	16,779	14,046	114,289
광주	4,210	4,664	6,109	5,301	3,794	4,832	3,359	2,819	4,381	4,437	7,760	7,025	58,691
대전	3,080	4,140	7,174	4,467	3,741	2,818	2,502	2,383	4,695	3,567	4,125	4,148	46,840
울산	1,975	3,097	4,095	3,583	4,226	4,364	4,004	3,514	3,218	3,669	4,507	5,189	45,441
경기	25,566	31,883	45,025	39,984	43,697	37,827	32,826	31,084	50,288	57,811	84,002	58,997	538,990
강원	2,775	3,740	5,717	3,480	3,890	3,825	3,258	3,308	4,051	3,764	5,528	6,250	49,586
충북	2,147	4,014	4,176	2,870	3,186	4,746	5,132	3,463	3,819	3,329	4,482	4,211	45,575
충남	3,198	4,738	5,879	4,811	4,345	4,101	2,878	3,170	5,831	4,635	6,202	5,511	55,299
전북	2,582	3,071	3,708	3,803	3,052	3,211	3,719	2,782	4,761	3,821	5,058	5,323	44,891
전남	1,435	1,970	2,928	2,874	3,106	3,213	2,819	2,689	3,422	2,604	3,116	5,873	36,049
경북	5,019	6,207	6,297	5,742	5,394	4,668	5,044	4,133	5,464	4,855	6,562	6,892	66,277
경남	6,122	6,915	6,927	6,884	6,793	6,121	5,398	6,015	7,433	8,448	10,629	9,872	87,557
제주	1,469	1,310	1,884	613	736	558	518	985	835	756	1,434	1,163	12,261
계	93,538	123,809	160,762	140,261	146,204	132,032	111,986	105,291	160,930	170,234	237,209	206,081	1,788,337

<자료: 국토해양부, 온나라정보, 인터넷통계>

다음 아파트를 제외한 건물의 거래한 현황을 보면 <표 3 - 3>에서 보는 바와 같이 2006년도의 경우 1년간 총 1,788,337호가 거래되었으며 최고로 많이 거래되었던 달은 11월로 237,209호이고 다음은 12월로 206,081호로 연말에 많이 거래되고 있다.

그리고 가장 적게 거래된 달은 1월로 93,538호로 명절로 인하여 거래량이 감소된 것으로 판단된다. 한 달 평균으로 보면 149,028호가 거래되었다.

일반 건물의 거래를 1개 중개업소가 거래한 양을 분석해 보면 1년에 22호에서 23호를 거래하고 있고 이를 월평균 거래량으로 판단해 보면 1∼2개를 거래한 것으로 나타난다.

일반건물은 주로 상가 및 공장 건물 등으로 상가 및 공장식 건물의 분양분을 제외하면 중개업소에서는 한 달에 1건도 거래를 못하는 경우가 많으므로 통상 주거 시설을 겸하여 취급하고 있는 실정이다.

3. 아파트 거래

〈표 3-4〉 아파트 거래 현황(2006년도)

구분	1월	2월	3월	4월	5월	6월	7월	8월	9월	10월	11월	12월	계
서울	5,531	13,145	17,808	15,349	17,030	12,581	9,427	9,379	17,106	23,641	28,767	19,374	189,138
부산	4,750	6,987	6,914	6,043	6,339	4,986	3,540	3,595	6,157	5,176	8,288	8,099	70,874
대구	3,412	5,590	5,442	4,634	4,016	3,522	3,192	2,527	3,847	3,873	5,776	6,708	52,539
인천	3,827	4,217	5,007	4,487	4,609	4,883	4,112	3,276	5,595	6,571	10,681	7,171	64,436
광주	2,521	4,072	5,347	4,602	3,022	3,926	2,631	2,177	3,441	3,454	6,741	5,759	47,693
데전	2,233	3,094	5,842	3,124	2,230	1,604	1,698	1,559	3,451	2,478	2,791	2,346	32,450
울산	2,334	2,443	2,598	2,547	3,055	3,471	2,908	2,267	2,438	2,935	3,583	3,461	34,040
경기	13,542	23,212	31,852	27,361	29,116	25,379	21,089	18,967	33,416	39,953	54,811	33,388	352,086
강원	2,637	2,854	4,504	2,273	2,559	2,775	2,363	1,922	2,512	2,550	4,261	4,143	35,353
충북	2,965	3,082	3,023	1,843	2,072	3,670	4,216	2,564	2,784	2,283	2,631	2,609	33,742
충남	4,753	3,587	4,294	3,589	2,935	2,891	1,974	2,209	4,696	3,607	4,758	3,992	43,285
전북	2,844	2,388	2,684	2,936	2,037	2,220	2,831	1,965	3,779	2,645	3,758	3,831	33,918
전남	1,732	1,140	1,848	1,875	2,088	2,081	1,846	1,667	2,374	1,666	1,961	4,535	24,813
경북	2,698	4,721	4,342	3,974	3,464	3,037	3,274	2,321	3,465	3,097	4,499	4,236	43,128
경남	7,147	5,171	4,875	4,474	4,430	3,959	3,510	4,085	5,212	5,963	7,903	6,505	63,234
제주	469	830	906	207	221	154	124	135	277	317	804	388	4,832
계	63,395	86,533	107,286	89,318	89,223	81,139	68,735	60,615	100,550	110,209	152,013	116,545	1,125,561

〈자료: 국토해양부, 온나라정보, 인터넷통계〉

　아파트는 <표 3 - 4>에서 보는 바와 같이 역시 2006년도의 경우 1년 거래량이 총 1,125,561호로 최고 많이 거래된 달은 11월로 152,013호이고 가장 적게 거래된 달은 8월로 60,615호가 거래되어 월평균 93,797호가 거래되고 있다. 이를 1개 중개업소의 거래량으로 판단해 보면 중개업소 당 1년에 14～15의 아파트를 거래를 하였고, 한 달에는 1～2개 매매를 하였다.

4. 부동산거래 건수

〈표 3-5〉 부동산거래 현황(2006년도)

지역	1월	2월	3월	4월	5월	6월	7월	8월	9월	10월	11월	12월	계
서울	20,348	22,905	30,896	30,504	33,775	33,939	27,309	19,446	31,364	33,121	41,744	53,009	378,360
부산	8,841	9,606	11,889	12,455	13,016	11,451	8,391	8,144	11,224	9,743	13,399	16,850	135,009
대구	8,777	8,786	8,323	9,128	8,599	7,507	7,374	4,703	7,396	6,754	8,750	10,585	96,682
인천	8,915	8,920	10,255	10,646	11,787	9,471	9,355	8,979	12,033	10,564	12,598	17,967	131,490
광주	6,219	5,716	6,485	7,175	6,202	6,004	4,715	3,581	6,568	5,477	7,584	8,396	74,122
대전	4,194	4,421	6,228	7,071	7,493	4,541	3,917	3,231	5,084	4,614	5,327	7,567	63,688
울산	3,768	4,488	5,096	4,865	6,466	4,545	5,303	4,013	4,730	4,949	6,131	9,326	63,680
경기	45,469	48,489	56,782	53,532	66,487	52,419	48,857	42,622	53,485	53,012	64,441	82,085	667,680
강원	14,702	15,425	21,588	14,975	17,630	14,249	12,637	12,580	13,991	13,565	18,430	26,351	196,123
충북	9,566	11,346	13,708	11,109	12,546	11,952	12,018	10,164	11,125	10,568	13,022	16,320	143,444
충남	15,917	18,010	24,746	18,492	19,390	15,691	14,206	14,659	15,184	14,947	24,530	23,306	219,078
전북	11,132	12,532	16,711	17,076	17,141	16,890	16,731	15,929	17,903	14,877	18,586	21,352	196,860
전남	13,188	13,238	20,115	18,508	21,438	21,696	23,829	25,707	25,872	23,161	28,323	30,608	265,683
경북	18,642	19,354	24,700	22,888	24,658	22,861	22,625	22,918	22,797	22,870	27,895	32,119	284,327
경남	17,423	18,025	22,298	25,176	27,173	21,917	22,755	25,451	25,042	22,434	27,277	29,631	284,602
제주	3,460	4,065	3,825	3,628	3,723	3,417	2,954	3,582	3,403	3,124	5,185	4,592	44,958
계	210,561	225,326	283,645	267,228	297,524	258,550	242,976	225,709	267,201	253,780	323,222	390,064	3,245,786

〈자료: 국토해양부, 온나라정보, 인터넷통계〉

또한 2006년도 연간 총 거래 건수는 <표 3－5>에서 보는 바와 같이 3,245,786건으로 최고로 많이 거래된 달은 12월로 390,064건이며, 가장 적게 거래된 달은 1월 및 2월로 210,561건이 거래되었다. 한 달 평균으로 알아보면 월평균 270,482건이 거래되었다.

이는 2006년도는 각종 균형발전계획이라는 전국적 개발계획과 국토의 개발 정보의 국민 공유라는 미명하에 균형발전 관련 계획을 동시 다발적으로 발표하여 비교적 거래에 좋은 호재가 많았던 해임을 감안하면 부동산거래가 비교적 많은 해로 판단된다.

또 일반건물 및 아파트의 경우에도 총 2,913,898호가 1년 동안 거래되었는데 이를 1개 중개업소에서 중개한 양으로 환산하면 중개업소 당 1년에 37호를 중개하였고, 이를 다시 월평균으로 환산하면 한 달에 3건을 중개한 것으로 산출된다. 그런데 여기에는 신규 분양 건물이 포함되어 있으며 이 분양물은 각 건설업체의 분양 팀이나 분양전담회사에서 실시한 양까지 포함된 양이므로 중개업소에서 중개한 물량은 이보다 월등히 적은 수로 판단된다.

<표 3-6> 중개업소 현황

2006. 12. 31 현재

구 분	계	공인중개사	중개인	중개법인
계	78,611	66,276	11,910	425
서울	23,381	18,381	4,816	184
부산	3,960	3,383	550	27
대구	3,166	2,732	408	26
인천	4,855	4,277	567	11
광주	1,587	1,224	352	11
대전	2,460	2,122	321	17
울산	1,194	1,009	181	4
경기	23,039	20,681	2,287	71
강원	1,564	1,341	223	0
충북	1,700	1,376	315	9
충남	2,852	2,374	474	4
전북	1,653	1,339	290	24
전남	962	686	272	4
경북	2,176	1,815	356	5
경남	3,485	3,017	445	23
제주	577	519	53	5

〈자료: 대한공인중개사협회, 2006〉

이상의 부동산거래량을 살펴본 내용을 종합하면 부동산거래량은 매우 많음을 알 수 있어 부동산거래가 국가경제활동에 매우 높은 비중을 차지할 것으로 사료된다. 반면 중개업소당 거래량을 살펴보면 중개업소가 경제활동 직업으로 정착되기는 어려운 실태에 놓여 있어 중개업소의 적정성 검토가 필요한 것으로 나타난다.

제2절 부동산 거래사고 현황

1. 거래사고 현황

〈표 3-7〉 중개사고 현황

연도	한국공인중개사협회		대한공인중개사협회		총 건수		중개업소현황[29]
	접수	공제금지급	접수	공제금지급	접수[30]	공제금지급[31]	
1992	4	3			4	3	
1993	13	12			13	12	
1994	39	39			39	39	
1995	36	33			36	33	41,794
1996	30	27			30	27	40,813
1997	45	42			45	42	41,424
1998	61	58			61	58	40,085
1999	70	84			70	84	44,428
2000	102	88			102	88	45,845
2001	80	77			80	77	49,680
2002	123	72	74	7	197	79	58,920
2003	172	115	103	26	275	141	67,380
2004	149	100	96	47	245	147	72,180
2005	86	98	67	46	153	144	76,164
2006	171	110	102	60	283	170	78,611
계	1,181	958	442	186	1,623	1,144	

〈자료: 부동산정책연구소, 최신부동산중개사고사례연구, 한국공인중개사협회, 2008, p.12.〉

통계자료의 기준을 일치시키기 위하여 2006년도 기준 통계자료를 사용하였다.

---

29) 한국감정평가연구원, 공제제도 개선을 통한 부동산 거래의 안전성 제고방안, 건설교통부, 2002, p.90.
30) 한국감정평가원, 상게서, p.90.
31) 부동산정책연구소, 2008최신부동산 중개사고 사례연구, 한국공인중개사협회, 2008.

IMF 이후 부동산경기는 1997년 IMF로 인하여 침체된 부동산경기가 1999년부터 2002년 초반까지 호경기를 이루다가 2002년 후반부터 2004년도까지 다소 침체기를 거친 뒤 2004년 말부터 2005년도 후반까지 최대 호황을 누린 후 2005년도 말부터 다시 침체기로 전환되었다.

이와 같은 부동산중개 사고를 보면 부동산중개 사고는 매년 계속 증가하고 있으며, 부동산주기와 연관하여 부동산중개 사고를 살펴보면 대개 불경기 때 중개사고가 많이 발생하고, 호경기 때는 중개사고가 줄어들었음을 알 수 있다. 한편 <표 3-7>에서 나타난 중개사고 건수는 중개사협회에 접수하여 공제금을 지급한 건수들을 말하며, 부동산중개 현장에서 계약파기로 인한 계약금 반환이라든가, 거래부동산의 물리적 하자로 인한 분쟁, 중개수수료에 의한 분쟁 등 부동산 거래사고를 신고하지 않거나 신고 못 하는 사고까지 포함하면 실제 부동산 중개 사고는 이보다 더욱 많을 것으로 사료된다.

또한 중개업법이 제정된 1984년 이후 한국공인중개사협회의 전신인 전국부동산협회 및 대한중개사협회에 접수 및 공제금을 지급한 중개사고현황을 종합해 보면 <표 3-7>에서 보는 바와 같다. 1992년도 이전은 기록이 없어 자료를 기록하지 못하였다. 1992년도 이전 자료가 없는 것을 본 연구에서 판단은 중개업법의 손해배상보장 규정의 변천에서 그 원인을 찾고자 했다.

먼저 중개업법에서 손해배상제도 변천을 살펴본다.

부동산중개에서 손해배상제도는 1984년 중개업법 제정 당시부터 있었던 규정으로, 제정 당시에는 손해배상 보장한도가 법인은 2,000만 원, 개인은 500만 원이었고, 대신 개인은 재산세 2만 원 이상 납세자나 농지 6,600㎡(약 2,000평) 이상 소지자의 재정보증을 있어야 했다. 그 후 1990년 4월 26일, 중개업법이 개정되면서 법인은 5,000만 원, 개인은 2,000만 원으로 확대되었으며, 2000년 6월 7일, 정부의 규제개혁 해소차원에서 재정보증제도가 삭제되고 대신 손해배상보장 한도액이 법인은 1억 원, 개인은 5,000만 원으로 확대되었다. 그 후 2006년 1월 30일, 공인중개사 중개업자는 경매대리 실무교육을 이수하면 경매대리 업무를 수행할 수 있도록 하면서 경매대리 시 손해배상보장 한도액을 법인은 2억 원, 개인은 1억 원으로 하면서 2008년도 공인중개사업무 및 부동산거래 신고에 관한 법률도 손해배상제도를 개정하여 부동산중개업에도 손해배상한도액을 법인은 2억 원, 개인은 1억 원으로 확대하여 2009년 1월 1일부터 시행하고 있다.

위 손해배상보장제도 변천을 보면서 1992년도 이전 중개사고가 기록되지 않은 것은 중개업자에게 재정보증제도를 적용함으로써 중개업자들이 무리한 중개를 하지 않았거나, 이 당시는 허가제였기 때문에 중대과실로 인한 불이익을 받지 않기 위해 중개업자 개인이 손해 입은 거래당사자와 합의하여 처리함으로써 공제사고가 보고되거나 배상되는 사고가 없었던 것으로 판단된다. 또 이 당시까지만 해도 국가의 개발소요가 많아 부동산을 거래한 자는 누구나 이득을 보았으므로 비록 사고가 났다 하더라도 다음에 더 이익을 얻을 수 있는 기대와 또 실제 이득을 얻음으로써 거래당사자들이 사건화하지 않았지 않았나 하는 추정이 있다.

그리고 1999년도 이전에 중개사고가 비교적 적었던 것도 부동산중개 관련 손해배상보장제도의 변천에서 찾아볼 수 있다. 또는 공인중개사 시험제도의 변화에도 있었던 것으로 추정된다. 왜냐하면 1999년도 이전 공인중개사 시험은 상대적 평가[32]로 합격자를 평가

하여 비교적 합격자가 적었다. 그러나 2000년도부터 급격히 늘어난 것은 중개사협회가 1997년 2개의 협회로 분리되었고, 정부의 IMF 극복정책의 일환으로 구조조정으로 직장을 잃은 국민들에게 공인 중개사 자격증을 국민자격증 제도로 추진하였다.

그래서 1998년도까지 상대평가로 실시하던 시험제도가 1999년도 제10회 공인중개사부터 절대평가로 바뀌면서 매년 1만 4,000여 명 으로부터 15회의 경우는 2차에 걸쳐 3만 1,000여 명이 넘는 수를 배출하였고, 또 중개업 개설에 있어서도 1997년도 이전까지는 허가 제이던 것을 공인중개사자격증만 있으면 누구나 쉽게 개설할 수 있도록 등록제로 바뀌어 1999년도에는 약 4,400개의 중개업소가 급격히 증가하게 되면서 중개사고도 급격히 증가하기 시작한 것이 다. 특히 강제 구조조정으로 인한 각종 기업체 및 기관에서 내몰린 명퇴 및 구조조정으로 퇴사한 사람들이 공인중개사 자격증 시험에 대량으로 참가했고, 자격증을 취득하자 경험도 없이 대량으로 중개 업계에 진입함으로써 중개사고가 급격히 늘어나기 시작했다.

〈표 3-8〉 공인중개사 배출현황

회	시험일자	최종합격자(명)	평가방식
1	1985. 09. 20	60,277	절대
2	1986. 11. 02	3,018	〃
3	1987. 11. 19	943	〃
4	1988. 12. 18	5,507	〃
5	1990. 04. 01	3,524	상대
6	1991. 11. 10	1,798	〃
7	1993. 11. 13	2,090	〃
8	1995. 11. 12	1,102	〃
9	1997. 11. 02	3,469	〃

32) 전속중개계약의 정착효과에 관한 연구, 주진헌, 목원대학교 산업정보대학원, p.36.

회	시험일자	최종합격자(명)	평가방식
10	1999. 04. 25	14,781	절대
11	2000. 09. 24	14,855	〃
12	2001. 09. 16	15,461	〃
13	2002. 10. 20	19,169	〃
14	2003. 09. 21	29,636	〃
15	2004. 11. 14	1,258	〃
	2005. 05. 22	30,680	〃
16	2005. 10. 29	16,493	〃
17	2006. 10. 29	10,496	〃
18	2007. 10. 28	19,593	〃
19	2008. 10. 26	15,920	〃
합계		270,070	

〈자료: 주진헌. 전속중개계약의 정착효과에 관한 연구. 목원대학교산업정보대학원. p.36.〉

2. 거래사고 유형

가. 거래사고 유형별 분석

부동산거래사고 유형을 분류한 것을 그간 연구한 연구보고서에서 보면 3가지 형태가 있다.

먼저 1988년도 검사세미나 연수 자료집 제4집 561면을 보면 배재욱 씨는 토지사기단의 특성과 수사요령에서 미등기부동산 전매행위, 부동산 관련 서류의 위조를 통한 매매행위, 토지거래신고 및 기타 허가구역 내의 미신고 또는 무허가 토지거래행위, 개발계획 등의 사전 누설 및 지목이나 형질변경 등을 이용한 금권수수행위, 부동산중개업자의 무허가 영업, 지목·형질변경 등을 미끼로 하는 브로커의 사기행위, 국민주택 및 임대주택의 전매행위 등으로 구분하고 있다. 이 자료는 경찰 및 검찰에 고소·고발된 자료를 기초로 한 것이므로 부동산범죄 사고에 대한 분류로 볼 수 있다.

다음 부동산서비스 및 거래의 선진화 방안에서는 법률적 거래사고, 경제적 거래사고, 기술적 거래사고, 유통적 거래사고로 분류하고 있다. 법률적 거래사고는 부동산의 공·사법적 측면에서 문제가 되는 유형의 사고이다. 이 사고는 권리관계 등에 대한 조사 및 판단이 미진하여 법률행위의 주체에게 불의의 차질을 가져오는 경우를 말한다.[33]

경제적 거래사고는 거래가격이 불합리하게 높거나 반대로 불합리하게 낮은 경우를 말한다.[34]

경제적 거래사고는 모든 부동산거래 사고와 연계되어 있기 때문에 다른 거래사고와 별도로 구분하기가 대단히 어렵다. 즉 법률적 거래사고도 결과적으로는 금전적 손해를 발생하기 때문에 경제적 사고로도 볼 수 있으며, 기술적 거래사고도 결과는 금전적 손해를 초래하기 때문이다.

기술적 거래사고는 견고성, 택지개발상 난이의 정도, 지반의 견고성, 건물의 상태 등에 대한 기술적 조사 및 판단이 미진하여 거래의 주체에 불의의 손해를 야기하는 경우이다.[35]

유통적 거래사고는 부동산의 경제적 가치평가 측면에서 파생되는 것으로 부동산의 판매의 목적으로 시장에 출품되었음에도 표준적 거래시간에 매각 못 하는 경우를 말한다.[36]

위 연구에서는 부동산 거래사고 분류를 체계적으로 분류할 수 있도록 보다 많은 연구를 하였다는 데 의미가 크다. 특히 부동산 거래사고는 결과적으로 그 경제적 손해가 매우 크기 때문에 국민에게 직·간접적으로 생활에 크게 영향을 주어 생계문제까지 결정

---

33) 부동산 서비스 및 거래의 선진화 방안, p.183.
34) 상게서, p.183.
35) 상게서, p.183.
36) 상게서, p.183.

적인 영향을 미치기도 한다. 이런 의미에서 부동산서비스 및 거래
의 선진화 방안에서 부동산거래 사고에 대해 심층 분석을 하고 논
증적 분류를 하였다는 것은 부동산거래 선진화에 기여한 바 크다.

끝으로 한국공인중개사협회의 2008최신부동산중개사고 사례연구
에서는 <표 3-9>에서 보는 바와 같이 부동산 범죄, 중개대상물
확인·설명의무 위반, 계약이행과정의 사고, 대리권 흠결 사고, 중
개보조원 사고, 공인중개사 책임특약 사고로 분류하고 있다. 다만,
부동산 중개사고 발생 접수건수가 아니고, 공인중개사협회가 1992
년도 발생한 자료를 분류하지 않고 2002년도부터 2006년도까지의
자료라는 점이 아쉬운 점이다.

〈표 3-9〉 중개사고 유형별 비율(2002~2006년도)

사고유형	사고 건수	사건비율(%)
중개대상물 확인·설명의무 위반	484	41.8
부동산 범죄	305	26.4
이행과정의 사고	126	10.9
대리권 흠결	108	9.3
중개보조원 사고	98	8.5
중개사의 책임특약	36	3.1
계	1,157	100

〈자료: 한국공인중개사 협회 부동산중개사고 유형별 현황. 2007〉

앞서 기술한 바와 같이 부동산거래사고에 대해서 각 연구 및 보고
서마다 상이하게 분류하고 있음은 이를 체계적이고 종합적으로 분석
하는 데 많은 제한을 주고 있으며 연계성조차 주지 못하고 있다.

따라서 부동산거래 및 부동산중개에 대한 학술적 체계나 법 제
도적으로 발전시키기 위해서는 이에 대한 문제점을 부동산중개 사
고 및 거래사고에서 도출하게 되므로 부동산 중개사고 및 거래사

고는 매우 중요한 자료이다. 그런데도 이에 대한 분류기준이 통일되지 않고 있어 부동산거래에 대한 이론적 체계를 수립하지 못하고 부동산거래에 대하여 보다 심층 있게 연구하는 데 제한을 주고 있어 관계기관 및 학문단체가 협의하여 부동산 거래사고에 대한 분류기준을 설정할 필요가 있다.

본 연구에서는 통계를 활용하는 의미에서 한국공인중개사협회에서 분류한 통계와 2008최신부동산중개사고 사례연구에서 분류한 부동산 거래사고 분류를 기초로 검토하였다.

1) 부동산 범죄 및 중개보조원 사고

부동산서비스와 거래 선진화 방안에서는 부동산범죄 중 부동산 사기사건 발생 배경을 1960년대 이후 경제성장과 더불어 인구가 도시로 집중하면서 도시 지역에서의 토지 또는 주택이 급격히 팽창하여 도시에서의 부동산 소요를 높이게 된 데 있다고 보면서 국민들 사이에 부동산소유가 최선의 재산축적수단이라는 관념에서 형성하게 하였다[37]고 말하고 있다. 그러나 본인은 더 근본적인 배경은 "우리나라의 부동산거래 제도의 잘못에 있다"고 본다.

다시 말해서 우리나라의 부동산거래 실태를 보면 거래과정에서 부동산의 권리관계와 거래당사자에 대한 진정성이 파악도 안 된 상태에서 계약을 하고 있으며 또 계약을 하였다는 이유 하나만으로 거래대금이 거래당사자 사이에 수급이 이루어지고 있어 부동산 거래사고가 발생하고 있다. 부동산거래 관련 사기꾼들이 이 과정의 약점을 악용하고 있다는 데 문제가 발생한 것이다.

현재 우리나라의 부동산거래 과정에서 거래당사자 진위를 확인

---

37) 부동산서비스와 거래의 선진화 방안, 2001. 12, 형사정책연구원, 건설교통부.

하는 방법을 보면 계약 시 당사자 확인을 주민등록증이나 운전면허증, 등기권리증, 의료보험증 등으로 확인하고 있으며, 부동산 권리관계의 진위확인은 등기부등본상에 기재된 내용과 현지에 가서 확인한 내용만을 가지고, 즉 외관상으로 갖추어진 권리관계만을 확인하여 이상이 없다고 판단하고서 계약을 성립시키고 있다. 그리고 계약이 성립되면 곧바로 거래대금의 일부인 계약금이 거래대금 총액의 10% 이내로 매수자로부터 매도자에게 지불한다. 이 점에서 부동산 사기꾼은 소기의 목적 일부를 달성하게 된다는 것이다.

부동산 사기꾼의 사기 목적은 두 가지이다. 하나는 거래대금, 즉 돈을 횡령하는 것이고, 다른 하나는 부동산을 소유하고자 하는 데 있다. 그러나 부동산 사기꾼이 부동산을 소유하기 위한 것은 매우 특별한 경우에 해당하고 대부분은 거래대금 횡령에 그 목적이 있다.

거래대금의 횡령을 목적으로 한 사기사건을 보면 계약 전에 발견하지 못한 권리의 진위가 확인되기 전에 사건을 종결짓고 잠적한다는 것이 특징이다.

이때 이로 인한 손해액은 권리의 진위가 확인되는 기간의 장단에 따라 증감이 된다. 즉 계약금만 지불된 상태에서 사건이 확인되면 계약금만 손해액으로 발생하나 중도금 심하게는 잔금까지 지불한 뒤에 발생하게 되면 손해액이 달라진다. 이렇게 지불된 계약금은 사기사건이 발생하게 되면 대부분 중개업자가 손해배상제도를 이용하여 변상하거나 매수자가 손해액을 다소 감수하고 만다. 우리나라는 이에 대한 대책을 강구하는 것이 부동산 범죄를 막는 기본이다.

참고로 미국의 거래과정을 소개하면 미국에서는 물건을 확인하고 매수자는 물건을 구입할 것인가를 결정하는데 그 결정하는 방법으로 매수자는 구입조건을 포함한 거래가격을 서면으로 제출한다. 이

를 현지에서는 오퍼(우리나라의 매입의향서와 같음)라 한다. 매수자
가 제출한 오퍼를 매도자가 승낙하면 계약이 체결되는데 이때 작성
한 계약서는 가계약의 형태로 작성되고, 오퍼의 조건이 실현 불가능
하면 매수자는 계약을 해제하거나 취소할 수 있다. 만일 계약이 해
제되거나 취소되면 매수자는 지불한 계약금에서 에스크로우 비용을
제외하고 환급받게 된다. 이때 오퍼의 조건에는 권리에 대한 이상
여부, 물건에 하자 정도, 거래대금의 매수자 자금조달조건 등이 제
시된다. 그러면 매수인 측 변호사는 소유권 이전 전까지 권리관계와
물건의 하자관계를 조사하고, 중개업자나 금융브로커는 융자관계를
알선하여 오퍼조건이 충족되면 계약이 이행되게 된다. 이처럼 거래
과정에서 완전한 권리조사와 부동산 자체에 대한 조사 및 융자 가
능성(자금조달 조건 충족) 등을 명확히 조사하여 이상이 없는 경우
에 거래대금과 소유권이 동시에 이전되게 된다.

그래서 미국에서는 아주 드물게 나타나지만 최고도의 지능적 부
동산사기사건은 발생하지만 우리나라와 같이 기초적 사기 사건은
발생하지 않고 있다고 한다. 따라서 우리나라도 이와 같은 제도가
우리나라의 특성에 맞도록 발전시킬 필요가 있다.

한편 부동산범죄가 발생하는 원인을 대상 물건 면에서는 살펴보
면 관리상태가 불완전하거나 6·25에 의해서 소유자가 행방불명되
었거나 상속등기가 되어 있지 않은 상속부동산 또는 상속인이 없
는 부동산, 국·공유지 부동산[38] 그리고 해외 장기 체류자의 부동
산 등이 그 대상으로 하고 있다.

또 부동산범죄가 발생하는 원인을 제도 면에서 보면 우리나라의
불안전한 거래제도에 기인하고 있다. 이는 부동산범죄의 수법에서

---

38) 부동산서비스 및 거래의 선진화 방안, p.174.

찾을 수 있다. 즉 부동산 사기꾼은 신분증·등기권리증 및 등기부등본·의료보험증·제세공과금납부 영수증 등의 위조와 개발 및 재개발 지역의 서류 위조 및 이 지역의 입주권·분양권·임차권 등을 위조하는 수법을 사용하고 있으며, 공무원이나 개발계획과 관련된 기관원의 정보누설 및 관리부실을 교묘하게 이용하고 있다.

다음 부동산범죄의 내용을 살펴보면 <도표 3-1>에서 보는 바와 같이 신분증 위조 포함한 부동산 관련 서류의 위조와 중개업자의 사기와 횡령 등으로 분류하고 있다.

<도표 3-1> 사고유형별 중개사고 내용

사고 유형	중개사고 내용
부동산 범죄	신분증 위조
	중개업자 사기·횡령
중개보조원 사고	매매가격 사기 후 차익 횡령
	경매물건 권리분석 잘못하여 하자 없는 물건으로 소개한 경우
	잔금 지불 전 되팔아주는 조건으로 중개 후 못 팔아줘 손해 끼친 경우
	투자해 주겠다고 대금을 가져간 뒤 일부만 되돌려 준 사기
중개대상물 확인·설명 위반	공법상 제한사항 미확인 중개
	분양권 전매규정 미확인 중개
	주택거래 지역 설명 소홀 중개사고
	다가구 주택 선 임차인관계 미설명
	잔금처리 시 포괄근저당 미확인 중개사고
	경매물건 가격 미확인 낙찰로 손해를 끼친 중개서고
	등기부등본 확인 소홀 중개사고
대리권 흠결	소유자 동거 처를 대리인으로 안 중개사고
	부인이 남편 주민등록증 및 도장 지참 도용 중개사고
	이혼 중인 처를 대리인으로 착각한 중개사고
이행과정사고	조합원이 이중매매한 물건 중개
공인중개사 책임 특약	보증금 회수 불가 시 책임지겠다는 특약으로 중개사고

<자료제공: 2008최신부동산중개사고 사례연구, 부동산정책연구소, 한국공인중개사협회>

또한 본 연구에서는 중개보조원의 사고도 부동산범죄로 분류하

였다. 왜냐하면 중개보조원의 사건 내용을 보면 상당 부분이 상대를 기망하거나 금품을 횡령하려는 의도하에서 발생한 사건들이다.

또 부동산범죄를 시기적으로 살펴보면 매매 및 임대차의 경우 모두 발생하고 있다. 그리고 그들은 신분증 위조 및 인장도용 또는 등기권리증 등 문서를 위조하거나 망실했을 때 이를 대신하는 조치수단들을 악용하는 수법을 사용하고 있다. 먼저 부동산매매의 경우 부동산거래사고를 분석해 보면 다음과 같다.

가) 매매의 경우

매매의 경우 부동산 범죄가 발생하는 경우를 분류해 보면 거래당사자의 신분증 및 서류를 위조하여 소유자 행세를 하여 거래대금이나 은행 융자금을 편취하는 경우와, 중개업자 및 중개보조원의 사기 및 횡령사건 그리고 매매로 인한 점유개정에 의한 사기사건 등이 있다.

(1) 거래당사자의 신분증 및 서류의 위조

거래당사자의 신분증이나 서류를 위조하여 소유자 행세를 하고 부동산사기 행위를 한 사건의 사례와 그 문제점은 다음과 같다.

(가) 사례 및 문제점

서○○ 등은 신분증을 위조하여 타인 소유의 부동산을 처분하여 매매대금을 편취할 목적으로 토지소유자의 주민등록번호를 알아낸 뒤 인터넷 신분증 위조 사이트를 통하여 자동차운전면허증을 위조하거나 주민등록증을 위조하여 농협에 예금계좌를 개설한 후 토지소유자인 박○○ 행세를 하며, 공인중개사에게 매도 중개의뢰를 하였고, 공인중개사들의 공동중개로 2억 3,500만 원에 매매계약을 체결하였으며, 계약체결 시 공인중개사들은 신분증을 대조하여 확인하였으나 등기권리증은 분실하였다 하여 확인하지 못하였고, 그 때문에 직접 매수인에게 매매대금을 주지 아니하고 농협통장으로 송금하도록 하였으나 서○○ 등이 1억 3,000만 원을 편취하여 매수인에게 동액 상당의 손해가 발생(전주지방법원 2006가합1977)

〈자료: 2008 최신부동산중개사고 사례연구, p.13〉

위 판례는 신분증을 위조하여 매도인 행세를 한 부동산범죄의 대표적인 사기사건인 바 비록 부동산거래계약을 사기꾼과 체결하였다 하더라도 거래대금을 계약과 동시에 사기꾼(매도인)에게 넘기지 않고 권리보험기관이 등기부상의 소유자를 그간에 확인하였다면 이러한 사기행각은 충분히 방지할 수 있었을 것이다.

이 사건에서 발견된 문제점은 사기꾼이 등기권리증이 없는 경우 소유자의 확인서면으로 등기권리증을 대용하는 현 제도의 허점을 악용한 경우로 중개업자 등이 누구도 매도인을 잘 알지 못한다는 것과 등기권리증이 없는 것이다.

따라서 중개업자가 매도인을 잘 알지 못하고 또 이 매도인이 등기권리증이 없다는 것에 대한 조치를 제도적으로 마련되었다면 이런 사기사건은 방지할 수 있었을 것이다.

(나) 개선방향

이렇게 보았을 때 위조를 통한 부동산 사기사건을 방지하기 위해서는 거래대금을 거래당사자와 부동산권리의 진위성이 확인될 때까지 거래대금을 매도인에게 지불하지 않고 매도인 및 부동산 관련 권리의 진위성이 확인되면 매도인이 거래대금을 수취할 수 있도록 하는 제도수립이 필요하다.

이를 위해 중개업자는 계약체결 전에 매도인 및 부동산에 관련된 권리의 진위에 대하여 자세히 조사하여 중개대상물 확인·설명 시에 권리를 취득하려는 자에게 설명하도록 하는 제도적 보완이 되어야 하며, 최소한 잔금 또는 중도금 지불 전까지 매도인 및 부동산권리관계에 대해 조사를 실시하고, 그 결과를 보고서로 제출하고, 매수인은 이 조사에 대한 결과에 의하여 매도인에게 거래대금을 지불

여부를 중개업자에게 통보하도록 하는 절차를 거치도록 하는 것이다. 한편 권리를 상실하는 자와 부동에 관련된 세밀한 조사 및 거래대금 지불을 위한 금융비용 등 소요되는 실비를 매수인은 중개수수료와 상관없이 컨설팅 비용으로 지불하는 제도가 필요하다.

그리고 중개업자가 매도인 및 부동산권리 진위에 대한 조사를 할 수 있도록 하기 위하여 부동산중개 관련 법령에 중개업자가 거래계약서를 지참하고 시·군·구청 및 주민자치센터에 세대주 확인 의뢰를 하면 구청 등 및 주민자치센터에서는 세대주와 관련된 주민등록번호 및 주민등록상 주소지 그리고 전화번호를 확인해 주도록 관계법령의 정비가 필요하다.

이때 구청 및 주민자치센터에서는 개인정보 관련 법규의 이행과 중개업자의 제도 남용을 방지하기 위하여 중개업자의 중개업등록증 사본이나 사업자 등록증 사본 또는 중개업자 신분증, 그리고 세대주 조사신청서와 거래계약서 사본(또는 중개계약서 사본)을 제출하는 조건으로 제도를 정비하여야 한다.

매도인의 진위를 조사하는 방법은 중개업자는 매도인을 직접 방문하여 매도인 진위확인서를 받아야 하며, 매도인 진위확인서는 매도인의 성명, 주민등록번호, 주소, 중개업자 방문일시, 확인내용이 포함되어야 하며 매도인 진위확인서에는 매도인을 서명을 받도록 하는 규정이 필요하다.

그리고 소유권 외의 권리에 대한 권리진위 확인은 관련 기관에 직접 방문하여 조사하고, 협조 및 지원기관은 등기부등본의 '갑'구에 기재된 권리는 법원 행정처에서, '을'구에 기재된 권리는 금융기관 및 법원행정차와 당사자로부터 권리관계 진위 확인서를 받아야 하며 이때 권리관계 진위확인서에는 권리명, 권리권자 성명, 권리내용, 확인일시, 처리내용들을 기록하고 권리권자의 서명이 포함되어야 한다.

거래대금 지급절차는 중개업자는 매도인 진위조사서서와 권리조사서에 이상 유·무 보고서를 매수자에게 제출하고, 매수자는 소유자 및 권리관계에 이상이 없음을 확인한 뒤 거래대금지급 승인을 중개업자에게 확인해 준다. 그러면 중개업자는 매수자의 거래대금 지급확인서를 에스크로우 기관에 제출하고 에스크로우 기관에서는 매도인에게 거래대금을 지불하는 절차가 필요하다. 이를 위해 중개업자 또는 에스크로우 기관과 은행 간에는 매수자와 중개업자 또는 에스크로우기관이 지불승인 시에만 지불하는 특별계좌를 개설하여 해당 계좌로 매수인이 직접 입금하는 제도가 있어야 한다.

또한 중개업자의 소유자 및 권리조사에 대한 보수는 소유자 및 권리조사를 위해 투입된 교통비, 행정서류 발급비용, 연료비 등 실비를 중개업자는 매수자에게 보고서를 제출 시 첨부하여 제출하고 매수자는 중개수수료와 별도로 이 실비를 부담하여야 한다.

(2) 중개업자 등의 사기·횡령

(가) 사례 및 문제점

중개업자 및 중개보조원의 사기 및 횡령사건에 대한 사례는 2008년도 최신부동산중개서고 사례연구 15페이지 및 16페이지의 각 사건의 내용을 보면 잘 알 수 있다.

이 사건의 문제점은 중개업자가 아닌 개인 간에도 많이 발생하는 사건이다. 그러나 중개업자나 중개보조원이라는 신분 때문에 중개사고로 분류하고 있으나 이는 잘못된 것이다. 왜냐하면 이를 중개사고로 취급하면 중개업자들이 중개업자들의 생존을 위해 공동

투자하여 운영하는 공제금을 개인의 고의로 인한 횡령이나 횡령
교사사건에 지급하는 부당한 처리가 되기 때문이다.

중개업자의 중개 사고는 중개업자 개인이 거래당사자의 금품에
관한 직접적인 편취가 아닌 중개과정의 업무에 관한 잘못이나 실
수로 인한 사고로 거래당사자에게 재산상 손해를 입혔을 경우를
말하며, 중개업자가 직접적으로 거래당사자의 금품을 직접 편취한
것은 개인 간의 거래사고로 보아야 함이 타당하다고 본다.

중개업자 및 중개보조원의 사기 및 횡령사건은 부동산거래사고
중 개인 간의 사기 및 횡령사건이므로 중개사고로 처리하여서는
아니 된다. 만일 중개사고로 처리되었으면 필히 구상권을 행사하여
야 한다. 문제는 중개업자에게 구상할 재산이 없다.

(나) 개선방향

중개업자 및 중개보조원의 사기·횡령 사건을 중개사고로 처리
해야 한다면 그 대책은 다음과 같이 되어야 한다.

먼저 「공인중개사의 업무 및 부동산 거래신고에 관한 법률」을
개정하여 중개업자 및 중개보조원의 등록기준을 강화하여야 한다.

현행 중개업자 등록기준은 공인중개사자격증을 취득한 자가 실
무교육을 이수하고 건축법에 규정된 사무실을 확보한 뒤 손해배상
제도에 가입하여 등록비를 지불하면 등록증을 행정관서에서 발급
해 줌으로써 등록이 완료된다.

이러한 편의한 부동산중개업 등록절차는 부동산중개업을 등록하
는 규정에 의거, 자영업 중 가장 적은 비용으로도 등록할 수 있어
누구나 용이하게 등록하고 있다. 이에 대하여 악의의 중개업자 및
중개보조원이 고의로 사기·횡령사건을 실제로 발생시키고 있으며

앞으로도 발생할 가능성은 충분하다.

따라서 중개업자의 현행 등록기준에 추가하여 중개업자의 재산 등록규정을 신설하여야 한다.

그 내용은 공제금의 범위 내에서 위와 같은 사기 및 횡령사건이 발생하면 협회나 보증보험회사가 구상권을 행사하여 구상금액을 회수할 수 있도록 공제금 범위 이상의 가치 부동산을 보유한 자로 중개업등록을 하도록 하고 이를 공증하며 그 공증서류를 제출하도록 한다.

공증조건은 공증된 부동산은 손해배상기관의 승인이 없이 다른 권리를 설정하거나 처분하지 못하도록 하는 것이다. 이는 중개업자뿐 아니라 배우자가 아닌 중개보조원도 이 강화된 등록규정을 적용하도록 하여야 한다.

이 제도의 효과는 중개업자의 사기 및 횡령사건의 방지 외에 중개업자의 투기조장행위 방지 및 건전한 중개업을 육성하는 효과를 가져올 수 있다.

(3) 점유개정을 악용한 사기사건

(가) 사례 및 문제점

이 사기사건은 등기법과 주민등록법을 악용한 대표적인 사건이다.

「민법」에서 同一한 物件에 對한 所有權과 다른 物權이 同一한 사람에게 歸屬한 때에는 다른 物權은 消滅한다[39]는 규정에 의하여 새로운 소유자(매도인)의 소유권이 등기가 되지 않는 한 매도인의 임차인의 권리등기는 소멸될 수밖에 없으므로 매수인의 소유권이 등기된 뒤에 등기를 접수하여야 한다. 그런데 이 사건과 같이 매수인이 융자를 받는 경우에는 매수인의 소유권 등기 신청과 저

---

39) 민법 제191조 제1항.

당 및 근저당권 신청이 동시에 실시됨이 관례이므로 새로운 임차인의 전세권 및 임차권은 매수인의 소유권과 근저당권 다음에 등기될 수밖에 없다.

〈자료: 대전 서구 삼천동 ○○아파트 5동 805호, 2003년 8월 〉

「등기법」에서 물권의 권리순위는 등기의 순서에 따르고, 등기용지 중 같은 구(區)에서 권리의 순위는 순위번호에 따르며, 다른 구에서 권리의 순위는 접수번호에 따른다[40]라는 규정에 의거 새로운 임차인이 된 매도자의 전세권은 매수자의 소유권과 근저당권의 다음 순위로 되어 경매 시 전세금의 전액 회수는 사실상 불가능하여 손해를 볼 수밖에 없다.

「주택 및 상가임대차 보호법」에 의하여 확정일자를 받은 경우의 새로운 임차인의 임차권은 물권화된 권리가 된다. 또 대항력은 전입이 되고 사실상 점유를 해야 하는 이 두 가지 조건이 충족되어야 대항력이 발생하며, 대항력의 발효는 전입일 익일의 00:00시부터 효력이 발생한다. 따라서 근저당권과 전입일자 및 확정일자가 같은 날 실시되었을 경우 근저당은 접수일에 효력이 발생하지만 확정일자에 의한 임차권은 확정일자를 받은 날의 익일 00:00시에 효력이

---

40) 부동산등기법 제5조 제2항.

발생하므로 권리의 순위에서 차순위가 될 수밖에 없다. 이러한 법
상의 허점을 사기꾼들은 악용하고 있다.

(나) 개선방향

이러한 경우의 세입자를 보호받는 방법은 새로운 세입자가 되는
매도인이 소유권 등기를 하는 권리를 양수받아 소유권 다음에 전
세권을 등기하는 방법밖에 없다. 그러나 이러한 경우 대출기관인
금융기관에서는 금융기관이 손해를 보아야 하므로 매수인에게 융
자를 해 주지 않는다. 따라서 현행법상으로는 새로운 임차인이 되
는 매도인을 보호할 길이 없다.

따라서 이를 해결하는 방법은 「등기법」을 개정하여 "주택의 임
대차 경우에는 임차인의 확정일자와 '을'구의 다른 권리가 같은 날
이루어진 경우는 임차권을 선순위로 본다"라고 개정하는 방법이
가장 이상적이다.

또 특별법으로 보호할 방법을 강구한다면 주택의 경우만 주택임
대차보호법을 개정하여 등기부상 주택 임대차 경우에는 "주택과
관련된 전세권 및 임차권은 다른 물권 순위에 있어 접수일자가 같
으면 동순위로 한다." 다만 소유권보다 우선할 수 없다는 규정으로
특별법의 특성을 살리는 것이다.

이렇게 하면 대출기관에서도 대출 시 실태를 명확히 조사하여야
하므로 실질적인 조사가 이루어지며, 사기꾼들에 의한 임차인이나
금융기관의 피해는 근원적으로 예방될 수 있을 것으로 본다.

나) 임대차의 경우: 임대인의 신분증 및 서류의 위조

(1) 사례 및 문제점

다음 사례의 사건은 월세임차인이 소유자의 신분을 위조한 사건으로 이와 같은 수법으로 당해 부동산을 매매까지 한 사례도 있는 항상 발생할 수 있는 월세 임차인의 부동산사기 사건이다.

이들의 전형적인 수법은 가급적 보증금이 적은 임대차계약을 체결하여 소유자의 인적 사항을 파악한 뒤 소유자의 신분을 위조하는 데 필요한 조치를 하며, 임차한 당해 부동산을 15일에서 1달 동안 대대적으로 수리하면서 주변에 새로이 집을 사서 들어오는 매수자처럼 행세를 한다. 이렇게 주위사람들에게 인지를 시켜 주위사람 및 중개업자를 기망하여 월세임차인은 자신을 새로운 주인으로 하는 전세임대차 및 매매계약을 체결함으로써 주위에서 전혀 의심하지 않도록 하는 수법을 사용하고 있다.

> 이○○는 공인중개사들의 공동중개로 보증금을 6,000만 원으로 하는 아파트임대차계약을 체결한바, 계약 당시 임대인을 대리한 공인중개사에게 계약금 600만 원을 지불하고, 임대인 명의의 은행계좌에 5,400만 원을 입금하였는바, 이 아파트의 진정한 임대인(소유권자)은 황○○인데 그 아파트의 월세임차인인 오○○가 소유자인 양 행세를 하며 임대차계약을 공인중개사로 하여금 그 대리로 체결케 하고 임대보증금 6,000만 원을 편취하여 새로운 임차인에게 손해 발생. 한편 사기꾼 오○○은 이듬해인 2003년에도 동일한 지역 내에서 같은 수법으로 5,200만 원을 편취하여 피해를 야기(의정부지법 고양지원 2003가단9424, 2003가단9417)

〈자료: 2008 최신부동산중개사고 사례연구. p.14〉

이러한 경우 문제점은 앞서 중개업자가 등기부상의 소유자를 조사할 수 없어 등기부상 소유자를 확인하지 않은 데 있다. 그리고 중개업자나 새로운 임차인 및 매수자가 임대인이거나 매도인의 진위여부를 확인하지 않은 상태에서 거래대금이 지불된 데 문제가 있다.

이러한 현상은 현재와 같은 우리나라의 중개업제도에서는 얼마든지 발생할 수 있고 앞으로도 계속 발생 가능한 사건이다.

즉 현재 우리나라의 부동산중개업 제도에서도 중개업자나 임차인 또는 매수자가 매도인이나 임대인의 진위를 확인할 수는 있다. 그 방법으로는 일예로 중개업자가 매도인이나 임대인을 직접 만나 확인하는 방법이 있고, 주민등록증이나 서류 등으로 확인하는 방법이 있다. 그러나 이러한 방법들은 행정관서의 협조 없이 부동산중개업자 단독으로 확인하는 것은 그 진위를 확인한 결과 자체가 신뢰성이 없는 상태이다. 왜냐하면 현재의 고도의 과학기술 발달은 얼마든지 위조가 가능하기 때문이며 행정관서의 확인협조 체제가 반드시 필요하기 때문이다.

또한 부동산중개업을 관리 및 거래절차를 제도화한 「공인중개사의 업무 및 부동산거래 신고에 관한 법률」에서 중개업자가 매도인이나 임대인의 진위를 확인할 시스템이 규정되어 있지 않기 때문이다.

또 중개업자가 매도인이나 임대인의 진위를 확인하기 위해서는 실비가 소요된다. 그런데 현재의 우리나라 정서, 즉 시민사회단체 및 매수자나 임차인이 중개업자에게 지불하는 중개수수료도 제대로 지불하지 않으려고 오히려 많다고 생각하는 풍토에서 실비를 중개수수료 외에 추가로 받는 것은 어려운 일이다.

그리고 이러한 사고의 또 하나의 원인은 거래당사자의 진위 및 당해 부동산에 관련된 권리의 진위를 확인하기 전에 거래대금이 수수되는 현행제도 때문에 부동산 사기꾼들이 이를 잘 알고 악용하는 데 있다.

(2) 개선방향

이를 대한 개선방향은 앞서 (1)항의 거래당사자의 신분증 및 서류의 위조 사건의 개선방향이 이루어진다면 근본적으로 해소될 수 있다.

즉 부동산중개와 관련된 법에 거래대금을 거래당사자 및 권리의 진위가 확인되기 전에는 수수되지 않는 제도를 규율하고, 중개업자의 거래당사자 및 권리의 진위확인 시스템을 제도화시켜야 한다.

또한 부동산중개업자의 이러한 조사가 가능하도록 행정관서의 적극적인 지원제도를 부동산중개 관련 법률에 제도화하면 근본적으로 해소가 가능하다.

그리고 중개수수료를 현실에 맞도록 현실화하여야 한다.

3) 중개대상물 확인·설명의무 위반

가) 현 실태 및 문제점

중개대상물의 확인·설명 의무 위반 사건은 부동산중개사고의 60% 이상을 차지하는 가장 많이 일어나는 중개사고이다.

이러한 중개대상물 확인·설명의무를 위반 원인에 대한 분류를 살펴보면 "2008 최신부동산중개사고 사례연구"에서는 공법상의 이용제한을 알지 못함, 분양권 전매에 관한 규정을 알지 못함, 주택거래신고지역 설명 소홀, 다가구주택의 임대차 중개 시 임차인 등 실제권리관계 설명 소홀, 포괄근저당의 채무확인 소홀, 경매부동산의 권리분석 실수, 등기부등본 확인소홀 등 7가지로 법원 판례를 분류하고 있다.

이를 구체적으로 살펴보면 다음과 같다.

먼저 공법상의 이용제한을 알지 못한 사례이다.

아래 사례는 토지를 중개하는 경우 부동산중개업자는 매도인의 권리 진위를 확인하기 위하여 토지 등기부등본을 발급받고 토지에 대한 권리의 진위를 확인하기 위하여 토지대장 및 지적도 그리고 토지이용계획서를 발급받는 것은 기본적인 구비서류이다.

매수인이 대지를 구입하여 신축건물을 지을 목적으로 중개업자에게 의뢰하여 벼가 심어져 있는 농지를 소개받고, 중개업자는 용도가 관리 지역이고 도로 옆에 있는 땅이므로 벼 수확한 후 건축이 가능하다고 하여 8,800만 원에 매매계약을 체결하고 매매대금을 모두 지불하고 농지전용 신청을 하였으나 군사시설보호구역으로 건축이 불가하여 손해발생(청주지방법원 충주지원 2006가단3984)[41]

따라서 위 사건의 경우 중개업자는 매도인의 지위는 등기부등본을 통하여 확인한 것으로 사료되며, 토지에 대한 권리 진위를 확인하기 위하여 토지이용계획서 등을 발급받는 행위는 하였으나 토지이용계획서의 내용에 있는 권리, 즉 토지이용의 제한사항을 구체적으로 확인하지 않은 것으로 사료된다.

즉 부동산중개업자는 매수자 요구를 충분히 상담하지 않았고, 토지이용계획서에 나타난 토지이용 제한사항을 구체적으로 확인하지 않은 게으름이 있다.

그리고 거래당사자인 매수인도 자신이 건축하기 위해서는 토지매매와 동일한 중요성을 가진 건축부분을 확인하고 거래를 하였어야 하나 이에 대해서 소홀히 한 점도 있다.

그 이유는 토지이용계획서를 발급받았으면 여기에 군사시설보호구역이라고 명시되어 있었을 것이다. 그러나 군사시설보호구역이라고 하여 무조건 건축을 못 하도록 규제하는 것은 아니고 군사시설보호구역에서 규제 대당인 건축물을 건축하지 못하도록 제한하고 있으므로 이를 보다 구체적으로 행정관서에 확인하지 않은 것이므

---

41) 부동산정책연구소, 2008 최신부동산중개사고 사례연구, 한국공인중개사협회, 2008, p.17.

로 부동산중개업자로서는 이를 확인해야 하는 것을 몰랐거나 알면서도 확인하지 않은 게으름이 있었거나 둘 중 하나일 것이다.

이 사건의 경우 매수자의 당해 토지의 매수 기본 목적이 당해 토지 위에 건물을 건축하는 것이므로 중개업자나 매수자는 행정관서에 '사전심사청구서'를 신청하여 건축이나 허가의 가능 여부를 확인할 수 있는데 이를 활용하지 않은 데 잘못이 있었다.

다음은 분양권 전매에 관한 규정을 제대로 알지 못하고 중개하여 발생한 중개사고이다.

아파트 분양받은 수분양자가 2006. 3. 7. 공인중개사의 중개로 매매대금 2억 2,740만 원으로 하는 매매계약을 체결하고 은행융자금과 잔금처리를 어떻게 할 것이 좋은지 공인중개사에게 묻자 다 갚아도 된다는 말을 듣고 2006. 3. 10. 자로 분양한 건설회사에 융자금과 잔금을 지불한 후 매수자와 분양권 양도와 명의변경을 하려고 분양사무실에 갔으나 융자금과 잔금을 전부 납부하였으므로 분양권 전매를 할 수 없다고 하여 양도인인 분양자 앞으로 등기를 하였다가 양수인 앞으로 등기를 이전하여 취득세 및 등록세 등 등기비용 9,745,960원의 손해가 발생(대구지법 김천지원 구미시법원 2006가소13395)[42]

분양권은 1997년도 이전까지는 입주권과 동일하게 중개업자의 중개대상물이 아니었다. 그래서 과거 중개업법에서는 분양권에 대한 전매제한을 중개업자 행위제한으로 중개업법에 규정하고 이에 대한 처벌조항까지 있었다. 그러나 IMF 이후 정부의 경기부양책의 일환으로 분양권은 입주권과 달리 소유자와 당해 부동산의 동 및 호수가 지정되므로 실존 부동산으로 간주하여 분양권 거래를 허용하였으며 이에 따라 중개대상물에 포함되게 되었다.

그래서 중개업자가 분양권을 중개할 수 있다. 그러나 지금도 간

---

42) 부동산정책연구소, 상게서, p.17.

혹 부동산투기 방지 일환으로 분양권에 대해서도 전매 금지 지역이거나 거래 금지 기간을 정하고 있어 중개업자는 이를 잘 살펴 분양권거래를 하여야 한다. 또 분양권은 일반 부동산과 다르게 실체는 없고 문서상으로만 존재하는 거래부동산이라는 특성이 있어 이에 대한 거래절차를 분양권 종류별로 따로 정하고 있다. 그러므로 부동산중개업자는 이에 대한 거래절차를 당해 사업장에 확인하여 숙지한 뒤 거래를 하여야 한다.

즉 위 사건과 같이 분양권은 잔금을 완납하면 이는 분양권이 아니라 실체의 부동산이므로 건설회사로부터 소유권을 이전받아 거래를 하도록 절차가 규정되어 있다. 따라서 현장에서는 실수요자라면 명의변경 후 잔금을 완납하여 소유권을 취득하고 가수요자라면 등기비용을 이득보기 위하여 잔금을 납부하지 않고 매매하여 명의를 이전하고 있다.

이러한 절차를 중개업자가 세밀하게 이해하지 못한 결과로 매수인에게 손해를 입힌 사건으로 판단된다.

다음은 주택투기 지역은 주택거래 신고를 하여야 하는 지역인데 이에 대한 설명을 소홀이 하여 발생한 중개사고 등이 있다.

공인중개사의 중개로 주택거래신고 지역 내의 아파트에 대한 매매계약이 7억 7,900만 원에 체결되었으나 계약당시 공인중개사6가 주택거래신고 지역임을 설명해 주지 않아 매수인이 신고를 해태하여 구청으로부터 14,432,000원의 과태료를 부과 당하는 손해 발생(서울중앙지법 2006 머5853)[43]

주택거래신고 지역은 주택을 통한 부동산 투기를 방지하기 위하

---

43) 부동산정책연구소, 상게서, p.18.

여 「주택법」에 의거하여 주택거래 시에 거래당사자는 부동산 거래 신고를 하도록 규정하고 있다.

그래서 2008년 6월 13일 「공인중개사의 업무 및 부동산거래 신고에 관한 법률」 제15차 개정 이전까지는 「주택법」에 중개업자가 주택거래 신고의무가 없다는 이유로 거래당사자 및 대리인이 주택거래신고를 하여 왔다.

그러나 2005. 7. 29일 「중개업법」이 「공인중개사의 업무 및 부동산거래 신고에 관한 법률」로 바뀌면서 2006. 2. 1일부터 시행된 부동산거래 신고에 의거하여 모든 부동산은 거래하면 부동산거래 신고를 하여야 하고 당연히 중개업자도 주택투기 지역 내의 주택을 거래한 경우에 부동산 거래신고를 하여야 한다.

그러나 그 당시 사회 풍토는 「주택법」에는 중개업자는 신고의무자가 아니었으므로 중개업자가 부동산거래를 신고 안 해도 괜찮았으므로 중개업자가 부동산거래 신고를 하지 않았다. 그러나 설령 사회 인식에 의거하여 중개업자는 부동산거래를 직접 신고하지 않더라도 거래당사자에게 신고하도록 주지를 시켰어야 하는데 이를 해태하였다는 이유로 거래사고를 당한 사건이다.

그러나 이 사건은 중개업자가 부동산거래 관련하여 거래당사자에게 중개대상물에 관련된 사항을 자세히 설명할 의무를 해태하기도 하였으나 매수인에게도 자신이 거래할 지역의 주택거래 시는 주택거래를 신고하여야 한다는 사실을 토지이용계획서에 기재되어 있으므로 이를 알 수 있었을 것이고, 설령 토지이용계획서를 발급받지 않았다 하더라도 당해 지역의 부동산거래 관련 필요한 사항을 확인할 의무가 있으므로 양자에게 공히 책임이 있다고 볼 수 있다.

이는 현행 우리나라의 부동산거래 있어 중개는 중개업의 의미가 외국과 달라 단지 매수인이 요구하는 부동산을 알선하는 데 그 범위가 한정되어 있다. 이를 증명하는 것이 곧 중개수수료가 이를 말하고 있다. 다시 말해서 중개업자는 매수인이 고용한 고용인이거나 대리인이 아니라 단순 '알선자'이다.

그런데 현행법은 중개업자에게 알선자의 임무를 수행하도록 개념을 세워 놓고 부가적인 조항을 삽입하여 대리인이나 고용인이 해야 할 과업을 추가하여 규정하고 있어 중개업에 과중한 책임을 부과하고 있는 어정쩡한 법률의 형태를 지니고 있다. 위 사례의 경우 중개업자가 중개대상물에 대한 설명을 해태한 것으로 과태료를 징구 당하는 현상이 발생하고 있어 중개업자가 법정중개수수료는 701만 원을 받고 1,443만 2,000원의 과태료를 내는 현상이 발생한 것이다.

다음은 다가구주택은 단독주택이면서 여러 세대가 살고 있으므로 임대차관계의 권리관계가 매우 복잡하여 다가구 임대차 경우 신임차인으로서는 자신보다 앞서 입주한 임차인에 대한 현황을 주지하는 것은 아주 중요하다. 그런데 임대인이 이 자료를 알려주지 않아 중개업자는 임차인에게 이 권리관계 설명을 제대로 할 수 없다. 다음의 판례도 이를 소홀이 하여 발생한 중개사고이다.

중개보조원이 다가구주택 4층(12가구 거주 가능) 중 301호에 관하여 임대차보증금 5,000만 원에 계약체결을 중개하였으나, 이 주택의 등기부상의 권리관계를 설명하여 주고 기존 임차인들의 임대차 관계는 상세히 설명해 주지 않은 채, 기존 임차인들 중 1명만이 임차보증금에 기한 임대차계약을 체결하였을 뿐 나머지 임차인들은 보증금 없는 월세임차인이라는 임대인의 말을 그대로 믿고 설명하였으며, 주택의 시가가 5~6억 원 정도이므로 경매되더라도 보증금을 받는 데 문제가 없을 것이라 하였으나, 이후 경매절차에서 경매법원은 2004. 10. 26. 실제 배당할 금액 311,066,216원 중 1순위로 소액책임자들에게 1,400만 원을, 2순위로 당해세 대구 남구청장에게 304,120원을 3순위로 근저당권자인 우리은행에게 나머지 184,762,096원을 각 배당하는 것으로 배당표를 작성하였고, 후순위의 301호 임차인은 전혀 배당을 받지 못하여 5,000만 원의 손해가 발생44)

최근 임대사업자의 증가로 다가구주택 건설이 많이 이루어지고 있다. 다가구주택은 한 주택에 여러 세대가 거주하지만 공동주택이 아니라 단독주택에 속한다. 그런데 1 또는 2층의 단독주택을 다가구주택으로 사용하고 있는 경우와 달리 일반 다가구주택은 2~3세대가 거주하는 것이 아니라 최소가 7세대 많이는 19세대까지 거주하고 있다. 최근에는 빌딩 전체가 다가구세대로 건축하여 오피스텔 못지않은 세대 수가 거주하고 있다. 따라서 다가구주택에 대한 부동산거래는 매우 복잡하다.

그러나 이에 대한 부동산 거래절차는 어디에도 규정되어 있지 않다. 즉 앞서의 판례처럼 당해 다가구주택에 대하여 임대차의 경우 임대인이 임차인의 수와 각 호실별 임대차 보증금 및 임대차 기간 등의 임대차 현황을 통지해 주지 않는 한 중개업자가 새로운 임차인에게 적절한 임대차 계획을 수립하여 입주하도록 조언하는 당해 건물의 임대차 현황을 설명할 수 없다.

임대인이 당해 건물의 임대차 현황을 알려주지 않는 이유를 임대인에게 확인해 보면 자신의 임대차로 인한 수입을 알려주고 싶지 않다고 한다.

이는 매매의 경우에도 마찬가지다. 물론 매매의 경우 거래대금을 정산하여야 하고 임차인을 최종적으로 인계하여야 하므로 계약 직전에는 알려주고 있으나 매수인이 거래대금 조달계획을 수립하여야 하고 매수인이 당해 부동산을 구입하였을 경우 투자된 금액에 비하여 수익률이 어느 정도인지 판단하기 위해서는 매도인의 당해 건물에 대한 임대차 현황을 정확이 알아야 하는데도 거래계약 이전에는 공개를 꺼리고 있다.

---

44) 부동산정책연구소, 상게서, p.18.

또 최근 건축주가 다가구주택을 건축하여 조기에 매매하는 방법으로 위장된 임차인을 입주시켜 수익률이 높은 것처럼 하여 매매를 성사시킨다. 이때 건축업자와 위장 임차인 간의 거래조건은 임차인은 월세를 납입하지 않고 보증금에서 월세가 삭감완료 시까지 거주하는 조건이다. 이처럼 새로운 매수자의 이 위장 거래내용을 알지 못하므로 수익률이 매우 높은 물건으로 조작된 거래 수법을 이용하여 다가구주택이나 상가주택을 거래하고 있다.

그러나 다가구주택 구입에 전 재산을 투자한 매수자는 월세가 나오지 않아 새로운 임차인이 입주할 때까지 생계가 어려워 여기저기서 차용을 한 돈으로 연명하는 경우가 발생하고 있다.

따라서 정부 및 지자체는 다가구주택의 임대차 및 매매 시 임대차 현황을 중개업자 및 신매수자에게 사실대로 설명 및 자료를 제출하도록 하는 제도의 신설이 필요하다.

중개업자는 정부 및 지자체가 제도를 수립하기 이전이라도 임대인 및 매도인과 상의하여 자세한 임대차 현황에 대한 설명이나 자료를 받아 임차인이나 매수자에게 설명할 수 있는 노력이 절대로 필요하다. 그렇지 않으면 앞서의 판례와 같이 임차인이나 매수자에게 손해가 발생하고 중개업자도 중개 사고를 당하는 결과를 초래하게 된다.

다음은 부동산 매매거래에 있어 근저당이 있는 물건을 거래하는 경우 이 근저당에 포괄근저당이 설정된 경우로써 등기부등본상에 나타난 근저당권 외에 이 근저당권에 신용대출 및 카드대금이 연계 설정되어 있는 경우가 종종 있다.

그러나 이 근저당 외의 권리는 등기부등본상에 나타나는 경우가 적으므로 매매대금의 잔금을 등기부등본상에 나타난 금액만을 정산한 경우와 근저당을 인수받아 소유권 이전 후 채무인수를 위해 명의변경 시에 추가적으로 나타난 근저당권에 연계된 신용대출 및 카드대금으로 중개사고가 발생하고 있다.

부동산 매매의 경우 근저당과 관련한 사고들이 종종 발생한다. 이 근저당과 관련된 사고를 보면 위 경우와 같이 근저당을 승계하는 경우와 승계하지 않는 경우 공히 같은 현상이 발생하고 있다.

부동산 매매 시 근저당과 연계된 포괄근저당 관련 사항은 다음의 두 가지다. 하나는 위 사례와 같이 신용대출을 통한 마니어스 대출이 연계된 경우와, 하나는 카드대금이 연계된 경우이다.

그러나 중개업자는 앞서 두 경우 공히 개인정보 보호법에 의하여 그 내용을 확인할 수 없다. 따라서 매도인이 이를 확인해 주어야만 가능하다. 그래서 현장에서는 잔금 지불하기 전에 매도인이 당해 은행으로부터 '채무확인서'를 발급받아 오도록 하고 있으나 일부 금융기관은 이조차 발행해 주지 않고 있고 또 채무자와 약속하고 신용대출이나 카드대금 연계는 빼고 '채무확인서'를 발행하여 매수자가 채무인수를 하거나 법무사 및 변호사 사무장이 대출금을

---

45) 부동산정책연구소, 상게서, p.19.

대신 상환하고 근저당을 말소하고자 할 경우 매수자가 손해를 보는 경우가 있다.

따라서 정부에서는 중개업자가 일정한 서류, 즉 매매계약서 및 중개업개설등록증 사본 등을 지참하고 당해 부동산과 관련된 금융관계 확인 요청 시 이를 확인해 주는 제도의 수립이 필요하다.

또 중개업자는 융자금 상환 및 승계에 관하여는 잔금처리 전에 은행에 매수인과 매도인을 동행하여 먼저 처리하고 잔금을 처리하는 수순을 밟는 것이 거래당사자 및 중개업자에게는 불편을 초래하지만 가장 효율적인 방법이다.

다음은 경매부동산의 권리분석의 실수로 발생한 중개사고이다.

장○○는 중개법인의 경매부동산에 대한 권리분석에 따라 의정부지법 경매법정에 가서 아파트를 중개법인의 감사인 이○○가 시키는 대로 260,800,000원에 응찰하여 입찰보증금으로 26,080,000원을 납부한 후 낙찰을 받았는데. 그 부동산에는 조○○라고 하는 임차인이 보증금 8,500만 원에 거주하고 있음으로 인하여 낙찰자인 장○○가 선순위 임차인에 대한 대항력이 없어 위 보증금을 부담하여야 함에도 불구하고 중개법인 대표와 감사가 각종 권리관계를 설명하고 경매절차에 참가하는 문제를 조언해 주면서 선순위 임차인에 대한 부담은 없다고 핵심적인 중요 사항을 잘못 설명하여. 낙찰자 장○○는 결국 입찰보증금을 포기하여 26,080,00원의 손해가 발생(서울지법 99나34412)[46]

중개업자의 경매 대리는 중개법인의 경우는 1984년도 「중개업법」이 제정된 이후, 그리고 개인중개업자의 경우는 2005. 7. 29 「중개업법」이 「공인중개사의 업무 및 부동산거래 신고에 관한 법률」로 개정되면서 경매실무교육을 이수하면 경매 대리를 할 수 있게 되었다. 이때 중개업자는 경매 및 공매 대상 부동산에 대한 권리분석과 취득 알선 그리고 경매 및 공매 매수신청 또는 입찰신청 대리를

---

46) 부동산정책연구소. 상게서, p.20.

할 수 있다.

이때 중개업자는 경매 및 공매대상 부동산에 대한 권리분석을 함에 있어 등기부등본 및 등기부등본에 기재되지 않은 권리를 분석하여야 하며, 등기부등본에 기재되지 않은 권리로는 유치권 및 법정지상권, 부동산 질권 그리고 임차권 등이 있을 수 있다.

그런데 앞서 판례는 중개업자가 경매 대리를 함에 있어 권리분석을 잘못하여 중개사고가 발생하는 경우라 할 수 있다. 이는 협회에서 실시하는 실무교육이 교육대상자들에게 의무적인 교육이므로 교육비만 받고 실제 교육이 요구하는 교육목적에 적합하고 필요한 교육을 구체적으로 실시하지 않은 데 있다. 왜냐하면 현재 중개업자 가운데 실제 법률을 전공한 사람은 그리 많지 않다. 따라서 이들이 현재와 같은 실무교육만을 받고 중개대상물에 대한 권리분석과 경매대상 부동산에 대한 권리분석을 제대로 하기는 어렵다. 따라서 시간을 충분히 배정하여서라도 실무에서 자신 있고 전문가다운 권리분석을 할 수 있도록 실무교육에 대한 내용이 강화되어야 한다.

그리고 중개업에 대한 실무교육이나 중개업자의 경매 대리 실무교육 등 의무교육을 적절한 규모와 자질을 구비한 대학교에서 교육신청을 하면 교육이 이루어지도록 교육장소를 확대하여야 한다. 그래야 경쟁이 강화되어 실제 교육대상자들이 질 높은 교육을 받을 수 있다.

다음은 예약계약(현장에서는 통상 '가계약'이라 함)을 하는 경우는 등기부등본에 있는 권리를 확인하지 않은 상태에서 예약계약을 체결하여 당해 중개대상물에 권리의 하자로 인하여 중개사고가 발생한 사례이다.

현재 현장에서 예약계약을 '가계약'이라는 법률적 용어가 아닌 용어를 사용하면서 본 계약을 체결할 수 없는 상황 때문에 예약계약(일명 가계약)을 체결하고 계약금의 일부를 납입하는 경우가 종종 있다. 그러나 예약계약도 계약이기 때문에 계약에 관한 규정을 적용한다. 따라서 예약계약으로 지불한 계약금의 일부는 계약금이기 때문에 계약을 해약하려면 매도인의 경우는 납입받은 계약금의 2배를 매수인의 경우는 계약금을 포기하고 계약을 해제하여야 한다.

그래서 예약계약을 체결할 때도 본 계약을 체결하는 경우와 같은 요령으로 신중을 기하여야 한다.

장○○은 공인중개사의 중개로 2002. 6. 9. 임대인 윤○○ 소유 빌라를 보증금 2,000만 원으로 하는 임대차계약을 체결하였고, 공인중개사가 아무 하자가 없다며 먼저 보증금을 지급할 것을 요구하여 임차인 장○○은 아무 의심 없이 소유자의 대리인 중개보조원 이○○에게 보증금 2,000만 원을 지급하였는데, 장○○은 계약날인 200. 6. 9. 공인중개사 이○○가 제시하는 중개대상물 확인·설명서를 보니 본 건 부동산에 압류 또는 채권최고액 104,000,000원의 근저당이 설정되었음을 알게 되었고 이로 인하여 경매가 진행되어 2004. 5. 13. 낙찰됨으로써 장○○은 한 푼도 배당받지 못하게 되어 2,000만 원의 손해발생(서울남부지법 2004가소34842)[47]

일반적으로 중개업자는 중개대상물을 접수하면 권리분석을 하게 되는데 이때 권리분석은 서면 권리분석과 현장 권리분석으로 구분하여 실시한다.

서면 권리분석을 하기 위해서는 등기부등본과 토지이용계획서 그리고 토지대장 및 건축물관리대장 등을 발급받아 1차 권리분석을 하게 된다.

앞서 판례와 같이 중개업자가 물건 접수 시 또는 예약계약을 하기 전에 등기부등본을 발급받아 매수자 및 임차인에게 권리관계를

---

47) 부동산정책연구소, 상게서, p.20.

설명하는 것이 정상적인 중개대상물의 권리설명이다.

그런데 중개업자는 압류와 근저당이 있음에도 "아무 하자가 없다"고 한 것은 상식 이하의 행위로서 사기행위의 의심을 받을 만하다.

만일 중개업자가 앞서의 절차를 잘 모르고 저지른 일이라면 협회의 실무교육에 문제가 있고, 또 정부의 무관심으로 우리나라의 중개업에 대한 세부적인 실무행동요령이나 준칙들이 구비하지 않은 데 있다.

끝으로 중개대상물의 기술적 하자로 인한 중개 사고로 이는 현장에서는 거래당사자 간에 가장 많은 분쟁이 발생하고 있고, 중개업자들이 가장 많이 고객들에게 시달리고 있는 중개사고이다.

그러나 아직 이러한 사항으로 나온 판례는 없으며, 간혹 재판에 회부되는 경우는 종종 있으나 대부분 소액사건이라 법원의 조정절차에서 합의를 하거나 또는 중개업자가 일부를 배상하는 형태로 종결되고 있다.

문제는 지금까지는 중개대상물의 물리적 하지에 대하여 어떠한 방법으로든 해결을 하였으나 거래당사자 간에 부동산거래를 통한 불편했던 마음은 남게 되어 좋았던 인간관계가 훼손되고 있다. 또 부동산거래를 함에 있어 매수인은 매도인에 대하여 불신의 내용으로 상존하게 된다.

그리고 매도인의 평상 시 부동산관리에 관한 적당히 관리하거나 팔면 끝난다 하는 악습이 남아 부동산의 생명을 단축시킬 뿐 아니라 매수자는 거래된 부동산을 구입목적대로 사용하지 못하거나 추가적인 경제적 손실을 보아야 하는 상태가 존속하게 된다.

나) 개선방향

중개대상물 확인·설명으로 인하여 발생하는 중개 사고를 방지하기 위해서는 그 책임을 명확히 하는 데 있다.

먼저 우리나라의 중개업 관련법은 그 개념부터 재정립이 필요하다.

따라서 협회 및 정부는 이에 대한 보다 명확한 개념에 입각한 법률 제정이 불가피하며, 만일 현행 개념으로 법률을 유지한다면 거래주체들에게 사회적 보장책이 구비된 부동산거래 법률의 제정이 요구된다. 또한 법률 및 시행령과 시행규칙 외에 부동산종류별로 거래 및 중개에 대한 거래주체별 규범 또는 행위요령에 대한 매뉴얼을 작성하여 통일화하는 방안을 강구할 필요가 있다.

그리고 중개업자의 자질향상을 위해 먼저 책임감을 강화하기 위해서 손해배상을 할 수 있는 재산소유자로 등록기준을 강화하고, 중개업자에게 실무교육을 현행 32시간에서 180시간 이상으로 강화하여 중개활동 또는 부동산 거래절차 및 행동요령 그리고 각종 법규 열람 및 적용요령의 교육을 강화하여 중개실무를 전문적으로 수행할 수 있도록 하는 것이다.

한편 중개업자는 형행 부동산중개업 제도하에서는 권리분석과 중개대상물 확인·설명, 그리고 계약서 작성이 가장 중요하므로 중개업자는 중개대상물에 대한 권리조사를 면밀히 하는 것은 생명이다. 따라서 중개업자는 현재 소유자가 진정한 소유자인지 확인하기 위하여 현 소유자 직전 소유자까지 확인하여야 한다. 그리고 등기부등본상 소유권의 변천과정을 정리하여 매수인 또는 임차인에게 설명하고 제공할 필요가 있다.

만일 전 소유자가 사망했거나 실종 또는 이민을 갔으면 이 내용까지도 파악하고 정리하여야 한다. 이를 위하여 관련 행정관서는 중개업자가 중개의뢰계약서를 제시하면 이를 열람 및 확인해 주도록 국토해양부는 행정관리부와 협조하여 「공인중개사의 업무 및 부동산거래 신고에 관한 법률」 제5항에 "지자체 장은 중개업자가 중개계약서와 중개업개설 등록증 사본을 첨부하여 소유자 및 세대주 열람 요청 시 협조한다"라는 규정을 신설하여 중개업자가 권리조사를 함에 있어 협조하도록 하여야 한다.

그리고 부동산중개에 관련된 법률을 준수하여야 할 의무가 있고 또 이로 인한 거래당사자에게 피해를 방지할 수 있도록 법규를 알려 주고 설명할 책임이 있으므로 현행법을 철저히 이행하여야 한다.

끝으로 중개의뢰인은 중개계약을 서면으로 작성하여 중개의뢰인의 신원을 분명하게 해 주어야 하며 중개의뢰인이나 중개업자에게 업무의 신뢰성을 기할 수 있도록 하여야 한다.

따라서 매도인(임대인)은 중개대상물을 매도 또는 임대를 하고자 하거나 의뢰하고자 할 때 매매 및 임대조건을 서면으로 작성 제출하면서 매매 및 임대의뢰를 하도록 규정화하고, 다가구주택 등을 임대하거나 매매 시에 매매 및 임대조건의 별지로 중개업자에게 제시하는 등 중개대상물에 관한 정보를 매도 및 임대조건에 포함하여 제시하는 것을 규정하고, 매수인 또는 임차인은 매수계획에 맞추어 매수 및 임차조건을 서면으로 제출하면서 구입의뢰를 하도록 하여야 한다.

중개의뢰인의 중개계약 서면화는 중개업자가 중개의뢰인에게 피해가 가지 않으면서 세대주 및 입주자 현황제출이라든지, 은행의 채무액을 중개업자가 대신 확인하는 등 중개의뢰인이 소비할 시간을 중개업자가 대신 활동함으로써 생업에 전념할 수 있는 장점이 있음을 활용하는 것도 홍보할 필요가 있다.

또한 매수인 및 임차인은 현재의 부동산 중개업 제도하에서는 자신이 취득하고자 하는 중개대상물에 대한 토지이용규제 및 권리관계에 대하여 스스로 확인하는 노력을 하여야 한다.

3) 대리권 흠결에 의한 사고 및 이행과정의 사고

가) 사례 및 문제점

<table>
<tr><td>

공인중개사 안○○와 공인중개사 자격증을 대여 받아 중개업을 하는 최○○의 공동중개로 매수인 김○○가 이○○ 소유의 아파트에 대한 매매계약을 2억 4,900만 원에 매수하는 조건으로 매매계약을 체결하였는바, 계약 당시 소유자의 처인 서○○가 본인을 대리하여 대리인과 계약을 체결하고 계약금 3,000만 원을 수령하였으며 중도금 6,000만 원은 소유자인 본인의 통장으로 입금하였으나, 본인이 대리인의 무권대리를 이유로 잔금수령을 거부하여, 매수인에게 9,000만 원의 손해를 발생(서울 남부지법 2003가단41696)

2001. 7. 16. 공인중개사들이 공동중개로 ○○연합주택조합 아파트 분양권에 대하여 프리미엄 700만 원을 포함하여 매매대금 총 1억 5,800만 원으로 하는 매매계약이 체결되어 매수인 손○○이 시공사에 대금을 납부하고 있던 중 2004. 4. 16. 조합원 명의변경을 위해 조합사무실에 방문하였으나 매도인이 조합 측에 분양계약서 분실신고를 한 후 재 발급받아 2002. 2. 19. 분양권을 강○○에게 1억 4,850만 원에 이중으로 매도하고 제2매수인인 강○○가 먼저 명의변경신청을 하여 제1매수인 손○○에게 6,450만 원의 손해가 발생(수원지법 2003가단71354)

</td></tr>
</table>

〈자료: 2008 최신부동산중개사고 사례연구, pp.21~22〉

위 사례는 계약 시 거래당사자 중 한쪽의 대리권에 관한 사고이고 하나는 분양권의 명의변경 사고이다. 이 사건은 중개업자의 기본적 자질에 관한 문제점이 있는 사건이다.

아래 사건 중 먼저 대리권 사고의 문제점은 거래당사자를 대리하는 대리인들이 거래당사자의 부모이거나 배우자 또는 거래당사자가 믿을 만한 사람이라는 이유로 법 규정을 준수하지 않고 권위만을 내세운 데서 발생하고 있다. 또 중개업자는 중개의뢰인이 거래당사자의 신분증 등을 위조할 수 있으므로 거래당사자조차 면밀히 확인하여야 하는데 하물며 대리인에 대해서는 더욱 법규를 준수할 수 있도록 계약 당시에 조치하거나 추후에 보강하도록 조치하고 필요시 계약 시라도 등기부상 소유자와 전화통화라도 하여 대리권을 확인하여야 한다.

특히 거래부동산의 가격의 변동이 예상되는 경우, 즉 중개업자는 가격이 상승하는 경우 매도인이 계약해제를, 가격이 하락하는 경우 매수인이 계약해제를 요구해 옴으로써 계약이행이 어렵다는 사실을 착안하여 법적인 절차를 명확히 하여야 한다. 또 조합원의 분양권 명의변경에 대한 문제점은 통상 이중계약 사건이 가장 많이 발생할 위험이 있는 사건이므로 중개업자는 매우 조심하여야 하는 중개대상물이다. 분양권의 경우 통상 계약 일에 거래대금 및 프리미엄이 소유권 이전과 동시에 이루어지는 특성을 감안하여 곧바로 조합원 명의를 변경하는 등 책임 있는 조치를 하였어야 하는데 이를 게을리 한 데 문제점이 있다.

나) 개선방향

이러한 사건에 대한 대책은 중개계약을 서면화하면 의뢰인의 신분을 명확히 할 수 있고 또 대리권에 대한 하자도 미연에 방지할 수 있다. 따라서 중개계약을 서면화하는 노력이 필요하다. 특히 중개업자는 본인이 확인한 거래당사자가 아니면 쉽게 믿어서는 아니 되며, 이를 소홀히 하는 것은 사고를 자초할 수 있다. 따라서 중개업자는 대리인의 경우는 물론 모든 부동산거래와 관련된 행위를 함에 있어 법규를 철저히 이행하고 거래당사자에게도 규정 이행을 철저히 하도록 처리하여야 한다. 그리고 부동산 종류별 처리과정의 특성을 잘 주지하여 철저한 이행을 한다면 이러한 중개 사고는 미연에 방지할 수 있다.

4) 공인중개사의 무리한 계약체결로 인한 사고

가) 사례 및 문제점

아래 사건은 중개업자의 가장 대표적인 중대 실수에 해당하는 사건이다.

공인중개사가 빌라에 대한 임대차계약을 중개하여 보증금 2,000만 원에 임대차계약을 체결하고, 특약사항으로 "계약 기간 내에 상기 전세보증금 2,000만 원에 대하여 회수 불량 시 공인중개사 홍○○이 책임지겠다."고 약정한바, 소유자의 건물 불법구조변경으로 계약서 및 주민등록상 호수가 일치하지 않아 배당 제외 가능성으로 손해 발생(인천지법 2004가소571971)[48]

중개업자는 타인의 부동산을 적임자에게 소개하는 직업이지 타인의 부동산에 대한 소유자나 수탁자가 아니다. 따라서 중개업자는 부동산이나 금전거래에 대하여 직접 인수인계하거나 수불행위를 할 수 없으므로 이에 대한 책임을 지겠다고 할 수 없다. 이는 중개업자의 근본적인 자질에 해당하는 사항으로 구상권 대상이다. 문제는 대부분의 중개업자가 이러한 일을 대비하여 자신의 재산을 자신 명의로 하지 않고 부인이나 부모 또는 자식의 이름으로 바꾸어 놓은 데 있다. 그래서 구상권 행사에서 빠져나가도록 조치를 하여 손해배상을 해 준 기관에서 구상권을 행사할 수 없다는 데 있다.

나) 개선방향

이에 대한 대책으로는 중개업자 등록기준을 강화하여야 한다. 즉 중개업자가 중개업을 등록하고자 할 때 정부는 중개업자 본인의 이름으로 된 부동산이 손해배상책임한도 이상의 재산을 보유한 자로 강화하고, 그리고 이 재산에 타 권리를 설정하면 재산을 소유하

---

48) 2008 최신부동산중개사고 사례연구, pp.21~22.

였다 하더라도 의미가 없으므로 최초 등록 시의 이 재산을 공증하여 추가권리가 설정되지 않도록 하여야 한다. 또한 기존의 중개업자는 일정한 기간을 주어 동일한 조치를 하도록 하고, 만일 이를 이행하지 않을 경우는 거래사고가 발생하면 금융법에 의한 신용불량자처리와 경제사범으로 등록되는 강력한 조치가 필요하다.

3. 거래사고 안전화 방안

거래사고 안전화 방안은 우선 부동산 사기에 대한 대책과, 중개업 관련자의 횡령 방지 대책, 중개대상물 확인·설명제도 대책, 공인중개사의 무리한 계약체결에 대한 대책 등이 있다.

부동산 사기 방지대책으로는 거래당사자 진위 확인 대책과 거래대금 지불 개선대책으로 구분하여 수립함이 요구된다. 거래당사자 진위 확인대책은 중개업자에게 권리분석업무를 전담하도록 하여 우선 공제를 권리보험으로 전환하고, 중개업자는 매도인을 확인한 결과를 계약서에 첨부하도록 한다. 이때 중개업자는 현 등기부등본상 명의인과 현 등기부상 명의인 이전에 소유자까지 확인한 보고서를 첨부하도록 한다. 만일 매도자 및 전 소유자가 사망 등으로 확인이 곤란할 경우는 행정관서의 확인서를 첨부토록 한다. 이때 정부는 중개업자의 이러한 활동을 지원할 제도를 구비하여야 하는데 주민자치센터나 시·군·구청 그리고 금융기관은 중개업자가 일정한 서류를 지참하여 열람을 요구할 경우 열람을 받을 수 있도록 제도 확립이 필요하다.

거래대금 지불개선책은 거래대금지불방법을 현행 3단계(계약금,

중도금, 잔금)를 2단계(계약금, 잔금)로 개선하고, 관리가 부실한 부동산은 의무적으로 에스크로우제도에 가입하도록 제도화하며, 에스크로우 기관으로는 중개사협회로 지정하고, 실무는 시·도지부가 서울·경기는 지회가 직접 업무를 수행하도록 하며, 권리분석은 중개업자가 맡아 실시하는 제도로 발전시킨다. 그러나 우리나라는 대부분의 서민들이 매도대금 중 계약금으로 매도인의 다음 구매 부동산의 계약금으로 사용하여야 하는 특성이 있으므로 중개업자가 권리분석을 완료하여 매수인에게 권리분석 보고서를 제출하여 이상이 없으면 잔금 이전이라도 계약금을 지불하는 체제가 필요하다. 또는 현행 규정된 법규를 보다 구체화하여 즉각 실행이 되도록 보완하여야 한다.

중개업 관련자의 횡령 및 사기에 대책은 부동산 관련 근무자의 등록기준을 강화하여 중개업 관련 종사자는 공제금액에 해당하는 재산보유자로 등록 및 채용을 실시토록 하고, 중개업자는 물론 중개보조원까지도 공제에 가입하도록 하여야 한다.

중개대상물 확인·설명서 제도 개선은 우선 물건 자체의 하자에 대해서 매도인인 물건 매도 시 일정금액의 하자 보증보험증서를 발급받아 제출토록 하여 물건하자에 대한 책임을 전담하고, 중개업자는 자질을 강화하여 공인중개사 자격증 시험제도를 일정한 능력이 보유자(부동산학과 졸업자 및 졸업예정자)로 응시자격을 강화하고, 자격증제도 세분화를 검토할 필요가 있으며, 중개사고자는 다시는 중개업을 할 수 없도록 중개 사고에 대한 처벌을 강화하여야 한다.

중개업자의 무리한 계약체결에 대한 대책은 중개업자 등록기준 강화와 중개업 개업을 위한 실무교육을 중개업에 대한 전문가가 될 수 있도록 강화하며, 한편 중개업자가 중개업이 생계형이 직업이 되어 생활에 안정화를 갖는다면 무리한 중개를 하지 않게 되므로 중개수수료를 현실화하여 최소 거래당사자 중 한쪽에서 1~1.5%씩 지불하는 방안을 검토할 필요가 있다. 뿐만 아니라 중개업자들이 불법행위를 할 경우 철저한 구상권 실시가 요구된다.

제3절 부동산 거래절차

1. 우리나라 부동산 거래절차

부동산거래 유형은 크게 유상거래와 무상거래로 구분된다. 유상거래에는 매매, 교환, 임대차 등이 있고, 무상거래에는 사용대차, 증여, 상속 등이 있다. 이 중 무상거래는 부동산거래 과정에서 거래사고가 발생하지 아니하나 유상거래에서는 거래사고가 발생하고 있다.

유상거래는 크게 교환도 매매로 간주하여 매매시장과 임대시장으로 크게 구분한다. 따라서 본 연구에서는 매매거래절차와 임대거래절차로 구분하여 연구하였다.

부동산거래에 있어 매매거래와 임대거래의 거래절차는 약간의 차이는 있으나 대동소이하다. 따라서 본 연구에서는 매매거래절차 위주로 연구하고 임대차는 매매거래와 차이 있는 부분만을 기술하였다.

우리나라의 부동산거래절차에 관하여 학문적으로 살펴보기 위해 부동산학에 관한 서적을 살펴보았다.

먼저 우리나라의 부동산학 대해 서적을 보면 1973년 김영진 교수가 저술하고 경록출판사에서 발간한 "부동산학"이 처음 부동산 이론서적으로 등장한 것으로 보인다. 그 후 1976년도에 김영진 교수는 부동산학을 "부동산학개론"으로 책명을 바꾸어 보완판을 발간함으로써 부동산학에 대한 기본체계를 수립한 것으로 판단된다.

이후 이원준 교수 및 이창석 교수가 부동산학개론을 발간하여 부동산학에 대한 이론적 체제와 개념을 보다 발전시켰으며, 그 외에도 공인중개사 시험을 위한 참고서로 "부동산학개론"이 여러 교수들에 의해 발간되었다.

다만 아쉬운 점은 앞서 부동산학개론에서 부동산 거래절차를 살펴보면 우리나라의 부동산거래(중개)절차에 대해서는 제시하지 않고 가까운 일본의 유형을 제시하며 간접적으로 우리나라도 일본 부동산 거래절차도 이에 준하고 있음을 제시하고 있다.

그래도 우리나라의 부동산 거래절차를 제시한 서적으로는 공인중개사협회에서 발간한 "부동산실무 대백과"와 "부동산서비스와 거래의 선진화 방안 연구서"에서 부동산 거래절차를 제시하고 있다.

한편 부동산활동 중 90% 이상인 부동산중개에 대하여 중개절차에 관하여 기술한 서적으로는 이태교 교수의 "부동산중개학개론"이 맨 처음 지시하고 있고 그 뒤 "부동산 창업 및 부동산 컨설팅" 등에서 부동산중개 부분만을 정리하여 부동산중개 절차를 제시하고 있다.

이 중 부동산중개 절차를 기술한 이태교 교수의 "부동산중개론"부터 살펴보고자 한다.

가. 부동산중개 절차

1) 부동산중개론의 부동산중개 절차

〈도표 3-2〉 일반적인 부동산중개 활동의 과정[49]

순위	단 계	내 용
1	중개의뢰의 단계(listing)	물건접수(listing) 중개계약 중개물건이 조사
2	가망고객을 발견하는 단계(prospecting)	가망고객 발견 부동산광고
3	가망고객과 교섭하는 단계(negotiating)	가망고객의 심리파악 가망고객의 유형 분류
4	중개대상물에 관해 설명하는 단계	준비단계: 자료준비 물건준비 설명준비 안내단계: 안내 시기 / 경로 / 안내 건수 / 안내 순서 / 설명 방법 평가단계 판매소구점 불만처리와 설득
5	계약을 체결하는 단계	계약 시기 계약 시 주의사항 계약서 작성

우리나라에서 맨 먼저 부동산중개 절차를 제시한 분은 이태교 교수로 보인다. 이태교 교수는 1985년 우리나라에 중개업법이 제정되자마자 부동산중개론을 집필하기 시작하여 1999년도에 "부동산중개론"이란 저서를 세상에 등장시켰다. 이태교 교수의 부동산중개론이 나오기 전까지 부동산 중개에 대해서 부동산중개업 법령 및 실무, 부동산 마케팅, 한국의 복덕방 입법론 등 분야별로 연구서들은 계속 있었으나 부동산중개를 종합적으로 체계화하려고 한 것은 이태교 교수가 처음이었던 것으로 판단된다.

---

49) 이태교 저, 부동산중개론, 부연사, 1999. 3. 10, p.255.

118

이태교 교수의 부동산중개론에서 제시하고 있는 일반적인 부동산중개활동의 과정을 보면 <도표 3－2>와 같이 5개 단계로 설정하고 있다.

즉 1단계는 중개의뢰 단계로 물건을 접수하고, 중개계약을 체결하며, 중개물건을 조사하는 단계로 보았으며, 2단계는 가망고객을 발견하는 단계로 중개업자는 가망고객을 발견하는 활동을 하며 그 일환으로 부동산을 광고하는 단계로 설정하고 있다.

3단계는 가망고객과 교섭하는 단계로 가망고객과 상담하며 가망고객의 심리를 파악하여 그 가망고객이 어떤 유형에 속하는지 분류한 뒤 그 유형에 맞는 적합한 교섭방법을 찾는 단계로 보고 있으며, 4단계는 중개대상물에 관하여 설명하는 단계로 그 고객에 맞는 자료를 준비하고 그 고객에 맞는 물건으로 고객을 안내하며, 안내한 부동산이 그 고객에 적합한지를 평가한 뒤 고객이 안내한 물건을 구입할 수 있도록 소구점을 찾아 고객의 불만을 처리함과 동시에 설득을 하는 단계로 보았다.

5단계는 계약을 체결하는 단계로 매도의뢰인과 매수의뢰인과 협의하여 거래계약서작성 시기를 결정하고 계약 조건을 정리하여 계약서를 작성하는 단계로 보았다.

이태교 교수가 중개절차의 마지막을 계약서 작성으로 하고 있는 것은 1984년도 우리나라의 부동산중개업법이 제정될 당시 그 개념을 중개의 한계를 중개업자가 거래계약을 성사시키는 데까지로 설정하여 중개업법을 제정하였으며, 이 개념은 1999년도 이태교 교수가 "부동산중개학개론"을 출판할 때까지도 부동산중개의 한계가 변동되지 않았던 것으로 사료된다.

2) 부동산중개업 창업과 중개컨설팅의 부동산중개 절차

다음 부동산중개업 창업과 중개컨설팅에서는 「공인중개사의 업무 및 부동산거래 신고에 관한 법률」을 근거로 부동산중개 절차를 중개업자의 실무 행동절차 면을 <도표 3-3>에서와 같이 11개 단계로 구분하고 있다.

부동산중개업 창업 및 중개컨설팅에서 부동산중개 절차를 제시한 것을 보면 현행법을 기준하여 중개업자 입장에서 정리한 부동산거래 중개절차이다.

만일 개인 간의 직거래 경우에는 부동산중개업 창업 및 중개컨설팅에서 제시한 부동산중개 절차에 매도인은 매도계획 수립과 매도가격 결정을, 매수자의 경우에는 자금조달계획 등 매수계획수립이 추가하여 응용할 수 있다.

<도표 3-3> 부동산중개 절차[50]

순위	절 차	내 용
1	물건접수 및 중개계약	물건 위치, 기본내용, 전화번호 파악
2	중개대상물자료요구	매도인에게 물건의 상태 자료파악
3	임장활동	위치확인, 물건의 상태, 등기부등본 외 권리 및 시세 파악
4	물건분석	공부상 권리 및 현장 확인 종합, 물건용도 및 이용적임자 결정
5	중개대상물확인·설명서작성	매수자 현장안내 및 물건상태 설명 준비
6	광고	광고계획서 작성 및 광고의뢰
7	매수인 상담	매수자 현장안내 및 물건 상태설명
8	가격 및 거래조건 협의	가격 및 거래조건 절충
9	계약서작성	계약서작성 및 계약금과 영수증 교환
10	부동산실거래가 신고	거래계약내용 행정관서에 신고 / 해제 신고 포함
11	잔금처리 및 소유권 이전 신고	소유권 이전 서류 확인 및 잔금청산, 부동산인도 관련 물건교환

---

50) 진영섭 저, 부동산중개업 창업과 중개컨설팅, 서진출판사, 2007. 3. 20, p.66.

3) 「공인중개사의 업무 및 부동산 거래신고에 관한 법률」의 부동산중
   개 절차

현행법인 「공인중개사의 업무 및 부동산 거래신고에 관한 법률」
에서 부동산중개 절차에 대해 특별히 지정하여 언급된 바는 없다.
다만 정부는 거래당사자와 중개업자 그리고 정부가 공히 부동산거
래의 주체이기 때문에 각 주체들 입장을 고려하여 「공인중개사의
업무 및 부동산거래 신고에 관한 법률」을 부동산거래절차의 순서
와 연관하여 법조항을 기술하고 있다.

정부의 「공인중개사의 업무 및 부동산거래 신고에 관한 법률」에
서 법률 전개 순서를 보면 ① 중개계약(일반 및 전속), ② 거래정
보망 지정 및 이용, ③ 중개대상물 확인·설명, ④ 계약서 작성,
⑤ 부동산 거래신고 순으로 법률을 전개하고 있다.

중개대상물 확인·설명에 있어 동법 제25조 제2항에 "중개업자
는 확인·설명을 위하여 필요한 경우에는 중개대상물의 매도의뢰
인·임대의뢰인 등에게 당해 중개대상물의 상태에 관한 자료를 요
구할 수 있다"라고 기술한 취지로 보아 매수의뢰인에게 중개대상
물 확인·설명을 하기 전에 매도의뢰인 및 임대의뢰인에게 중개업
자는 중개대상물에 대한 자료요구를 하도록 규정하고 있다.

이를 의역하면 일반적으로 중개업자는 매도의뢰인이 매도부동산
을 의뢰하면 물건을 접수하고 이때 중개계약을 체결하게 된다. 이
때 중개업자는 매도의뢰인에게 물건의 상태에 대해 서면으로 자료
요구를 하여 물건의 상태를 파악하고 각종 서류 및 중개대상물을
방문하여 권리관계를 확인한다. 이렇게 물건의 상태와 권리관계를
파악 완료하면 중개업자는 당해 중개대상물을 거래정보망 등을 이

용하여 광고한다.

한편 중개업자는 매수의뢰인으로부터 매수의뢰를 받으면 매수의뢰인이 요구하는 중개대상물을 찾아 이에 대해 방문 및 설명하며, 매도인의 청약을 매수인이 승낙하거나 매수인의 청약을 매도인이 승낙하면 거래계약을 작성하게 된다. 거래계약이 체결된 후 정부에서 지정한 기간 내에 부동산 거래신고를 하도록 하고 있다. 이처럼 「공인중개사의 업무 및 부동산거래 신고에 관한 법률」에서도 위와 같은 거래절차에 맞추어 법률 내용을 전개하고 있음을 볼 때 상기 법도 이 부동산중개 절차에 기준하여 법률을 전개하고 있는 것으로 판단된다.

다음은 부동산 거래절차에 관하여 기술한 부동산거래 서적과 그 내용을 검토해 보기로 한다.

나. 부동산 거래절차

1)「부동산실무 대백과」의 부동산 거래절차

대한공인중개사협회에서 2003년도 발간한 부동산실무 대백과에서도 부동산거래절차를 크게 3단계로 구분하고 있다. 즉 부동산거래 준비단계, 거래계약 체결단계, 계약이행단계[51]를 말하며, 또 부동산 거래절차는 매도인과 매수인으로 구분하여 부동산 거래절차를 기술하였다.

가) 부동산 매수활동 단계

먼저 매수인의 부동산 거래절차는 <도표 3-4>에서 보는 바와

---

51) 상게서, p.120.

같이 총 10단계로 구분하고 있으며, 매수할 부동산의 대상 지역과 어떤 부동산을 구입할 것인지 부동산종류를 결정하고, 그 지역에서 해당 부동산가격을 파악한 뒤 이에 따른 자금조달계획을 수립하는 등 매수계획을 먼저 수립한다.

〈도표 3-4〉 부동산 매수활동 절차[52]

단계	절 차	내 용
1	매수계획수립	자금, 대상지역, 종류, 시기 등
2	부동산 탐색	매수대상 부동산 물건정보 수집
3	부동산 분석	권리, 가격, 지역분석, 개별, 투자분석 등
4	가격 및 거래조건 협의	매수가격, 대금지급방법, 거래조건 등
5	매수결정	매수인의 구입 결정
6	거래계약체결 및 계약금 지급	계약서작성 및 서명 날인, 계약금과 영수증 교환
7	잔금기급 및 권리 이전 서면 지급	잔금과 영수증 및 권리 이전 관련 서면 상호교환
8	계약서검인	권리 이전 청구를 위한 필수적 행정절차
9	소유권 이전 등기 및 점유인수	등기상의 소유자 명의변경 및 이사 등
10	취득세 납부 및 각종 행정 처리	취득세납부, 각종 공과금 정리, 개인적인 행정절차

매수계획이 수립되면 이어서 해당 지역에 가서 중개업자사무소 등을 통하여 구입하고자 하는 구입대상 부동산에 대한 물건정보를 수집하거나 중개업자에게 구입하고자 하는 부동산을 탐색해 줄 것을 의뢰하기도 한다. 매수자가 직접 구입대상 부동산을 탐색하는 경우는 대부분 직거래를 하기 위함이거나 중개업자에게 부동산중개를 의뢰하기 전 구입대상 부동산에 대한 정확한 정보를 얻기 위해서이며, 중개업자에게 구입대상 부동산을 찾아줄 것을 의뢰하는 경우는 전문가를 최대한 활용하는 것이 보다 안전하고 확실한 거래를 하기 위함이면서 자신의 직업에 보다 충실할 수 있는 장점을

---

52) 대한공인중개사협회, 부동산실무 대백과, 제2권 제2편, 2003, p.120.

활용하기 위해서이다.

물건 탐색 활동을 통하여 매수인은 매수계획수립 시에 구상한 적절한 물건이 발견되면 부동산 권리분석과, 부동산 자체의 상태, 가격의 지불 가능성, 지역 및 개별분석을 포함한 투자분석을 하게 된다. 그러나 통상의 경우 이 과정은 중개업자를 통하여 자료를 얻게 된다.

부동산분석이 완료되면 거래가격 및 대금지급방법 등을 조정함과 동시에 지역분석 및 개별분석과 투자성 분석을 실시하여 매수자의 매수조건에 적합하거나 이 조건을 충족시킬 수 있는 대안이라고 판단되면 매수자는 매수결정을 하게 된다.

매수자의 매수결정은 이어서 계약서를 작성하고 각각 서명날인한 뒤 거래대금을 지불하고 그 영수증을 교부한다. 잔금지불일이 도래하면 소유권 이전 및 기타 관련 권리에 대한 서류를 교환하고 잔금을 지불한 뒤 그 영수증을 교환한다.

소유권 이전 서류를 받은 매수인은 해당 지방자치단체를 방문하여 계약서 검인을 받고, 등록세를 납부한 뒤 법원 등기과 및 등기소에 소유권 이전 서류를 접수시키며 한편으로는 부동산을 인수받아 이사를 하여 점유권을 확보한다.

그러나 법원 등기과나 등기소에 소유권 이전 등기를 접수하려면 등록세 납부하여야 하며, 1개월 이내 취득세를 납부하고 이어서 인·허가 등 필요한 개인적 행정 처리를 함으로써 매수인의 부동산 거래절차는 완결된다.

나) 부동산 매도활동 단계
다음은 매도인의 부동산매도 활동 절차를 살펴보고자 한다.

　매도인의 부동산 거래절차는 <도표 3-5>에서 보는 바와 같이 총 8단계로 이루어지고 있다.

　우리나라에서 매도인의 부동산거래는 크게 두 가지로 구분된다. 하나는 자금의 필요성에 의하여 부동산을 매도하는 경우와 다른 하나는 투자목적으로 매수했던 부동산을 매수목적이 달성됨으로써 매도하는 경우이다.

　따라서 자금의 필요에 의하여 부동산을 매도하는 경우는 <도표 3-5>에서 보는 바와 같은 8단계의 절차를 거쳐 거래하고 있다. 즉 매도인은 자신이 소유하고 있는 부동산을 팔기 위해서 매각 시기 및 매각방법을 먼저 결정하고 이어서 요구가격 등을 계획하는 매도계획을 수립하게 된다.

　이때 매도인이 매도가격을 결정하는 것은 통상 주변 거래가격을 참조하기도 하지만 대부분은 본인이 구입한 가격에 취득비용 및 기간 중 지불한 세금과 수리한 비용을 포함하여 결정한다.

<도표 3-5> 부동산 매도활동 단계[53]

단계	절　차	내　용
1	매도계획수립	부동산 매각 시기 및 방법 결정
2	거래가격결정	각종 요인을 참조한 희망 거래가격결정
3	중개의뢰 및 매각홍보	각종 매체를 이용한 홍보 및 중개의뢰 등
4	가격 및 거래조건의 협의	매각가격 및 대금지급방법, 거래조건 등
5	매각결정	거래상대방, 매매가격, 거래조건 등을 확정
6	거래계약 체결 및 계약금 수령	계약서작성 및 서명 날인, 계약금과 영수증 교환
7	권리 이전 서면 지급 및 점유인도	중도금, 잔금과 영수증, 권리 이전 관련 서면 상호교환
8	양도소득세 및 행정처리	양도소득세 납부, 공과금 등 처리 개인적 행정처리

　단, 감가상각은 아니 하고 있다. 따라서 부동산가격이 계속 상승

하는 것은 여러 요건들이 고려되지만 앞서와 같이 자신이 구입한 가격보다는 무조건 더 받아야 한다는 생각이 가격을 계속 상승시키는 원인이기도 하다. 그러나 자금의 필요에 의해 매도하는 경우는 자신이 구입한 가격 이상으로 거래되지는 않고 경우에 따라서는 손해를 보더라도 매매거래를 하는 경우도 있다.

매도계획을 수립한 매도인은 통상 중개업자에게 매매의뢰를 하고 있으나 직접 광고를 실시하기도 한다. 중개업자에게 의뢰한 경우는 중개업자가 물건홍보로부터 잔금수령 및 권리 이전 서면 지급과 부동산인도 시까지 조언 및 대행을 하게 된다.

물건홍보 단계에서는 중개업자가 물건을 분석하여 물건을 홍보하고 매도인이 직접 거래를 하는 경우는 매도인이 물건을 홍보하게 된다. 이때 매도인이 이용할 수 있는 홍보방법은 정보지나 인터넷을 많이 활용한다.

물건 홍보결과 적절한 매수자를 발견하면 매매가격과 거래대금 지급방법 및 거래조건에 대해 협의한다. 매도인이 부동산 매각을 결정하는 경우 가장 어려운 부분은 가격 결정과 부동산 인도 시기이며, 임대차의 경우는 거래상대방을 검토하기도 한다.

매도 결정이 나면 거래계약서를 작성하고 거래대금 중 계약금을 수령함과 동시에 그 영수증을 교환한다. 이때 매도 사기꾼은 이 거래대금을 횡령하기 위하여 사기행위를 하고 있으므로 이에 대한 안전대책이 필요하다. 그러나 우리나라는 이에 대한 안전대책이 강구되지 않은 채 부동산거래를 실시하고 있다.

계약이 체결된 뒤는 계약 이행단계로서 중도금을 약속한 날짜에 지불하고 잔금일이 도래하면 권리 이전에 관련된 서면을 상호교환한 뒤 거래 잔금과 그 영수증을 교환한다. 매도인은 잔금을 수령하면 지체 없이 부동산을 인도한다.

또한 매도인은 잔금지불일이 포함된 월의 마지막 날로부터 60일 이내에 양도소득세 신고 및 기타 필요한 행정 처리를 함으로써 매도인의 부동산 거래절차가 완료된다.

2) 부동산서비스와 거래의 선진화 방안의 부동산 거래절차

가) 부동산 매수활동 단계

<표 3-6> 부동산 매수활동 단계[54]

단계	절 차	내 용
1	매수계획수립	대상 지역, 종류 결정, 자금조달계획수립
2	부동산 탐색	구입대상 부동산 물건정보 수집
3	부동산 분석	권리, 가격, 지역분석, 개별분석, 투자분석
4	가격 및 거래조건 협의	대금지급방법, 거래조건 등 협의
5	매수결정	매수인 구입 결정
6	거래계약체결·계약금 지급	계약서 작성 및 서명 날인, 계약금과 영수증 교환
7	잔금기급 및 권리관계서류 교환	잔금영수증 및 권리 이전 관련 서류 교환
8	계약서검인 및 양도소득세 신고	권리 이전 청구를 위한 행정절차 경유
9	소유권 이전 등기 및 인도	등기상의 소유자 명의변경 및 점유 이전

<도표 3-6>의 '부동산서비스와 거래의 선진화 방안'에서 매수인의 부동산 거래절차는 공인중개사협회의 "부동산실무 대백과"의 매수자 부동산거래 활동과 유사하다. 다만 차이나는 점은 1단계 매수계획수립 시 "부동산실무 대백과"는 부동산매수 시기를 포함하고 있으나 "부동산서비스와 거래의 선진화 방안"에서는 포함되어 있지 않고, 또 4단계에서 "부동산실무백과"는 매수가격협의가 포함되어 있으나 "부동산서비스와 거래의 선진화 방안"에서는 포함되어 있지 않으며, 8단계에서 "부동산실무 대백과"는 계약서 검인만

---

54) 한국형사정책연구원, 부동산서비스와 거래의 선진화 방안, 건설교통부, 2001, p.12.

계획되어 있으나 "부동산서비스와 거래의 선진화 방안"에서는 계약서 검인과 양도소득세 신고를 하는 것으로 되어 있다. 그리고 "부동산실무 대백과"는 10단계로 취득세납부 및 각종 행정처리 단계로 취득세납부 및 각종 공과금정리와 개인적인 행정절차를 하는 것으로 분류하고 있으나 "부동산서비스와 거래의 선진화 방안"에서는 이 단계가 생략되어 있다.

나) 부동산 매도활동 단계

<도표 3-7>의 '부동산서비스와 거래의 선진화 방안'에서의 부동산 매도인의 거래절차 또한 공인중개사협회의 "부동산실무 대백과"와 유사하다. 다만 차이나는 점만 살펴보면 다음과 같다.

〈도표 3-7〉 부동산 매도활동 단계[55]

단계	절 차	내 용
1	매도계획수립	매각 시기 및 방법 결정
2	매도가격결정	각종 요인을 참조한 가격결정
3	매도홍보	각종 홍보매체 이용 및 중개의뢰 등
4	가격 및 거래조건의 협의	대금지급방법, 거래조건 등
5	매도결정	매도인의 매각의사 결정
6	거래계약 체결·계약금수령	계약서작성 및 서명 날인, 계약금과 영수증 교환
7	잔금수령 및 권리 이전 서면 지급	잔금영수증 및 권리 이전 관련 서류 교환
8	부동산 인도	점유 이전

4단계에서 부동산서비스와 거래의 선진화 방안은 대금지급방법과 거래조건을 협의하는 것으로 되어 있으나 부동산실무 대백과에서는 가격도 협의하는 것으로 협의대상에 가격이 추가되어 있고, 5단계 매각결정에 있어서도 부동산서비스와 거래의 선진화 방안에

서는 매도인의 매각의사 결정을 하는 것으로 되어 있으나 부동산
실무 대백과에서는 거래상대방을 결정하는 것과 매매가격 및 거래
조건에 대해서 결정하는 것으로 되어 있다.

그리고 7단계에서 부동산서비스와 거래의 선진화 방안에서는 잔
금수령과 권리 이전 서면을 교환하는 것으로 되어 있으나 부동산
실무 대백과에서는 계약이행단계인 중도금을 포함하고 있고, 또 부
동산서비스와 거래의 선진화 방안의 8단계 부동산인도를 부동산실
무 대백과에서는 부동산인도까지를 7단계에서 동시에 이행하는 것
으로 하고, 대신 8단계에서는 양도소득세 및 행정처리 단계로 양도
소득세 납부 및 공과금 등 처리 그리고 개인적 행정절차를 실시하
는 것으로 하고 있다.

다. 개선방향

우리나라의 부동중개절차 및 부동산 거래절차는 부동산을 단순
상거래로만 생각하여 부동산거래의 투명성을 일부 가미하였으나
거래하는 과정만을 기술하는 체제를 언급하고 있다. 그러나 부동산
거래는 앞서 언급한 바와 같이 거래단위가 크고 거래방법이 일반
상품과 다르게 물건을 거래대금과 직접 교환하여 점유하는 형태가
아니라 문서로 소유를 인정하는 형태이므로 안전성이 매우 중요하
다. 따라서 부동산거래 및 중개활동은 거래의 투명성, 안전성, 효율
성이 모두 구비되는 형태의 부동산거래 및 중개절차가 요구된다.
이 중에서도 가장 중요한 요소가 안전성이므로 거래 전 과정에 안
전성을 반드시 고려된 거래절차가 요구된다. 그러나 이 안전성의
보장은 불안전한 사고를 대비하기 위함이므로 그 대가가 요구된다.

따라서 정부는 부동산거래 관련법을 시급하게 제정하고 이 법에는 거래 과정마다 사회보장제도를 포함하여야 하며, 불안전한 행위의 원인은 제공하거나 수혜를 받는 위치를 검토하여 해당자가 사회보장제도로 안전성을 보장하는 방안이 거래과정마다 포함되어야 한다.

2. 외국의 부동산 거래절차

가. 미 국

미국의 부동산 거래형태는 거래당사자로부터 중개업자 등이 보호된 비교적 선진화가 잘된 거래형태를 구비하고 있으며, 부동산 자체의 하자로부터 권리 및 거래대금 소유권 이전 서류까지 각 분야별 위험요소를 검증하고 보장받을 수 있는 비교적 안전한 거래형태를 취하고 있어 사기 등 중개사고가 거의 발생하지 않는 특징을 가지고 있다. 또한 미국의 부동산거래는 자기자금보다 타인자금(융자)에 의존하는 거래라는 특징이 있다. 그리고 미국에서 부동산을 거래하는 데 소요되는 시간은 대략 45일에서 60일 정도로 다소 장기간 소요되고, 에스크로우 비용 등 거래 관련 비용이 상당히 많이 소요되고 있는 특징이 있다.

1) 미국의 부동산 거래절차

미국의 부동산 중개절차는 다음과 같다.

<도표 3-8>의 미국의 부동산 중개절차를 보면 우리나라와 비슷하나 차이나는 점이 있다면 먼저 우리나라는 일반적으로 물건의 접수로부터 부동산중개가 시작되나 미국은 매수의뢰인이 브로커나 에이

전트에게 물건을 의뢰하면서 거래절차가 시작된다는 데 차이가 있다.

미국의 부동산 판매는 통상 판매자가 자기 집 앞에 'For Sale'라는 간판을 설치하거나 인터넷에 직접 광고하는 경우가 일반적이지만 중개업자에게 의뢰하여 거래되기도 한다.

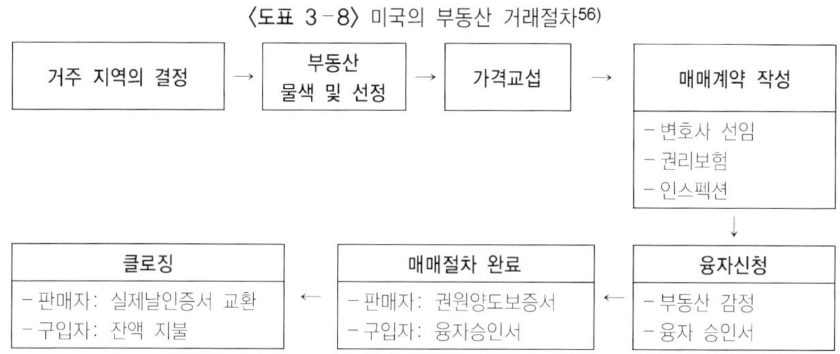

〈도표 3-8〉 미국의 부동산 거래절차[56]

미국에서 부동산중개와 관련한 활동은 구두로 하는 것은 없다. 따라서 중개계약도 반드시 서면으로 작성하며, 서명 또는 날인을 한다. 또한 판매 의뢰인은 부동산가격과 판매조건을 중개계약에 포함하여 작성하기도 한다.

미국 현지 부동산 브로커들의 설명에 의하면, 미국의 부동산 거래절차는 우리나라와 비슷하다고 한다. 다만, <도표 3-8>에서 보는 바와 같이 구매자가 주택의 경우 거주 지역을 결정하여 부동산 브로커에게 요구하는 물건을 찾아주도록 의뢰하면서 실제로 거래활동이 시작된다는 데 차이가 있다.

반면 미국에서는 물건 매매를 의뢰하거나 물건을 찾아줄 것을 의뢰할 경우 우리처럼 구두로 하는 것이 아니라 서면으로 우리나

---

56) 오문석 저, 미국부동산 알고 투자하자, 메트로 워싱톤 뉴스타 부동산, 2006. 6. 1, p.10.

라의 중개계약과 같은 고용계약(리스팅 어그리먼트)를 체결하는데 일반적으로 독점계약으로 체결한다. 여기서 중요한 것은 미국은 우리나라와 중개계약의 개념에 차이가 있다. 우리나라는 관습상 중개의뢰를 하는 형태가 매도의 경우 매도자 물건을 팔려고 내놓았다는 개념이고 매수자의 경우도 요구하는 물건을 찾는 사람이라는 것을 알리는 개념의 중개계약이지만, 미국은 물건을 매도해 줄 사람을, 매수자가 요구하는 물건을 찾아줄 사람을 고용하는 개념의 중개계약이다.

매도자와 매수자가 브로커 또는 에이전트와 체결하는 중개계약은 동일하다. 단, 미국에서는 일반적으로 부동산중개수수료를 매도자가 지불하고 있기 때문에 중개수수료 및 그 지불방법은 판매자의 중개계약에만 적용된다.

미국에서 중개계약을 체결할 때 중요 사항은 다음과 같은 내용으로 계약한다.[57]

첫째 중개의뢰 종류를 결정한다. 미국에서 일반적으로 중개계약을 작성할 때 맨 먼저 중개계약 형태를 결정하는데 통상 독점 매도권(Exclusive Right to Sell)계약을 체결한다. 독점매도권이란 의뢰된 부동산의 판매권은 계약서상의 브로커에게만 있고, 만일 판매자가 브로커의 도움 없이 구입자와 계약을 체결했다 하더라도 커미션(중개수수료)을 브로커에게 주어야 한다는 계약이다.

다음에는 중개의뢰 기간이다.

브로커에게 집에 대한 처분권을 어느 기간 동안 주느냐 하는 문제를 결정한다. 보통은 60일에서 90일 정도로 기한을 정하는 것이 일반적이다. 이 기간 내에 브로커는 부동산을 처분하여야 하고 만

---

57) 상게서, pp.59~60.

일 이 기간 내에 처분하지 못할 경우에는 판매자는 다른 브로커에게 계약을 하기도 하지만 브로커의 서비스가 만족하면 통상 기간을 종전과 같은 기간으로 연장한다.

세 번째는 세부적인 조건들을 정한다. 부동산 판매 간판을 집 앞에 세울 것인가, 광고나 홍보는 어떤 수단으로 할 것인가, 구입자에게 부동산을 어떻게 보여줄 것인가 등의 조건을 결정한다.

통상 부동산광고는 해당부동산 앞에 'For Sale'라고 간판을 붙이기도 하고, 인터넷이나 정보지 등을 이용하고 있다. 그리고 매수자에게 브로커가 집을 보여주는 것은 판매자와 약정한 시간에만 보여준다. 이때 부동산을 보여주는 요령은 그 부동산에 관심이 있는 자들을 동시에 보여주며 브로커가 설명을 한다. 만일 이때 부동산 주인이 집에 같이 있게 되는 경우라도 부동산 주인은 자기의 할 일을 할 뿐이며 브로커의 설명에 대해 일체 간섭하지 않는다.

마지막으로 보수를 결정한다. 보수는 그 액수와 보수를 지불하는 경우를 결정하는데 보수 금액은 통상 판매자가 매매대금의 4% 정도로 합의하나 협상을 통하여 2～6%까지 정하기도 한다. 보수 지불방법은 거래가 성사되면 당연히 지불하지만 만일 계약이 성사되지 않았다 할지라도 "살 준비가 되어 있고, 살 마음이 있으며, 살 능력을 가진 구입자를 소개한 것"만으로도 보수는 받을 수 있다고 체결한다.

지금까지 살펴본 사항은 기본적인 사항이며, 부동산의 상태나 판매자의 사정에 따라 필요한 조건을 추가할 수 있다.

2) 미국 중개제도의 특징

미국의 중개제도 특징을 살펴보면 다음과 같이 요약할 수 있다.

가) 거래의 안전을 위한 제도적 장치를 완비하고 있다

먼저 부동산거래에 있어 선진화가 이루어지려면 선진화의 필수 요소가 구비되어야 선진화가 되었다고 할 수 있다.

부동산거래의 선진화 필수 요소는 안전화, 편리성 투명화, 효율화에 있다. 미국은 이와 같은 부동산거래 선진화 필수요소에 대한 제도적 장치 구비와 국민적 인식이 되어 있다. 그 내용을 보면 다음과 같다.

안전화에 있어서는 법률적 안전화, 기술적 안전화, 경제적 안전화 면에서 거래 당사자에게 신뢰와 만족감을 주고 있다.

법률적 안전화에 대해서는 계약 전 법률적 안전을 위해서는 권리보험 제도를 운영하고 있으며, 거래과정상의 안전화를 위하여 에스크로우(이행보장보증)제도를 적용하고 있다.

기술적 안전화를 위해서는 부동산 자체와 관련된 안전화로서 매수자가 해당 부동산에 대한 전문가를 이용하여 하자를 점검할 수 있도록 함과 동시에 매도인에게 수리를 요구할 수 있고, 또 매도인이 매매 후 1년간의 하자를 위해 보험을 들어 주고 있으며, 매도인이 수리해 주지 않을 경우에는 본인이 수리하거나 계약을 파기할 수 있다.

경제적 안전화를 위해서는 거래 당사자 간에 거래가격이 결정되지만 매수자는 해당 부동산에 대한 가격감정을 할 수 있고 또는 융자를 통하여 해당 부동산의 감정가격을 알 수 있다. 따라서 이 감정의 결과에 의해 융자가 요구하는 금액만큼 나오지 않으면 계약을 파기할 수 있다.

편리성에 있어서는 모든 행위가 서면으로 이루어짐으로 의뢰인의 번복이 없어 신뢰를 가지고 업무를 추진할 수 있다.

투명화에 있어서는 미국은 거래과정에서 이루어진 사항을 서면으로 작성하므로 투명하고 거래 대금도 에스크로우제도 활용과 융자 등 거래대금의 조달이 투명하게 이루어지고 있다.

효율화로는 미국의 부동산거래 참여자는 우리보다 단순화되어 있다. 즉 물건 탐색과 가격조정 등 흥정에 관한 것은 중개업자가, 계약서에 관한 것과 기술적 하자에 관한 것은 변호사가, 등기 및 거래대금, 세금납부에 대한 것은 에스크로우 기관이 처리하고 있다.

나) 모든 행위를 서면으로 작성한다

미국에서는 중개과정에서 이루어지는 모든 행위가 서면으로 이루어진다.

먼저 중개가 시작되는 중개의뢰에서부터 서류로 작성하는데 일반 중개계약이든 전속중개계약이든 모두 서면으로 작성되며, 대부분 전속중개로 의뢰되고 있다.

다음에는 권리를 획득하려는 자가 중개업자가 추천하는 부동산을 확인한 후 부동산 구입조건을 제시하는데 이를 미국에서는 오퍼라 한다. 우리나라의 매입의향서라 할 수 있다.

이 매입의향서는 구입자가 작성하여 이를 중개업자를 통하여 판매자에게 제출하게 되며, 이 조건이 판매자의 조건과 일치하면 승낙한다고 통지하여 이것이 곧 예약계약서가 되고, 판매자의 조건에 맞지 않으면 판매자는 자신의 요구조건을 제시하게 되는데 이를 카운터오퍼라 한다. 이 카운터 오퍼도 서면으로 제출하게 되며 이 또한 구입자에게 같은 요령으로 전달되게 된다.

다음에는 오퍼나 카운터오퍼에 의하여 거래당사자가 합의가 되면 구입자는 변호사를 통하여 매매계약서를 작성하여 판매자에게 보내지게 되며, 이를 접수한 판매자는 그의 변호사에게 이를 보내어 검토하게 된다. 판매자의 변호사는 이를 검토하여 수정사항이 있으면 이를 수정하여 구입자에게 보내지게 된다. 이와 같은 절차를 통하여 계약서가 완성된다.

다음은 거래의 안전을 위하여 물건 자체의 하자를 보증하기 위해 구입자는 당해 물건의 상태에 대한 전문기관에 의한 검증을 의뢰할 수 있는데 이 전문기관에 의한 물건상태에 대한 보증서(인스펙션)를 받아 오퍼를 제출하게 된다. 이처럼 물건에 대한 상태에 대해서도 서면으로 작성하여 이를 근거로 물건 가격을 흥정하게 된다.

다음은 또 거래안전을 위하여 거래당사자는 에스크로우기관에 에스크로우 계약을 하여 부동산 관련 서류와 거래대금을 권리의 이전이 완료될 때까지 에스크로우기관에서 보관하게 된다. 이때 에스크로우에는 통상 권리보험이 포함된다.

이렇게 완성되면 등기를 하게 되고 등기가 완료되고, 부동산이 인수인계되면 거래가 완료되는데 지금까지 거래 전 과정이 모두 서면으로 이루어짐을 알 수 있다.

다) 예약계약을 체결하고 융자가 가능하면 본 계약을 진행하는 절차로 계약을 이행한다

미국에서 부동산중개는 먼저 물건을 탐색하여 선정하면 예약계약을 체결하고, 해당 물건에 가능한 융자 가능액을 저당은행으로부터 확인하면 계약의 진행 여부가 결정된다.

즉 융자가 가능하면 본 계약으로 전환되어 거래행위는 계속 진행되며, 만일 융자가 불가능하면 계약은 무효가 되어 지금까지의 법률행위는 중지하고 원상으로 복구하게 된다. 다시 말해서 판매자의

변호사는 에스크로우 된 계약금을 권리를 취득하는 거래당사자에게 반환하고 계약은 무효화한다.

나. 일 본

1) 부동산중개 절차

일본의 부동산중개 절차는 다음 <도표 3-9>와 같다.

<도표 3-9>에서 보는 일본의 부동산중개 절차는 일본의 무라다(村田稔雄) 교수가 제시한 것으로 물건확보 및 고객정보 확보로부터 중개업자가 계약체결할 때까지의 과정은 6개 단계로 구분하고 있다. 우리나라의 부동산중개 관련 법규를 대부분 일본의 법규로부터 모방한 것이기에 우리나라의 부동산중개 절차와 비슷함을 알 수 있다.

일본의 무라다 교수의 부동산중개 절차를 살펴보면 중개절차는 6단계로 구분하면서 물건을 중심으로 한 중개업자의 행동절차와 고객을 중심으로 행동절차를 구분하고 있음을 알 수 있다.

일본의 무라다 교수가 물건과 고객 중심의 중개업자 행동절차를 구분한 것은 중개활동 각 단계에서 중개업자는 물건과 고객을 동시에 고려하여야 함을 표시하고 있다.

<도표 3-9> 일본의 부동산 거래절차[58]

물건정보	→	고객과 물건확보	←	고객정보
물건 분석	→	준비	←	고객 분석
자료작성	→	어프로치	←	주목 ● 흥미
셀링 포인트	→	현지안내/제시	←	욕망
	설득 ↕		불만 ↕	
셀링 포인트 요약	→	클로징 시도	←	고객요구 요약
결정 촉진	→	클로징	←	행동

2) 일본 부동산중개 절차의 특징

가) 중개계약의 종류

일본의 부동산중개계약의 종류 전임매개계약, 일반매개계약이 있음은 우리와 비슷하다. 그러나 일본의 일반매개계약을 다른 중개업자를 명시하는 일반매개계약과 다른 중개업자를 명시하지 않는 일반매개계약으로 나누고 있음이 다르다.

이에 대한 구체적인 내용을 살펴보면 전임매개계약은 우리나라의 전속중개계약과 동일하나, 일반매개계약 중 다른 중개업자를 명시하지 않는 매개계약은 우리나라의 일반중개계약과 동일하게 중개의뢰인이 특정 중개업자에게만 물건을 의뢰하지 않고 자유로이

---

58) 이창석 저, 부동산학개론, 형설출판사, 2007. 2. 28, p.534.

여러 중개업자에게 물건을 의뢰하는 매개계약이다. 그러나 다른 중개업자를 명시하는 일반매개계약은 물건의뢰인이 복수의 중개업자에게 물건을 의뢰하는 것을 조건으로 중개업자에게 매개를 의뢰하는 조건의 매개계약이다. 따라서 이때 매개계약서에는 의뢰인이 의뢰할 중개업자를 모두 명시하여 매개계약을 체결한다. 이는 우리나라에서도 중개의뢰인이 특정 중개업소와 공동중개를 할 것을 조건으로 하는 중개계약과 동일하다.

나) 중개계약서 내용

우리나라 중개계약은 「공인중개사의 업무 및 부동산거래 신고에 관한 법률」 시행규칙 서식 14 및 서식 15에서 보는 바와 같이 ① 중개업자 의무사항, ② 의뢰인 의무 및 권리사항, ③ 계약 유효 기간, ④ 중개수수료, ⑤ 중개의뢰인에 대한 피해배상규정, ⑥ 계약서에 기재되지 않은 사항에 대한 처리, ⑦ 거래 당사자의 계약내용에 대한 이의확인 및 서명날인과 보관에 관한 사항 등이 기재된다.

또 서식 14 및 15양식 이면에 매도 및 임대의뢰의 경우는 ⑧ 소유자 및 등기명의인의 성명, 주소, 주민등록번호, ⑨ 중개대상물의 표시사항으로 건물의 소재지, 건축년도, 면적, 구조, 용도와 토지의 소재지, 지목, 면적, 지구·지역 등 현재 용도, 그리고 은행 융자·권리금·제세공과금 등과 임대의 경우는 월임대료·보증금·관리비 등 ⑩ 권리관계, ⑪ 규제 및 제한사항, ⑫ 중개의뢰 가액, ⑬ 기타 사항을 기재하도록 하고 있다.

매입의뢰의 경우는 ① 희망물건의 종류, ② 취득희망가액, ③ 희망 지역, ④ 기타 희망조건 등을 기재한다.

일본의 매개계약에는[59] ① 당해 토지의 소재지, 지번, 기타 당해 토지를 특정사항과 건물의 소재지, 종류, 구조, 기타 당해 건물을 특정하는 사항, ② 당해 토지 및 건물의 매매가격 또는 평가금액, ③ 다른 중개업자에게 매개 또는 대리를 의뢰 여부와 다른 중개업자를 명시 여부, ④ 유효 기간, ⑤ 보수에 관한 사항, ⑥ 건설성령에 관한 사항으로 전임매개계약의 경우 다른 중개업자에 의해 계약이 성약했을 때 의뢰자가 조치해야 할 사항, 다른 중개업자를 명시한 일반매개계약 시 계약서에 명시되지 않은 중개업자가 계약을 성약했을 때 의뢰자가 조치해야 할 사항, 당해 매개계약이 건설성에서 정한 표준매개계약 약관인지 여부, 거래 상대방과의 관계 등이 기재되어 부분적이나마 미국의 오퍼 및 카운터 오퍼의 형태를 취하고 있어 우리나라가 다소 선진화된 양식을 사용하고 있다.

다) 중개대상물 확인 설명

우리나라는 중개대상물 확인 설명을 중개업자가 하도록 되어 있으나 물건을 안내하는 중개업자나 중개보조원이 실시하는 데 반하여 일본은 취인주임자가 취인주임자증을 고객에게 보여주고 설명한다는 것이 차이이다.[60]

설명 도구에 있어서도 우리나라의 중개업 관련 법률은 설명할 사항을 열거해 주고 있으나 일본은 반드시 서면으로 작성하여 교부해서 설명하도록 하고 있다.

설명 내용에 있어서는 우리나라와 대체적으로 동일하나 우리나라에 포함되지 않은 사항은 사도에 관한 부담에 관한 사항과 대금 및 차임 이외의 금전 및 차입 금액의 수수의 목적 등이 포함되어 있음이 차이가 있다.

---

59) 이창석 저, 상게서, p.246.
60) 이창석 저, 상게서, p.247.

라) 계약 성립

계약서 작성은 우리나라와 비슷하다. 다만 일본은 계약서에 천재 기타 불가항력에 의한 손해의 부담에 관한 정함이 있을 때에는 그 내용 그 금액과 당해 금전의 수수 시기 및 목적을 기재하도록 되어 있다.

제4절 부동산거래 주체별 개선요소 도출

다음은 부동산거래에 있어 거래주체별로 부동산 거래절차에 따른 행동실태를 검토하여 문제점을 도출하고 그에 대한 대책을 강구하고자 한다. 거래주체별 검토 순서는 거래당사자, 중개업자, 정부 순으로 검토하였다.

먼저 부동산거래에 있어 거래 당사자에 대한 내용을 검토하면 다음과 같다.

1. 거래당사자 실태

거래당사자의 부동산거래 시 행동 사항은 매도인은 매도계획을 수립하고, 매수인은 매수계획을 수립하여야 하며, 직거래 시에는 광고를, 중개거래 시에는 중개업자에게 물건을 의뢰하고, 중개업자가 임장활동 시 필요한 내용을 설명 및 중개업자에게 주지를 시키며, 거래 상대자가 확정되면 계약서를 작성한다. 계약서가 작성되면 거래당사자는 신의설실의 원칙에 의거 계약을 성실하게 이행하

며, 매도인은 잔금 시에 잔금을 수령함과 동시에 소유권 이전 서류
와 부동산을 인도하고, 이어서 세금처리 등을 실시한다.

가. 매도·매수계획 수립

1) 실태 및 문제점

부동산거래에 있어 첫 단계인 매도인의 매도계획과 매수인의 매
수계획은 대단히 중요하다.

매도인이 매도계획을 수립하는 경우는 직장 등의 이동으로 이사
를 하는 경우와 대상 부동산을 매도하여 그 자금을 타 용도로 사용
하고자 하는 경우, 그리고 갑자기 가정이나 사업에 급한 변화가 와
서 급하게 매도를 하여야 하는 경우 등에 매도를 하게 된다.

이때 매도인이 해당 부동산의 매도계획을 수립할 때 고려되는
요소는 매도목적, 매도 시기, 매도방법, 당해 부동산의 요구가격(예
정가격), 기타 매도조건 등을 고려한다.

이렇게 수립한 매도계획은 반드시 중개업자에게 상담하면서 알
려주어야 중개업자가 매도인의 매도의향을 정확히 파악하여 그에
맞도록 매도해 줄 수 있다.

그런데 현실은 매도인이 중개업자에게 매도를 의뢰할 때 매도의
의향은 알려주지 않고 매도할 부동산 소재지, 매도요구가격, 매도
조건만을 알려주고 있다.

매도인이 매도계획수립 시에 문제점은 매도인이 매도가격을 정
할 때 주변 시세를 파악하여 정하고 있는데 주변에서 거래된 물건
의 상태는 고려하지 않고 자신의 부동산 매도가격을 결정한다.

부동산가격은 고정성이라는 특성이 있어 그 가격이 똑같을 수는 없

다. 즉 개별적인 특성에 따라 같은 지역 내에서도 가격이 모두 달라진다. 그래서 매도인은 자신의 부동산가격을 결정할 때 그 가격을 결정한 타당한 이유가 있어야 한다. 그런데 현실은 이렇지 못하고 그 지역 내에서 최상의 거래된 가격과 무조건 같은 가격으로 요구하고 있다.

특히 기존 건물의 경우 각 건물마다 당해 건물의 관리 정도에 따라 가격에 영향을 많이 미치게 되는데 최상의 관리 상태를 가진 물건이 거래되면 자신의 것 상태는 고려하지 않고 최상의 것과 같은 가격으로 매도가격을 결정한다.

또한 매수자도 마찬가지다. 매수자는 부동산가격이란 동일한 것이 없다는 것을 잘 알고 있으므로 일단 제시한 가격에서 무조건 싸게 구입하자는 심정으로 희망가격을 요구한다.

또한 매수의뢰인도 희망하는 부동산을 구입하려면 매수계획을 수립하여 매수하여야 한다.

매수인이 부동산을 매수하는 경우는 직장 등의 이동으로 부동산을 구입하거나, 여유자금이 발생하여 투자목적으로 구입하며, 사업상 또는 종중 등이 필요에 의하여 구입한다. 물론 훗날 자녀들을 위해 미리 구입해 두는 경우도 있으나 이는 투자목적으로 사는 경우와 동일하다.

이때 매수인의 매수계획수립에 고려하는 요소는 매매물건의 종류, 희망 지역, 희망가격, 자금조달계획, 기타 구입조건 등을 고려한다. 매수인의 경우는 종종 직장 등의 사정으로 중개업자에게 전속계약을 하는 경우가 있다. 따라서 매수인도 자신의 매수계획을 중개업자에게 상세히 요구하여야 중개업자가 매수인의 의향에 적합한 물건을 탐색할 수 있고, 이렇게 해 줌으로써 시간적 낭비도 절약할 수 있다. 그런데 현실은 매수인도 가용금액 등을 정확히 알려 주지 않음으로써 매수인이 요구하는 물건을 찾는 데 중개업자가 많은 시간을 낭비하는 경우가 많으며 자금조달이 구입할 때 판단했던 것에 일치하지 않아 계약이 파기되고 있다.

2) 개선방향

부동산거래 시 매도인이나 매수인이 가격을 요구하고 제시하는 것은 자유롭게 할 수 있도록 하되 매도인이나 매수인은 당해 부동산에 감정을 하도록 하여야 한다.

매도인은 부동산 매매의뢰 시에 당해 부동산에 대해 감정평가서를 첨부하도록 하는 방안도 고려해 볼 수 있으며, 매수인도 당해 부동산을 매수하기로 결정하면 당해 부동산에 대해 감정평가를 해보도록 하는 방안도 있다. 특히 매수인의 경우는 융자를 받는 경우 대부분 시세정보제공기관의 시세표를 기준으로 융자금액을 설정하기 때문에 시세정보제공기관의 시세표가 감정가격 대행을 하고 있다. 그런데 부동산시세정보기관의 시세표도 아파트의 경우 부녀회에서 내적으로 담합하여 물건가격을 정하고 있기 때문에 정확하다고 볼 수 없다. 따라서 시세제공정보기관은 공신력 있는 기관의 시세정보를 사용하도록 할 필요가 있다.

제일 무난한 방안은 매도인이나 매수인의 당해부동산에 대한 감정평가하는 방안이다.

특히 매수인은 부동산을 구입하기 이전에 자금조달계획을 정확히 판단하여 수립하고 중개업자와 긴밀히 상의함이 바람직하다. 왜냐하면 중개업자는 매수의뢰인과 상담할 경우 당해 부동산의 거래 예상가격을 판단하고 있으며, 각 금융기관의 대출범위와 이자율을 파악하고 있어 매수인의 사정에 적합한 대출기관과 금액 및 이자율을 조언받을 수 있기 때문이다.

나. 중개의뢰

1) 실 태

우리나라 부동산거래에 있어 중개의뢰인의 유형은 매매의 경우 매도의뢰인과 매수의뢰인이 있고, 임대차의 경우에는 임대의뢰인과 임차의뢰인이 있다. 그 외에 매매의 경우나 임대의 경우에 대리인이 의뢰하는 경우가 있는데 매매의 경우는 통상 대리인으로 배우자나, 부모인 경우가 많고 간혹 친구나 형제가 대리인이 되어 물건을 접수하는 경우가 있다. 임대차의 경우도 매매의 경우와 비슷하나 특징은 임차인이 임대인의 대리인으로 임대차를 의뢰하는 경우가 많다.

의뢰하는 형태를 보면 대부분 구두 의뢰(전화로 의뢰하는 경우 포함)가 거의 대부분이고, 필자가 8년의 중개업을 영위하면서 일반중개계약서와 전속중개계약서를 의뢰인들에게 요구한 결과 전속중개계약서를 작성한 경우는 3명, 일반중개계약서를 작성한 경우는 17명에 불과했다. 이처럼 우리나라는 중개의뢰를 서면으로 작성하기를 불편하게 생각하고 있다. 그 이유를 의뢰인에게 문의해 본 결과 여러 가지 이유가 있으나 가장 중요한 이유는 문서로 작성하면 구속을 받는다는 생각을 하고 있었다.

의뢰하는 방법은 중개업소에 직접 방문하여 의뢰하는 경우와 전화로 의뢰하고 있으며, 그 의뢰 비중은 거의 2분의 1씩이고, 대리인에 의해서 의뢰의 경우는 대부분 방문하여 의뢰하고 있다.

2) 문제점

중개의뢰인에 대한 부동산거래의 문제점은 의뢰에 있어 방문하지 않고 전화상으로 의뢰하고 있으므로 중개의뢰인의 의향과 중개대상물에 대한 자세한 실태를 제대로 파악하기 어렵고, 종종은 중개대상물의 문제점을 숨기고 말을 하지 않는 경우가 있다. 중개의뢰인이 물건을 중개업자에게 의뢰하는 것은 곧 일종의 중개계약이다. 이를 우리나라는 별 책임감 없이 전화로 또는 구두로 시행하고 있어 부동산거래 사고의 근원이 되고 있다.

그래서 일반국민에게 중개계약에 대하여 설문을 하였다.

〈표 3-10〉 부동산거래 경험(일반국민)

구분	계	있다	없다	무응답
응답자 수(명)	103	92	5	6
응답률(%)	100	89	5	6

먼저 부동산거래 경험유무를 확인하기 위하여 부동산거래경험에 대하여 설문한 결과 <표 3-10>에서 보는 바와 같이 응답자 중 89%가 부동산을 거래한 경험이 있었다.

〈표 3-11〉 중개계약 인지도(일반국민)

구분	계	알고 있다	몰랐다	무응답
응답자 수(명)	103	55	43	5
응답률(%)	100	53	42	5

다음으로 의뢰인이 물건을 중개업자에게 의뢰하는 것이 중개계약이란 것을 알고 있는지에 대해 설문한 결과 <표 3-11>에서 보는

바와 같이 응답자 중 53%는 알고 있으며, 43%는 모르고 있었다.

<표 3-12> 중개계약 작성 경험(일반국민)

구분	계	경험 있다	경험 없다	무응답
응답자 수(명)	103	14	85	4
응답률(%)	100	14	83	4

그래서 중개계약을 작성한 경험에 대한 설문을 한 결과 <표 3-12>에서 보는 바와 같이 중개계약을 작성한 경험이 있는 자는 14%에 불과하고 83%인 대부분이 중개계약을 작성한 경험이 없었다. 이 중 중개의뢰가 중개계약임을 알고 있는 55명 중 14명만 중개계약을 작성한 경험이 있다고 함을 유추해 보면 중개의뢰가 중개계약임을 알고 있는 자 중에서도 불과 25%가 중개계약을 작성한 경험이 있는 것으로 나타나고 있다.

물건의뢰가 중개계약임을 알고 있는 자가 응답자의 반 이상인데 경험 없는 자가 85%나 되기 때문에 비록 중개계약을 작성하지는 않았지만 물건의뢰가 중개계약임을 알고 있는 이유를 찾아보았다.

그 이유는 크게 두 가지로 보았다. 하나는 공인중개사 자격증을 취득하기 위하여 많은 인원이 공부를 한 데 그 원인이 있다고 본다. 왜냐하면 공인중개사 합격률을 보면 평균 응시자의 17~18%가 합격을 하고 있다. 따라서 11,000명이 공인중개사 자격증에 합격을 하였다면 67,000명이 응시를 하였으므로 56,000명이 비록 떨어졌지만 중개업에 대해서 상당한 지식은 갖고 있다고 보아야 한다.

다른 하나는 <표 3-13>에서 보는 바와 같이 응답자 중 25%가 중개업자로부터 물건의뢰가 중개계약이므로 중개계약 체결을 요구받았을 것으로 판단되어 여기에 기인한 것이라 판단된다. 좀 아쉬운 것은 중개업자들이 중개계약의 서면화를 보다 적극적으로 요구하는 활동이 부족했다는 점이다.

<표 3-13> 중개업자로부터 중개계약 설명을 들었는지 여부(일반국민)

구분	계	들었다	못 들었다	무응답
응답자 수(명)	103	26	70	7
응답률(%)	100	25	68	7

중요한 것은 중개계약을 서면으로 작성하지 않고 대부분 구두로 작성함으로써 여러 가지 문제점이 발생하고 있다는 것이다. 먼저 중개계약을 구두로 작성함으로써 거래의뢰인이나 중개업자 공히 중개의뢰에 대한 책임관계가 애매하다. 즉 의뢰받은 중개업자는 구두로 중개를 의뢰받으면 하루에도 수많은 물건을 접수하게 되고, 구두로 접수받은 물건은 제때 정리하지 않으면 분실하는 경우가 발생하며, 의뢰인의 진의를 제대로 파악할 수 없으므로 시기적인 감각이 약해져 의뢰인의 요구시간 내에 처리를 안 해 주게 된다. 한편 중개의뢰인도 구두로 의뢰했으므로 여기저기에 내놓을 수 있어 시간적 낭비도 하지만 누군가는 처리하겠지 하는 안일함이 중개업자에게도 똑같이 작용하여 해이한 처리를 하게 된다. 그러나 이러한 결과에 대해 책임을 묻고자 하여도 의뢰한 근거가 없으므로 책임을 물을 수 없게 된다.

또 문제점은 거래의뢰인과 중개업자의 구두 의뢰로 인한 피해가 발생하게 될 경우 정부차원에서는 중개업소에는 보험이나 공제에 가입되어 있으므로 소비자 보호차원에서 중개업자가 모두 배상을 하도록 하고 있어 중개업자에게 피해를 강요하고 있는 것이 문제점이다.

이에 따른 부동산중개업소의 문제점은 중개업소가 공제에 가입하는 것은 중개업자가 고의 또는 중대 과실이 아니면 중개업자에게 구상권을 청구하지 않는 조건으로 가입했는데, 실제는 협회가 손해배상을 지급한 경우는 자동차보험과 달리 손해배상액의 100%를 중개업자에게 구상권을 행사하고 있음을 정부에서는 특히 법원에서는 잘 모르고 있어 중개업자에게 피해를 주고 있다.

3) 개선방향

〈표 3-14〉 중개계약 서면 작성 의향(일반국민)

구분	계	작성 안 하겠다	작성하겠다	무응답
응답자 수(명)	103	31	62	10
응답률(%)	100	30	60	10

중개의뢰인의 중개계약은 서면으로 작성하도록 하여야 한다. 지금까지 관행이 구두중개계약으로 해 오던 것을 갑자기 서면으로 하는 것에 대한 의식전환이 쉽지는 않겠지만, <표 3-14>에서 보는 바와 같이 응답자의 60%가 서면으로 작성하겠다는 성향을 나타내고 있으며, 또 중개업소에서 중개계약을 서면으로 작성할 것을 요구하면 중개계약을 서면으로 작성하겠느냐는 설문에 대해 <표 3-15>에서 보는 바와 같이 응답자의 48%는 작성하겠다는 의견이었고 31%는 작성하는 것을 생각해 보겠다는 의견이므로 약 79%가 작성 가능할 것으로 판단된다.

〈표 3-15〉 중개업자가 중개계약 서면작성 요구 시 작성의향(일반국민)

구분	계	작성하겠다	검토해 보겠다	작성 안 하겠다	무응답
응답자 수(명)	103	49	32	12	10
응답률(%)	100	48	31	12	10

또 선진국으로 가려면 국민의식도 이에 걸맞도록 가야 하므로 우선 국민들에게도 책임감을 갖도록 하고 사회에 대한 본인이 해야 할 사항에 대해서는 책임을 지도록 부동산중개계약을 포함한 부동산 관련 계약은 서면으로 작성하는 풍토가 이루어져야 한다. 이를 위하여 중개업자는 중개계약을 3년간 보관하도록 부동산중개 관련법을 개정하여 간접적으로 중개계약을 서면으로 작성하도록 유도하여야 한다.

다음, 법은 만인에게 공평하게 적용하여야 한다. 소비자는 기관에 비하여 약자라는 명목으로 무조건 기관에만 불리하도록 법집행을 한다면 이는 법정신에 위배되며, 이것이 집단화되어 위헌소지를 제기한다면 우리나라 법집행기관은 신뢰를 잃게 된다.

소비자가 약자이기 때문에 보호되어야 한다면 정부의 정책차원으로 소비자를 보호하여야 하지 법의 집행을 불공평하게 한다는 것은 국민들로 하여금 준법정신을 강요할 수 없게 된다.

따라서 부동산 중개사고로 분쟁이 발생할 경우 법원은 공과를 분명하게 가려 평형을 이루는 판결을 해 줌으로써 법의 존엄함을 국민들에게 일깨워 주고 국민들 어느 누구에게도 피해가 가지 않도록 판결해 주어야 한다.

다음으로 중개대상물에 대하여 매도인이나 중개업자 공히 건축분야에 대해 전공을 한 사람이 많지 않으므로 중개대상물에 대해 매수인이 전문가에 의한 사전 점검체제를 부동산 관련법을 개정하여 규정화하여야 하며, 신축 건물만 적용되고 있는 하자보수에 관한 규정을 기존건물에 대해서도 매도인이 매매 후, 즉 잔금 지불 후 일정 기간 이내 발생한 하자에 대해서는 하자보수를 받을 수 있도록 보험에 가입하는 제도의 도입이 필요하다.

다. 임장활동

1) 실 태

부동산거래에서 임장활동은 물건의 상태를 정확하게 파악하고, 권리분석에 있어 등기부등본에 기록된 권리 외에 실제 점유와 관련된 권리의 존재 여부를 확인하여 당해 부동산을 취득하려는 자가 취득함에 있어 취득하고자 하는 목적대로 사용할 수 있는지 여부를 파악하는 데 있다.

따라서 중개업자가 임장활동할 때 매도인은 중개업자에게 임장활동 목적이 충족될 수 있도록 설명해 주거나 질문에 답해 주어야 하고, 중개업자 임장활동 목적이 달성될 수 있도록 임장활동을 하여야 한다.

임장활동 목적을 달성하기 위해서는 임장활동할 때 반드시 현장에는 매도자나 매도자의 대리인이 참석하는 것이 좋다. 그런데 현 실태는 이렇지 못하다.

직거래의 경우는 매도자가 당해 물건을 보여주어야 하기 때문에 출입문 시건장치를 해제해 주기 위해 대부분 참석한다. 그러나 중개거래의 경우에는 임장활동을 단순하게 당해 물건을 보고 가는 것으로 생각하여 매도인이 참석하지 않는 경우가 대부분이고 또는 매도인이 바쁘다는 핑계로 "중개업자가 전문가이니 알아서 잘 보고 가"라는 식이다.

2) 문제점

임장활동에 대한 문제점은 앞서 현 실태에서 살펴본 바와 같이 임장활동의 근본적 취지를 매도인이나 중개업자가 잘 모르고 있다.

그리고 물건의 상태에 대해서도 가려지거나 숨겨져 있는 하자는 매도인이 없으면 중개업자나 매수자는 볼 수도 확인할 수도 없으므로 발견하지 못한 부분의 물건 하자에 대한 책임까지 매수자나 중개업자가 안아야 함은 부당하다. 물론 매수자의 경우에는 소송이란 절차를 거쳐 구제가 되지만 이때 매수자는 중개업자를 상대로 먼저 손해배상을 처리하게 되며 중개업자는 다시 매도인에게 손해배상을 받아야 한다. 이로 인한 중개업자의 피해는 단지 물건의 하자에 해당하는 피해로 그치지 않게 된다.

물론 차후라도 매도인이나 매도인 대리인에게 확인할 수는 있으나 중개업자의 경우에는 하루 접수된 물건을 당일 현장 확인을 할 수 없어 며칠씩 걸리기도 하는데 다른 곳에 전념하다 보면 임장활동 당시에 확인되지 않으면 잊는 경우가 많다.

또 점유의 권리관계에서도 점유자가 임장활동 당시 현장에 있으면 알 수 있으나 계속 존재하지 않으면 파악할 수 없고 또는 점유하지 않으면서 행사할 수 있는 임차권이나, 점유함을 발견하지 못한 유치권 문제 등은 매도인에게 확인하지 않는 한 파악할 수 없어 정확한 권리분석을 하지 못하는 경우가 존재한다.

뿐만 아니라 전화상으로 접수한 물건의 경우는 매도인이나 매도의뢰인을 임장활동 때라도 확인하여야 하는데 매도인이 임장활동 시에 나타나지 않으므로 매도당사자도 확인하지 않은 물건을 알선하게 되어 거래사고가 발생하고 있다.

3) 개선방향

이에 대한 대책으로는 먼저 매도인에 대한 책임을 정확하게 주지시킬 필요가 있다.

먼저 임장활동의 목적을 매도인에게 교육하는 방법이다.

매도인에게 교육하는 방법으로는 청장년층 이상의 국민을 대상으로 교육하는 방법으로 교육이 이루어져야 한다. 즉 직장에서 교양교육시간에 부동산에 대한 교육프로그램을 개설하여 교육하거나 예비군 교육 및 민방위 교육 시에 상식교육시간을 만들어 부동산 프로그램을 개설하여 국민교육을 하는 방안 또는 부동산 관련 방송에서 주기적으로 부동산거래 방법 및 관련 법규를 방송하는 방법이 있을 것이다.

그리고 중개업자가 매도의뢰를 받을 시에 유인물을 만들어 매도의뢰인에게 설명하거나 또는 참고할 수 있도록 배포하여 주지시키는 방법도 있을 수 있다.

다음으로는 안목으로 확인할 수 없는 물건의 상태와 등기부등본상에 나타나지 않은 권리관계에 대해서는 매도인이 미리 설명하지 않거나 알리지 않을 경우 그 책임이 매도인에게 있음을 주지할 수 있는 대책이 강구되어야 한다. 즉 부동산거래와 관련하여 모든 행위는 서면으로 거래하도록 하여야 한다.

또한 담보책임에 관한 문제는 명확하게 법원에서 민법에 기준하여 매도인의 책임임을 판결해 주는 방법도 있으며, 공인중개사 자격증이 국민의 선호도가 가장 높은 자격증임을 감안하여 중개업관련법규에 담보책임을 구체화하여 자격증 시험 시에 이 부분을 필히 비중을 두거나 높여 출제함으로써 전 국민에게 교육이 될 수 있도록 하는 방법도 있다.

다음으로 임장활동 범위를 구분하는 방법이다. 즉 권리관계와 물건의 상태 중 외관의 상태에 대한 것은 중개업자가 확인하고, 내부 및 기술적인 사항은 물건자체 하자에서 취급하여 매도인이 책임

짓는 방안으로 하며 이를 위해 하자담보보증보험에 매도인이 가입하는 방안과 매수자의 기술적 점검제도를 도입하는 방안이 있다.

라. 계약서 작성

1) 실 태

계약서란 거래 당사자의 고가의 재산이 서로 교환하는 중요 문서이고, 이 계약서를 근거로 계약이 종료될 때까지 그 이행을 하는 절차가 기록된 중요 문서이다. 만일 이 계약서 내용대로 이행하지 않으면 계약 위반이 되어 손해배상이라는 금전적 손해를 책임지어야 하는 중요 문서이다.

또 이 계약서는 매도인과 매수인이 당해 물건을 거래함에 있어 합의한 사항을 서면으로 기록해 두기 위함이다. 따라서 계약서에는 법규로 강제되어 있는 사항을 제외하고는 법규상 임의사항과 법규에 없는 사항을 하나하나 합의하여 작성하여야 한다. 그리고 계약서 작성자는 이 계약서 내용을 거래 당사자는 그 장소에서 정확하게 주지하여야 한다.

그런데 현 실태는 계약서 작성하려고 중개업소에 와서 다시 가격을 흥정하다가 계약이 파기되는 경우가 있는가 하면, 계약서를 특약사항만 매도인과 매수인에게 확인하여 컴퓨터로 작성하여 배부하고 있다.

그리고 과시용과 바쁘다는 이유로 계약서에 도장 찍는 것만 중요하게 생각하여 중개업자보고 계약서를 미리 작성하도록 하고 본인이 도착하면 도장만 찍도록 요구하는 경우가 있는가 하면, 계약서를 설명해 주려고 하면 "다 아는 내용인데 설명할 필요 없다"며

빨리 도장이나 찍기를 요구하기도 한다.

2) 문제점

계약서 작성 전에 매도인과 매수인이 합의에 이르기까지 거래된 내용을 서면화하지 않음으로써 매도인의 요구사항을 다 인정하고도 계약서 작성할 장소에 와서 다시 합의한 내용을 수정하려고 하여 계약이 파기되는 경우가 있다.

또한 바쁘다는 핑계로 계약서를 미리 작성하였다가 당사자가 나타나면 도장만 찍도록 강요하는 경우는 거래 당사자가 그 물건 자체에 관심이 없거나 하자가 많은 것을 상대방이 질문할 시간을 주지 않기 위한 경우가 많다. 따라서 이러한 경우는 계약이 종료할 때까지 중간에 문제가 발생하여 계약이 파기되거나, 설령 이행이 완료되었다 하더라도 그 이행과정이 번다하고 난해하게 이행되는 경우가 많으며, 이행 후에도 필히 문제가 제기되어 중개업자가 많은 시간을 소비하여야 하고, 본업에 충실하지 못하는 경우가 많다.

또 계약서를 이미 양식화된 문서를 이용하므로 그 내용에 임의 규정이 있을 수 있고, 또 당해 물건의 거래당사자에게 적합하지 않는 내용이 포함될 수 있다.

따라서 계약서 작성자는 이 계약서 각조를 하나하나 확인하면서 작성하여야 하고 거래 당사자도 이 내용을 정확하게 합의 및 주지하고 작성하여야 하는데 '다 일반적이 관례나 법규에 있는 것 아니냐'는 생각으로 그 내용을 확인하지 않았다가 추후에 이를 정정해 줄 것을 요청하거나 아니면 자신은 그런 내용을 알지 못한다는 억지를 부리는 경우가 발생하기도 하고, 중개업자로 하여금 상대방에게 추가적이 조건을 강요해 주기를 요청하거나 중개수수료를 인하해 줄 것을 요구하여 부당한 이득을 취하려고 한다.

3) 개선방향

거래당사자는 계약서 작성 전에 거래조건들을 문서로 작성하여 중개업자에게 전달하는 풍토가 조성되어야 한다. 현재도 일부에서는 이런 과정을 통하여 최종 합의내용을 서면으로 작성하고 있으나 이어한 풍토가 전 국민에게 확대하여 확인된 서면을 상대방에게 서면으로 작성하여 전달하며 서명을 받은 뒤 이를 기초로 계약서를 작성하는 제도적 보완이 필요하다.

계약서 작성자는 반드시 중간자 입장에서 계약서를 작성하여 공정한 계약서가 될 수 있도록 하여야 하며, 계약서는 반드시 거래 당사자 간에 합의된 내용만을 기록한다는 자세를 견지함이 가장 중요하다.

그래서 계약서 작성 시 계약서에 기록하는 내용을 거래당사자에게 하나하나 확인하여 합의를 유도하여 작성하고, 거래당사자 간에 합의가 안 된 것은 중간으로 절충을 하여 합의를 시키던지 아니면 합의가 안 된 사항은 계약서에 기록하지 않겠다는 내용을 주지시켜 계약서에서 제외시켜 작성하여야 한다.

그리고 계약서 작성 시에는 반드시 거래당사자, 즉 매도인은 등기부등본상의 매도인이, 매수인은 거래당사자가 될 매수인이 참석하도록 하여야 하며, 만일 불가분의 사정으로 참석하지 못할 경우에는 현행법에 기준으로 위임장과 인감증명서를 첨부한 서면을 지참토록 하여 계약서 작성을 하여야 한다.

계약 대리인의 위임장 문제는 특히 부부의 경우는 최근 이혼율이 높아지면서 거래사고의 중요한 한 요인으로 등장하고 있어 매우 조심할 필요가 있다.

마. 계약 이행

1) 실태

계약 이행은 계약서 작성 못지않게 중요하다. 계약 이행단계는 거래당사자가 계약한 내용을 신의성실한 자세로 이행하는 단계이다. 따라서 계약 이행단계에서 매도인은 매수인과 공동으로 부동산 거래신고를 하여야 하고, 소유권 이전을 위해 필요한 서류를 준비하며, 부동산 인도를 위한 준비를 한다. 이때 부동산 인도는 물건 자체는 당해 부동산의 본래 목적대로 사용할 수 있도록 점검 후 하자부분이 있으면 이를 처리해 주어야 하며, 당해 부동산과 관련된 권리에 대해서도 그 처리방안을 강구하여 매수인이 부동산을 인도받는 데 지장이 없도록 준비하여야 한다.

또한 매수인은 거래대금을 계약내용대로 지불할 수 있도록 자금계획을 수립하여 지불하고, 만일 융자가 필요하면 금융기관에 상담하여 융자금으로 거래대금지불이 가능하도록 처리하여야 한다. 그리고 매도인과 공동으로 부동산 거래신고를 하여야 한다.

또한 매수인 및 매도인은 공히 이사를 위한 준비를 함과 동시에 새로운 건물로 이사하여 소기의 목적대로 사용할 수 있도록 내부시설이나 수리계획을 수립하여 실시한다.

2) 문제점

〈표 3 - 16〉 중도해약 이유(공인중개사)

구 분	계	대금 미 준비	타 물건 소개	나쁜 환경	추가 권리	무응답
응답자 수(명)	55	37	3	8	5	2
응답률(%)	100	67	5	15	9	4

계약 이행과정에서 발생하는 문제점은 첫째 계약을 중간에 해제하는 상황이 발생하고 있다. 계약을 해제하는 원인은 <표 3 - 16>에서 보는 바와 같이 공인중개사 응답자 116명 중 55명이 해약을 경험했는데 해약자 중 67%가 거래대금을 미처 준비하지 못해서 해약하였으며, 그 외에 주차장시설 등 주변 환경이 나빠서. 그리고 계약 후 추가권리가 설정되어서, 다른 물건을 소개해서, 순으로 나타났다.

같은 내용을 일반국민에게 설문한 결과 <표 3 - 17>에서 보는 바와 같이 일반국민은 103명 중 20명이 계약해제 경험이 있었으며, 이 중 55%가 거래대금을 미처 준비하지 못해서 해약을 경험했고, 다음으로 하자있는 물건, 다른 물건 소개를 원인으로 계약을 해제하였다.

〈표 3 - 17〉 중도해약 이유(일반국민)

구 분	계	대금 미 준비	타 물건 소개	하자 물건 소개
응답자 수(명)	20	11	3	7
응답률(%)	100	55	15	35

다음으로는 세입자가 있는 경우 세입자가 이사 갈 곳을 정하지 못하여 해제하는 경우가 있다. 통상 세입자가 거주하고 있는 부동산을 매매계약 시에는 세입자의 이사 갈 시간을 확인하여 잔금 일을 설정하나 이때 세입자와 구두로 약속하기 때문에 세입자가 번복하면 해약 또는 손해배상을 지불하여야 하는 현상이 발생한다.

다음은 거래대금 계획 수립 시에 매수자는 금융기관과 상담하여 대출금 가능성을 가지고 준비하였다가 상담자의 잘못 판단으로 예상했던 대출금이 대출되지 않은 경우 또는 갑자기 중간에 정책이 변하여 대출금 융자가 다 조달되지 않는 경우가 있다. 이런 경우 급하게 매수자가 부모·형제들로부터 조달하거나 이렇게도 자금이 조달되지 않으면 알고 있는 친지들이나 대부업자로부터 융통하여 지불하기도 하지만 이조차 마련되지 않으면 계약금을 포기하고 계약을 해제하게 된다.

3) 개선방향

거래대금이 준비되지 않아 계약이 해제되는 경우를 방지하기 위해서는 매수자는 매수계획 수립 시 자금조달계획을 세밀하게 수립하여 차질 없는 자금조달이 되어야 하여야 한다. 또 중개업자는 계약 전에 매수자와 자금조달계획을 같이 검토하여 적절한 금융기관을 선정하여 자금조달에 차질이 없도록 조언하여야 한다.

또 세입자가 약속을 번복하는 것을 방지하기 위해서는 세입자로부터 이사 일정에 대한 약속을 서면으로 작성하여 세입자가 책임감 있게 행동할 수 있도록 하여야 한다.

그리고 계약 후 추가적인 권리가 설정되지 못하도록 하기 위하여 제도적으로 당해 부동산은 거래 중인 부동산이라는 예고등기제도를 검토하여 거래당사자 및 추가적인 권리를 설정한 자에 대하여 피해를 예방하는 제도를 검토할 필요가 있다. 또한 매수자는 계약서에 매도인이 추가적인 권리를 설정하지 않겠다는 특약을 체결하고 처분금지 가처분 등기 등을 매도인과 합의하여 설정하는 방법 등을 강구할 필요가 있다.

또한 거래대상 부동산의 주위 및 여건의 나쁜 환경으로 계약 후 계약이 해제되는 경우는 매수인에게 계약을 회수하지 못하는 손해가 발생할 수 있으므로 계약 전에 충분히 거래대상 부동산에 관하여 조사를 한 후 거래계약을 체결하여야 하며 중개업자에게 중개수수료를 충분히 지불하더라도 이를 자세히 조사해 주는 조건의 컨설팅계약을 체결하는 것도 한 방법이다.

그 외 타 물건의 소개는 중개업자에게 귀책사유가 있으므로 이는 중개사고로 처리되어야 한다.

바. 부동산 인계인수

1) 현 실태

잔금지급과 소유권 이전 서류 및 부동산 인도는 동시이행관계이다. 그래서 이를 위해 통상 이사 나가는 것을 확인한 뒤 부동산 인계인수를 위해 부동산 상태를 점검하고, 이어서 중개업소 사무소에서 소유권 이전 서류에 이상이 없는지 확인하고 그 뒤 잔금을 정산하고 있다.

2) 문제점

부동산 인계인수 과정에서 발생하는 문제점은 당해 부동산에 기본 목적대로 사용할 수 없는 하자로 인하여 거래당사자 간의 다툼이나 거래사고가 발생하고 있다. 부동산 인계인수 시에 발생하는 하자로 인한 거래당사자 간의 다툼이나 거래사고의 발생 근본원인은 매도인의 부동산관리 소홀과 하자에 대한 법적 규제가 없음에 있다.

그래서 매수인은 계약 시에 발견하지 못한 하자를 이때 발견하게 되거나 매도인이 숨겼던 하자를 이때 발견하고 매도인에게 수리 또는 감액을 요청하고 있다. 매도인은 계약 이후에 발생한 하자 및 숨겼던 하자에 대해서는 책임을 져야 한다. 그런데 매도인은 이때 "계약은 계약일 현 상태를 기준으로 계약한다"는 통상의 관례를 이유로 당해 하자는 계약 이전에 발생한 것으로 주장하며 책임을 회피하려고 한다.

다음은 매수인이 잔금을 미처 준비하지 못하여 예약한 일자에 잔금을 지불하지 못하여 잔금지급일이 연기되거나 계약이 해약되는 사고가 발생하고 있다.

그 외에 통상의 경우 매도인이 준비할 서류 중 등기권리증을 분실하여 소유권 이전 서류로 제출하지 못하여 확인서면으로 대체하는 경우가 발생하며, 매도용 인감증명을 발급받을 때 매수자의 인적 사항을 잘못 기재하여 재발급받아야 하는 경우나 일반인감을 받아 오는 사고가 발생하기도 한다. 그 외에 인감도장을 가지고 오지 않은 경우, 신분증을 가지고 오지 않는 경우 등의 사건이 발생하여 잔금처리시간을 많이 소모하는 문제점들을 나타내고 있다.

특히 대리인이 참석하는 경우 부모형제이거나 배우자라는 이유로 위임장이나 위임용 인감증명서를 소지하지 않아 거래사고를 발생시키고 있다. 특히 배우자와 이혼하는 경우나 내연의 관계인 경우 표현대리로 인한 거래사고가 발생하는 경우가 종종 있다.

3) 개선방향

부동산의 인계인수를 위하여 당해 부동산에 대하여 계약 이후에 매수자의 물건 사전 점검제도가 발전되거나, 정부에서 제도적으로 물건 종류별 기술적 점검표를 작성 매도인으로 하여금 의무적으로 제출하도록 하는 방안의 발전이 필요하다. 또는 매도인의 하자보증보험 제도를 두어 매수자가 안전하게 부동산을 인수할 수 있는 제도적 장치가 필요하다.

매수인의 잔금 미처리 문제점에 대한 개선방향은 앞서 계약 이행단계에서 처리절차에 준하여 처리할 수 있도록 함이 바람직하다.

매도인의 소유권 이전 서류 준비는 다소 시간의 낭비를 가져오기는 하지만 현행 크게 문제되지는 않으나 종종 매도인이 부동산소재지에 거주하지 않는 경우 보정할 서류를 제때 보정하지 못하여 거래사고로 이어지는 경우가 있어 계약서에 준비서류를 양식화하여 주지시키는 방법을 검토하거나 중개업자가 별도로 작성하여 제공하는 방법 등을 강구할 필요가 있다.

끝으로 대리인의 경우는 위임인의 인감증명이 첨부된 위임장이 없을 경우는 현행 공탁제도를 이용하거나 또는 거래대금예치(에스크로우)제도를 활용하는 제도를 법제화할 필요가 있다.

2. 중개업자 활동 실태

가. 물건 접수(중개의뢰 접수)

1) 실 태

중개업자는 매도의뢰인이나 매수의뢰인이 방문 또는 전화로 물건을 의뢰하면 물건접수대장이라는 노트나 중개업자가 개발한 별도의 접수대장에 접수하고 있다.

이때 접수하고 있는 내용은 물건의 소재지, 요구가격, 전화번호가 기초적으로 접수하며, 그 외의 사항은 부동산종류에 따라 각각 차이가 있다.

즉 주거시설의 경우에는 임차인이 있는 경우 임차인의 전화번호,

임대차 종료일, 임차인이 여러 명이 있는 경우는 임대차 현황(보증금 및 월세, 임대차 기간 등)을, 난방시설, 융자금액, 건물의 건축년도, 토지 및 건물의 면적, 집 방문의 제한사항(방문시간 등), 매매사유 그리고 공동주택의 경우 관리비 등을 파악한다.

상가의 경우는 임차인의 전화번호 및 임대차 종료일, 관리비관계, 권리금의 존재 여부, 임차인이 여러 명인 경우는 임대차 현황(보증금 및 월세, 임대차 기간, 영업업종, 전화번호, 임차인의 개별적 특별히 참고해야 할 사항 등)을, 냉난방관계, 주차장 및 주차대수, 상하수도관계, 정화조관계, 임대인의 입주 희망 영업업종, 매매사유 등을 파악한다.

공장의 경우는 중요 장비 목록 및 수량, 인·허가 관계, 환경시설 관계, 진출입로 관계, 주민들의 여론, 전기 및 공업용수관계, 원료 보급처, 판매시설관계, 직공 인력수급관계, 자격증 소지자 확보관계, 출퇴근관계, 각종 점검관계(소방, 안전 등), 보안장치 설치관계 등을 파악한다.

농지 및 임야의 경우는 지적도와 토지 또는 임야대장, 도로관계, 당해 부동산의 이용관계 및 임차인 존재관계, 인접 번지의 소유 및 이용관계, 지상물의 존재 여부 및 내용과 종류, 매매사유, 매매 요구 시기, 매수자의 경우는 재촌을 해야 하므로 거주지 이전 가능 여부 등을 파악한다.

2) 문제점

물건접수 시에 파악할 내용이 부동산 종류별로 상이하므로 매도의뢰인과 면접으로 상담을 하면서 자세한 내용을 파악하여야 하고, 이는 곧 부동산 매매조건과 매수자에게 구매촉진을 하는 주요 정

보인데도 전화상으로 또는 구두로 그것도 중개업자는 매도의뢰인
이 서서 불러주는 데로 받아 적는 형태는 매우 불안하고 무책임감
형태의 중개의뢰이다.

또 창업 중개업자는 부동산 종류별로 파악할 요소가 무엇인지도
모르고 시작하는가 하면 부동산 종류별로 어떤 사항을 파악해야
하는지 모르고 기초적인 사항만을 파악했다가 매수의뢰인으로부터
"중개업자가 잘 모른다."는 인상을 주어 중개를 실패하고 또 전체
중개업자에 대한 인상과 권위를 훼손하고 있다.

더구나 물건 접수가 곧 중개계약임을 감안할 때 중개업자는 물
건접수 시 계약에 준하는 절차를 시도하든가 또는 내용자체를 이
에 준하여 파악하려는 노력이 있어야 하나 일부 중개업자들은 열
심히 활동하고 있으나 대다수의 중개업자들이 이러한 노력이 없음
이 아쉽다.

중개대상물 자료요구서는 사실상 사문화되어 있는데 이에 대한
사항도 중개업자가 임장활동 시 가급적 매도의뢰인과 같이 물건상
태를 확인하면서 이때라도 이를 이용하여 물건상태를 파악하고, 국
민들에게 중개대상물자료 요구서를 매도의뢰인은 제출해야 함을 주
지시키는 노력이 있어야 하는데 이렇지 못한 점이 아쉬운 점이다.

3) 개선방향

중개의뢰는 중개계약이므로 계약서를 작성할 수 있도록 함이 가
장 바람직하다. 그러나 중개계약도 계약이므로 계약 자유의 원칙에
의하여 서면으로 작성을 강요할 수는 없다. 따라서 중개계약을 서면
화하는 문제를 해결하는 방법은 사회적인 풍토나 인식이 중개계약
을 서면으로 작성하는 풍토와 인식으로 전환시키는 방법밖에는 없다.

그러므로 정부와 공인중개사협회 그리고 중개업자가 이에 대한 방안을 강구하고, 그를 실행하는 사회적 인식을 조성하는 데 각고의 노력이 필요하다.

그 중 한 방법으로는 중개계약서에 접수양식을 포함한 양식으로 개선하여 양식을 단일화하는 방법이다. 이를 위해 정부 및 협회와 학회는 회원을 위하여 부동산종류별로 물건 접수를 포함한 중개계약서 양식을 매도인 및 매수인, 임대인 및 임차인으로 구분하여 작성하고 이를 배포하거나 회원들이 언제든지 다운로드하여 사용할 수 있도록 협회 및 학회 홈페이지에 양식을 게시하는 방안이 있다.

예를 들면 일반중개계약(양식#1 및 3)과 전속중개계약 양식(양식#2 및 4)을 물건접수대장과 겸하여 사용할 수 있도록 중개계약서 양식을 작성하여 국토해양부의 승인을 득하여 같이 게시함으로써 중개업자에게는 중개계약이면서 물건접수대장으로 사용할 수 있도록 하는 방안이다.

그리고 이는 행정업무를 간소화시킴은 물론 중개계약을 국민들에게 홍보 및 계도하는 2중의 효과를 얻을 수 있다.

또한 이와 같은 활동은 개발로 멈추어서는 아니 되며 정부 및 협회 그리고 중개업자는 중개의뢰인에게 중개계약을 서면으로 작성해야 함을 적극 홍보하고 의뢰 시마다 이를 주지시키는 활동이 절대적으로 필요하다.

나. 권리분석

1) 실 태

권리분석은 중개업자의 중개활동 중 중요한 임무이다.

중개업자가 권리분석을 하는 근본 목적은 매수자가 법적으로 권리를 안전하게 인수될 수 있도록 하고, 당해부동산을 이용함에 있어 국가가 규제하고 있는 사항에 적합하도록 이용하는 데 있다.

중개업자가 분석할 권리분석에는 두 가지 종류가 있다. 하나는 매도의뢰인으로부터 물건을 접수하면 중개업자는 바로 등기부등본과 토지이용계획 확인서를 인터넷으로 발급받아 등기부등본상 기록된 권리와 토지이용계획서상 국토이용계획과 이용규제 및 거래제한사항 등을 파악하는 서류상의 권리분석과, 다른 하나는 당해부동산의 현장에서 점유관계 및 서류상 나타나지 않는 실제상 권리분석이다.

현실에서는 중개업자의 권리분석은 대부분 정상적으로 잘하고 있으나 일부는 등기부등본상의 권리만을 파악하여 매수의뢰인에게 설명하고 있으며, 또 일부는 물건 접수 시에 이를 발급받아 권리를 분석하지 않고 현장방문 후 매수의뢰인이 계약을 하겠다는 의향을 보일 때야 등기부등본 등을 발급받아 설명하고 있는 경우도 있다. 이와 같은 중개업자의 철저한 권리분석 미흡이나 게으름으로 인하여 계약할 때 경매 등 인수할 수 없는 권리의 발견으로 계약이 파기되는 경우도 종종 발생하고 있다. 그리고 일반 국민들이 많이 불안하게 생각하는 압류 및 가압류 권리를 제대로 설명하지 못하여 계약의 기회를 상실하는 경우도 있다.

또한 중개업자는 부동산의 권리분석과 물건의 정확한 자료를 확인하기 위하여 직접 관련 서류를 발급받아야 하나 일부 중개업자는 당해물건에 대한 행정서류를 매도인에게 발급받아 오도록 하고 있다.

권리분석내용에 있어서도 중개업자는 진정한 소유권자 확인, 등기부상 권리 중 소유권 이전에 제한을 주는 사항을 파악하고 매도인의 이에 대한 처리 가능성, 실질적인 점유권 관계와 점유 이전 가능성, 매도자 사정으로 인하여 계약이행 기간 내에 추가적인 권리의 접수 가능성, 공법상 매수목적대로 사용 가능성 등을 분석하고 있다.

즉 권리분석 내용을 구체적으로 살펴보면 다음과 같다.

중개업자는 권리를 분석함에 있어 가장 먼저 진정한 소유권자를 파악하고 확인하는 것으로 중개업자는 등기부등본상의 소유자를 직접 확인하여야 한다.

다음으로 등기부등본상 기재된 권리 중 소유권을 제한하는 권리가 어떤 것이 있는지 확인하고 이 사항에 대한 매도자의 처리계획의 존재 여부 확인한다. 다음으로 당해 건물의 등기부등본상에 기재되어 있지 않는 임대차 및 법정 지상권이나 분묘기지권 등을 정리하고, 그 외에 소유권 이외의 권리 처리 관계는 결국 금전적으로, 즉 매매대금으로 처리 가능 여부 등의 판단이 필요하다.

그리고 대금지급방법 조정, 실제 점유자의 존재 여부 및 실태를 파악하여 소유권 이전에 따른 점유 이전의 가능성 확인, 매도자 사정을 충분히 경청 및 분석하여 계약 후 추가적인 권리의 접수를 방지하는 대책을 특약으로 작성할 수 있는 준비, 그리고 매수자가 매수목적대로 사용하는 데 정부의 인·허가 가능성 및 제한사항 해결책 등을 찾는 것이 분석 내용이다.

2) 문제점

권리의 안전한 이전에 대한 책임은 매도자의 책임이다. 그러나 매도자는 부동산과 관련된 법의 전문가가 아님으로 부동산에 관한 전문가를 필요로 한다. 그래서 부동산거래 시에 중개업자의 권리분석은 매도인에게 매우 중요하다. 따라서 매도인은 권리 이전과 관련하여 중개업자와 긴밀하고 세밀한 상담이 필요하다. 그래서 자신의 책임인 부동산의 권리 이전으로 인하여 손해가 발생하지 않도록 함이 중요하다.

그런데 현실에서는 부동산 권리에 관련하여 분쟁이 발생하여 법정으로 연계되면 법정에서는 중개업자는 손해배상제도에 가입되어 있다는 조건 때문에 중개업자가 손해배상제도를 책임지도록 하고 있는 추세이다.

즉 매도자는 계약 이행과정이나 계약 완료 후에 권리의 하자가 발생하면 매수자는 매도자에게 1차 소송을 제기하고 매도자로부터 피해 금액에 대한 충분한 배상이 되지 않을 때 2차로 중개업자를 상대로 재판을 실시하여야 하는데 현실은 매도자는 계약금 및 매매대금을 사용해 버리면 매수자가 매도인을 상대로 하는 재판은 실익이 없으므로 곧바로 중개업자를 상대로 소송을 제기하고 있다.

즉 부동산거래와 관련하여 권리에 하자가 발생하는 것은 매도인에 의하여 발생하고 있는데 중개업자는 이 권리분석을 하도록 「공인중개사의 업무 및 부동산거래 신고에 관한 법률」에 규정되어 있다는 이유로 중개업자로 하여금 손해배상을 책임지도록 하는 것은 법 적용의 오용 또는 남용을 하는 문제를 발생시키고 있는 것이다.

3) 개선방향

현실을 그대로 합리적 시행하는 방법은 매도인이 권리보험에 가입하여 권리에 의한 하자가 발생하면 손해를 배상할 수 있도록 하는 방법이 있다.

또 다른 방법으로는 계약금 등의 이행 예치제도에 매도자 및 매수자가 가입하여 권리의 하자가 없음이 확실할 경우에 거래대금을 매도인이 수취할 수 있도록 하여 매수인의 피해가 발생하지 않도록 하는 방법이 있다.

또 다른 방법으로 중개업자의 권리분석제도를 보다 구체적으로 강화하여 거래부동산에 대한 권리분석은 중개업자가 책임지도록 임무를 분명하게 하고 대신 중개업자의 손해배상제도는 권리보험으로 전환하는 방법이다. 이때 가입자는 중개업자이고 수혜자는 매수자로 하는 증서를 발행토록 하고 방법을 검토해 볼 필요가 있다.

다. 임장활동

1) 실 태

앞에서 말씀드린 바와 같이 부동산거래에서 임장활동은 물건의 상태를 정확하게 파악하고, 권리분석에 있어 등기부등본에 기록된 권리 외에 실제 점유와 관련된 권리의 존재 여부를 확인하여 당해 부동산을 취득하는 자가 취득함에 있어 취득하고자 하는 목적대로 사용할 수 있는지 여부를 파악하는 데 있다.

따라서 부동산거래를 위하여 임장활동은 거래당사자 및 중개업자에게는 매우 중요하다. 특히 중개업자는 매수인이 당해 부동산을 취득하여 취득목적대로 사용할 수 있도록 이전받는데 매수인을 대신하여 분석하고 확인하기 때문에 더욱더 중요하다고 볼 수 있다.

그러나 일부 중개업자도 임장활동을 당해 물건의 위치를 파악하여 매수자가 나타나면 안내해 줄 수 있도록 안내 길을 확인하는 것으로 생각하거나, 단순하게 당해 물건을 한번 보는 것으로 생각하는 자가 있고 또는 매도인을 오라 가라 하기가 미안하다는 생각에 혼자 현장을 확인하는 경우가 많다.

2) 문제점

임장활동에 대하여 거래당사자 및 중개업자들이 그 중요성을 인식하지 못하고 있어 매우 심각한 문제의 발생을 자초하고 있다. 그리고 중개업자로서 문제점은 임장활동할 때 확인하고 점검해야 할 요소에 대해 부동산 종류별로 표준화되어 있지 않다는 것이다.

공인중개사협회에서 "부동산실무 대백과"라는 책자를 만들어 배포해 준 바 있으나 일부 누락된 부분도 있는가 하면, 그 작성 방법 등에 대해 설명이 없어 그를 제대로 활용할 수 없다. 그리고 부동산 대백과라는 책의 특성상 모든 내용이 포함되어야 하기 때문에 두꺼울 수밖에 없으나 너무 두껍기 때문에 잘 활용이 안 되는 문제점도 있다.

또 중개업자가 임장활동을 하게 되면 임장활동한 결과를 일부 중개업자들이 기록해 두지 않고 있다는 문제점이 있다. 중개업자는 접수되는 물건이 한두 개가 아니며 즉각 거래되는 것이 아님으로 수백 개의 물건을 보유하게 되는데 이를 전부 암기해 둘 수는 없다. 그래서 상당한 기간이 지난 뒤 자주 보지 않은 물건은 기억하기 어렵다.

또는 일부 무등록 중개업자는 본인을 신뢰하는 점을 이용하여 임장활동을 하지 않고 매수자에게 중개하는 경우가 있다. 그 결과 나중에 매수자가 요구한 것과는 너무나 상이한 물건을 소개하여 중개 사고를 발생하고 있다.

3) 개선방향

정부 및 협회나 학회에서는 임장활동의 중요성을 인지하여 임장활동에 대하여 법규 또는 지침 등으로 규범화하고 학술적으로 점검요소를 발췌하고 또 중개업자들의 실무상 필요한 요소를 확인하여 부동산종류별로 임장활동 시 점검하여야 할 요소를 점검표식으로 개발하며, 이에 대해 작성하는 요령을 자세하게 설명해 주어야 한다.

그리고 임장활동 점검표를 필요하다면 휴대할 수 있도록 만들어 주는 것이 효율적일 수 있다. 또한 점검표는 협회 및 학회의 홈페이지에 게시하여 언제든지 다운받거나 복사하여 활용할 수 있도록 하여야 한다. 또 중개업자는 물건별로 서류철을 준비하여 임장활동한 결과를 보관해 두었다가 활용하는 습관을 가져야 한다.

또한 임장활동 시 매도인 또는 임대인은 중개업자가 임장활동 시에 같이 참석하여 임장활동의 효율을 증가시킬 수 있도록 하여야 한다. 그리고 이 임장활동 결과를 중개대상물 확인·설명서에 포함하거나 또는 첨부하여 거래계약서와 함께 거래당사자에게 배부하는 방안도 바람직하다.

임장활동까지 마치면 권리분석 내용과 임장활동 내용 그리고 물건을 설명함에 있어 해당 물건의 장점과 단점, 주변 환경요소 등을 종합하여 매수자가 나타나면 확인·설명할 수 있도록 중개대상물 확인·설명서 초안을 작성해 두어야 한다.

그리고 보조원의 중개활동을 중개대상물을 안내하는 것으로 한정하지 말고 현실에 맞도록 안내하면서 중개대상물을 확인 설명할 수 있도록 범위를 확대함이 바람직하고 대신 중개업자는 보조원의 활동을 철저히 감독하여 보조원의 활동범위를 초과하는 활동(거래계약서 작성 등)을 하지 못하도록 함으로써 중개사고가 발생하지 않도록 하여야 한다.

이처럼 중개대상물을 고객에게 설명할 준비가 완료되면 중개업자는 이를 광고하게 된다.

라. 광 고

1) 실 태

중개업자가 광고하는 형태를 보면 인터넷광고, 정보지 광고, 일간신문 광고, 사무실 유리창 및 전신주 게시광고, 유인물광고 그리고 모임에서 구두광고 등으로 실시하고 있다.

광고 내용을 보면 물건의 소재지, 면적, 가격, 추천용도, 중개업자 전화번호 등을 기본으로 하고 인터넷이나 유인물광고에는 사진을 첨부하기도 한다.

광고 기간에서는 인터넷광고, 정보지광고, 게시광고는 매일광고를, 일간신문 및 유인물광고는 주 1~3회 또는 월 4회 등으로 주기적 광고를 하고 있다.

거래당사자인 매도인은 인터넷의 직거래광고나 정보지의 직거래광고를 이용하는데 인터넷의 경우는 신설인터넷에서 무료로 광고를 활용하고, 거래정보망의 경우는 한 건당 30일간 광고에 2,200원에서 220,000원까지 상품의 종류에 따라 지불하고 있으며, 정보지의 경우는 한 건당 10회 광고에 30,000원에서 50,000원까지 받고 있다.

중개업자의 경우는 인터넷 광고는 게재 건수에 관계없이 1년간 이용료로 220,000원에서 600,000원까지 지불하고, 정보지 및 일간신문의 경우는 한 건당 한 달 광고에 10,000원에서 30,000원까지 지불하고 광고 건수가 많으면 다소 할인받아 광고하고 있다. 일반적으로 중개업자가 1인당 중개대상물 광고비는 광고 건수에 따라 차이가 있으나 보통 한 달에 약 300,000원 내외를 사용하고 있다.

2) 문제점

광고는 매수자로 하여금 구매 촉구를 하기 위해서 실시하기 때문에 대부분 사실대로 하고 있으나 일부에서는 과대광고나 허위광고 및 유인광고를 하여 중개사고를 유발하거나 고객을 혼란케 하여 사회적으로 비난을 받고 있다.

이는 광고에 관하여 관련 법규가 있으나 그 단속 및 처벌이 미약하고 세부규정이 없기 때문이다.

또한 중개업자가 고객의 소구점을 유발하기 위해 투입되고 있는 광고비를 보면 앞서 말씀드린 바와 같이 광고 정도에 따라 차이가 있으나 보통 약 30만 원 이상을 사용하고 있어 영세한 중개업소로서는 큰 부담이 되고 있다.

3) 개선방향

정부에서는 허위 및 과대광고에 대해 즉각적으로 조사하여 엄중한 처벌을 하는 행위가 필요하며, 이로 인하여 발생하는 피해에 대해서는 끝까지 추적하여 피해를 보상토록 함으로써 거짓행위를 하는 습성을 제거하여 신뢰할 수 있는 사회분위기 조성과 국민들의 편안하고 행복한 삶을 영위토록 하는 활동이 필요하다.

또한 중개업자는 소진된 매물에 대해서는 즉각 삭제함이 기본이나 바쁜 업무로 즉각 삭제가 곤란하면 주 1회 이상 이를 점검하여 삭제하는 습성을 들여 국민들로부터 신뢰받는 광고를 하도록 노력함이 필요하다.

그리고 부동산광고에 있어서 협회중심의 광고가 될 수 있도록 함이 가장 바람직하다. 그래서 국토해양부는 국토해양부 내에 부동산거래정보망 담당부서를 두고 부동산거래망은 전자상거래이기는 하나 국토해양부의 승인을 받도록 하고 현재 운영되고 있는 부동산거래정보망을 통합하여 국토해양부 승인업체로 전환하며, 이들 업체들이 경쟁을 통하여 국민들에게 양질의 부동산정보를 제공할 수 있도록 하는 것이 필요하다.

그리고 부동산거래정보망의 기능도 현재처럼 단순 부동산광고 기능만 하는 기능에서 부동산거래 동향, 부동산가격 동향, 부동산개발 동향, 임대료 변화 동향, 거래세 및 양도소득세 산출기능, 부동산 종류별 투자 및 수지분석기능, 부동산거래를 과학화할 수 있는 분석 기능까지 포함되어야 부동산 선진화에 기여할 수 있다.

마. 매수인과 상담 및 중개대상물 확인·설명

1) 실 태

매수인은 중개사무소를 방문하여 매수인이 구입하고자 하는 물건을 찾거나 전화로 문의하고 있다. 이때 구입하고자 하는 물건을 찾는 형태는 계약 형태에 따라 두 가지 유형이 있다.

임대의 경우는 대부분 실수요자이거나 정보를 얻으려는 형태이고, 매매의 경우는 실수요자이거나 투자를 목적으로 물건을 찾고 있다.

실수요자로서 구입하고자 하는 물건을 찾는 매수인들이 제시하는 내용을 보면 부동산의 종류, 규모 그리고 가격대를 제시하며 실질적인 수요자는 구입목적까지 제시하고 있다.

따라서 중개업자는 매수인의 요구에 맞는 상담을 하게 되는데 실수요자의 경우는 매수자가 요구하는 물건의 내용과 관련 있는 내용위주로 상담하여 그에 적합한 물건이 있으면 중개업자는 준비된 물건의 서류를 꺼내 들고 대상 물건에 설명하거나 또는 당해 물건을 안내하면서 그 서류를 휴대하고 설명하기도 한다.

만일 중개업자가 접수받은 물건이 없으면 인터넷이나 정보지 등 광고 수단과 인접 중개업소 등을 점검하여 매수인에게 적합 물건을 찾아 탐색된 물건이 있으면 이를 안내한다. 이때 물건의 설명은 물건을 보유하고 있는 중개업소나 매도인이 설명을 하도록 하고 있다.

매수인에게 적합한 물건이 결정되면 중개업자는 가격 및 입주시기 그리고 매수인이 물건을 취득하는 데 필요한 요구사항에 대해 매도인과 합의하고, 합의가 이루어지면 곧바로 거래계약을 체결하게 된다.

그러나 매수인이 요구하는 물건이 없거나 탐색되지 않는 경우와 물건을 찾았으나 매도인과 합의가 이루지지 않으면 매수인은 본인이 필요한 물건을 찾아 달라는 의뢰를 하거나 의뢰 없이 다른 중개업소로 이동한다.

매수인과 상담 및 중개대상물 확인·설명 시 중개업자는 매수인과 신뢰를 구축하여야 거래가 성사되거나 중개계약을 체결하게 된다. 그래서 중개업자는 물건 분석 시에 매도인이 자신의 물건에 대해 알려 준 것과 중개업자가 임장활동 시에 확인한 내용 외에 당해 물건의 장점과 단점, 적합한 이용방법 등을 파악하여 이 내용과 매수자가 요구하는 조건이나 관련 사항을 접목하여 설명한다.

그러나 매수자와 상담 및 당해 물건에 대한 확인·설명의 목적이 매수인의 구매 욕구를 촉구하여 거래계약을 성사시키는 데 있으므로 중개업자나 매도인은 해당 물건의 장점만을 설명하거나 물건의 소진 기간을 강조하여 약간의 매수자로 하여금 약간의 심적 급박감을 촉구하고, 단점이나 약점은 설명을 은폐하는 경우가 있다. 이러한 경우 한 번은 거래를 성사시킬 수 있으나 나중에 단점을 알게 되면 속임수를 사용한 것으로 고객은 간주하고 그 중개업자를 신뢰하지 않는다.

따라서 고객과의 상담 및 물건 설명 시 고객에게 신뢰를 얻는 것이 가장 중요하다.

또 투자를 목적으로 방문하는 고객은 가격대를 가장 중요시하며 이런 고객은 일반적으로 선호하는 물건을 좋아하므로 이런 물건을 준비하여 둠이 필요하다.

정보를 입수하기 위하여 방문한 매수인이나 투자를 위해 방문한 매수인의 경우는 매수인이 요구하는 정보를 충족시켜 주기 위하여 충분한 상담이 필요하다. 이 고객은 잠재고객으로 중개업의 어려운 시기에 어려움을 극복할 수 있도록 해 주는 고객이므로 필요시 보고서 또는 요약서로 작성하여 제공해 주는 자세가 필요하다.

2) 문제점

매수의뢰인과의 중개계약은 매수인이 요구하는 물건이 없을 경우나 매수인이 구입하고자 하는 물건에 대한 구입여건이 갖추어지면 구입하겠다고 구입의뢰를 할 때만 중개계약을 체결하게 된다.

이때 매수중개계약을 구두로 계약하고 일반중개형태를 유지하므로 중개업자는 많은 시간과 비용을 지불하고도 많은 경우 그에 대한 보상을 받지 못하고 있다.

또 매수인에게 소개한 당해 물건에 대한 확인·설명 시 설명하지 않은 단점이나 약점으로 인하여 중개사고가 발생하는 경우가 있다. 특히 중개업자가 잘 알 수 없는 당해 물건에 대한 기술적인 부분, 즉 물건 자체의 하자 부분에 대해 중개업자가 제대로 설명하지 않았다는 이유로 중개사고로 연루시켜 상당한 기간 매수인으로부터 시달림을 당하거나 또는 재판에 회부되기도 한다.

또한 대부분 투자하고자 하는 매수인의 경우인데 중개업자가 물건 상태를 미처 확인하지 않거나 매수인과 현장 확인을 하지 않고 물건의 장래 발전성과 가격 상승 여건만을 설명하고 거래계약을 체결했다가 거래사고를 발생시키는 경우도 있다.

3) 개선방향

매수중개계약은 매도중개계약서 작성보다 빈도가 높다. 그리고 매수중개계약은 일반중개계약보다 전속중개계약으로 체결할 가능성도 월등히 높다. 따라서 정부에서는 매수중개계약(양식#3 및 4)을 표준화하여 중개업과 관련된 법규에 신설하고, 중개업자는 매수의뢰인에게 이의 활용을 적극 권유하여 중개계약의 서면화 효과를 달성할 수 있도록 노력함이 필요하다.

그리고 중개업자가 거래당사자에게 부동산거래와 관련하여 손해배상보장을 위한 손해배상제도에 대한 개념의 정립이 필요하다. 즉 부동산거래의 안전화에는 소유권을 안전하게 이전받는 법률적 안전화와 거래 당해물건의 기술적 하자 없이 매수인이 대상 부동산의 근본 목적대로 사용이 가능하여야 하는 기술적 안전화 그리고 부동산이 가자고 있는 합리적인 가치에 훼손이나 왜곡이 없어야 하는 경제적 안전화로 구분된다. 이와 같은 거래의 안전화를 위해 법률적 안전화는 협회 및 중개업자가 책임을 지고, 부동산자체의 기술적 안전화는 매도인이 책임을 지며, 경제적 안전화는 정부가 부동산 감정평가 제도를 개선하여 투기의 근원적 차단과, 부동산가치의 합리화로 책임을 지는 손해배상제도의 개선을 검토할 필요가 있다고 사료된다.

따라서 확인·설명서 대한 손해보상제도도 대폭적으로 정비하여 부동산자체에 대한 손해보험은 매도인이 소유권 이전일로부터 일정 기간은 보장될 수 있도록 부동산 하자보험에 가입하도록 하고, 권리에 대한 손해배상은 현 중개업자의 손해배상제도를 권리보험으로 전환하는 방안과 정부의 부동산 감정평가를 현재의 비교방식이나 원가방식에서 수익성 및 원가방식으로 전환하여 안전화를 확립하는 것을 검토할 필요가 있다.

바. 매수인과 매도인의 합의 유도

1) 실 태

이 과정은 부동산중개를 성공하는 가장 중요한 과정이다. 이 과정을 위해 중개업자는 중개대상물에 대한 권리분석과 중개대상물에 대한 확인·설명 활동을 하며 대상 부동산에 대한 장점을 파악하고 단점에 대하여 보완할 방책을 강구하여 매수자에게 조언활동을 한다. 또한 매도인에게 거래를 성사시킬 수 있는 대안을 강구하고 타협을 하도록 활동한다.

따라서 이 과정은 물건 접수로부터 중개대상물에 대한 각종 분석단계와 설명 및 안내과정을 통하여 고객에게 신뢰를 심어주고 매수자의 소구점과 매도인의 매도의향을 촉구하기 위한 활동을 한다.

이 과정에서 주로 실시하는 활동은 가격협상과, 입주 시기를 결정하는 것이다. 그 외에 매수자와 매도인의 특별조건에 대해 합의를 유도하는 활동을 한다.

입주 시기는 가급적 매매계약에 기초로 하여 조정하는데 통상 매도인의 이사 일정의 결정에 의해 정확한 소유권 이전 일자를 결정하며 입주 시기도 결정된다. 만일 입주 시기가 맞지 않으면 매도인이나 매수자 어느 일방이 이삿짐센터에 이삿짐을 보관하여 입주 시기를 조정하기도 한다.

2) 문제점

이 과정에서 부동산거래 전 과정 중 가장 많은 시간을 소비하고 양자의 신경전이 가장 치열한 단계이다. 이처럼 가장 많은 시간을 소비하는 원인은 중개계약을 서면으로 작성하지 않기 때문에 매도인이나 매수인이 중개의뢰 시에 제시한 조건을 자의로 바꿀 수 있기 때문이라고 본다.

다음 가격협상 면을 보면 우리나라는 아직도 매도인 가격에 의하여 가격이 결정되는 빈도가 높다. 즉 매도인 중에 일부는 자신의 물건에 수요자가 얼마나 관심 있는지를 파악하여 관심도가 높으면 자신이 처음 제시한 가격을 변경하는 경향이 있다. 특히 매도자 위주 가격이 형성되는 호경기 시에 이러한 현상은 더욱 뚜렷하다.

이로 인한 부작용은 부동산에 가격에 거품이 끼는 원인이 되어 부동산 자체 측면에서는 거래의 악영향을 끼쳐 거래를 한산하게 함으로써 불경기 상황을 장기간이 되도록 하며, 국가의 일반경제에도 매우 심각한 영향을 주어 심하면 경제공황을 유발할 수 있다.

또 문제는 매도인 가격이 주로 원가방식에다 본인의 임의적 수익을 포함하여 결정하므로 계속 부동산 가격이 상승할 수밖에 없

는 구조를 이루고 있어 매수자는 손해 볼 가능성이 매우 짙은 현상
이다. 따라서 부동산 가격의 감정체제의 변화가 요구되고 있다.

그리고 주택 보급률의 저하로 구입하고자 하는 주택이 부족한
데도 원인이 있다.

3) 개선방향

중개업자는 가급적 모든 것을 서면으로 작성하는 습관을 드려야
한다. 즉 매도인과 매수인의 합의 유도과정을 효율적으로 수행하기
위해서는 중개계약을 서면으로 작성하도록 권유하고, 합의과정에서
매도인이나 매수인이 요구하는 것을 가급적 서면으로 작성하여 제
출하면 효율적으로 진행할 수 있다. 그 좋은 예가 대형공사의 토지
지주작업을 할 경우 매인에게는 매도의향서를 받고, 매수인에게는
매수의향서를 받아 전달하면서 지주작업을 하면 지주작업을 단시
일 내 완료할 수 있는 것과 같다.

그리고 가격협상은 거래 당시의 주변 거래사례에 의한 가격에
기초를 두고 당해 물건의 특수조건 및 환경에 따라 약간 조정하여
적절한 가격의 합의를 유도하고 있으나 통상 매도인은 다른 사람
의 거래 가격보다 자신의 것을 가장 높은 가격으로 거래하고 싶어
하고, 매수인은 가급적 지금까지 거래한 가격 중 가장 낮은 가격으
로 거래하고 싶어 하므로 가격을 조정하는 것은 매우 어려운 과정
이다. 그래서 최근에는 수익성 부동산의 경우는 투자효과에 중점을
두고 거래가격을 검토하여 매도인과 매수인을 설득하여 성공시키
는 경우가 많다.

그리고 주거의 경우에도 주거에 투자되는 금액이 당해 지역 임
대료로 환산하여 자신의 수입과 연계하여 엥겔계수 범위 내의 적

절한 주택을 구입하도록 권장하여 거래를 성사시키고 있다.

입주 시기, 즉 부동산 인도 시기는 우리나라의 주택 보급률과 매우 연관이 있어 거래당사자의 합의를 이끌어 내는 데 어려움이 있는 과정이다. 그래서 가급적 양자가 합의하여 적절한 일자로 합의시키고 있으며, 이 합의가 어려울 경우나 이행이 어려울 경우는 거래 당사자 중 한쪽이 일정 기간 이삿짐 업체에 이삿짐을 보관시키는 방안까지 강구하여 합의를 시키고 있다.

이를 위해 정부는 국가의 주택 보급률이 108~112%가 될 수 있도록 지속적인 주택 공급의 노력이 필요하다.

사. 계약서 작성

1) 실 태

중개업자가 매도인과 매수인이 상호 거래조건이 합의되면 거래계약을 체결하는데 이때 중개업자가 계약서를 작성하는 실태를 보면 다음과 같다.

거래계약서 작성은 반드시 서면으로 작성하여야 하고, 중개대상물 확인 · 설명서도 이때 작성하여 교부한다.

계약서는 중개사무소에서 작성하는 것이 원칙이며, 부득이한 사정이 있는 경우에 한하여 매도인과 매수인이 합의된 장소에서 작성하고 있다.

거래계약서는 등록된 중개업자가 작성하는 것이 원칙이나 만일 거래계약서를 소속공인중개사가 작성하였다 하더라도 등록된 중개업자의 확인을 받아야 한다.

중개업자가 계약서를 작성하는 방법은 중개업자가 자필로 작성하는 방법을 사용하기도 하고, 컴퓨터를 이용하여 작성하기도 한다. 이때 매도인이나 매수인이 주민등록번호나 성명 등 최소한 한 곳은 자필로 작성하여야 한다.

서명 날인에 있어서 중개업자는 반드시 등록된 인장으로 날인하여야 하나 매도인 및 매수자는 서명 하거나 날인에 제한이 없어 최근에는 서명하는 경향이 많다. 거래계약서는 3부를 작성함이 기본이고, 중개업자의 개입 수에 따라 추가하여 작성한다.

특약사항은 반드시 매도인과 매수인이 합의한 사항만을 기재하고 합의 안 된 사항은 기재하여서는 아니 된다.

거래계약서작성이 완료되면 중개업자는 계약서를 낭독해 주거나 또는 매도인 매수인이 숙독하여 계약서 내용을 인지하도록 하고 있다. 또 거래계약서 작성이 완료되면 교부하기 전에 매수자는 계약금을 매도인에게 지불하고 계약금 지불이 끝나면 거래계약서를 교부한다.

그리고 거래계약서는 중개업자는 5년간 보관하여야 하며, 중개업을 폐업하거나 중개업소를 이전하면 거래계약서를 거래 당시의 중개업소에 인계하거나 본인이 5년간 보관하여야 한다.

2) 문제점

중개업자는 거래계약서 작성할 때 매도인과 매수인의 어느 한쪽에 편향됨이 없이 공정한 위치에서 작성하여야 하는데 일부는 매도인 가격에 의하여 부동산이 거래되는 경향이므로 매도인의 위치에 편향하여 작성하는 자가 있다. 특히 투자목적으로 구입했다가 매매하는 경우 중개업자는 이런 경향이 많다.

또 거래계약서 작성 시 컴퓨터로 작성하는 경우 특약사항만을 별도 종이에 작성하였다가 이를 컴퓨터에 기입함으로써 표현방법이 미숙하거나 오탈자 및 매도인이나 매수인에게 편향된 부분을 거래당사자가 발견하면 다시 수정하여 작성하는 경우가 많다. 또 많은 경우 매도인이 타지에 위치하거나 자만심이 강한 경우 중개업자에게 위임하는 경우가 많은데 이때 위임장을 첨부하지 않는 경우가 있다.

작성된 거래계약서는 계약서 작성 당시에 거래당사자가 충분히 합의하고 작성된 내용은 이해를 하여야 하는데 거래당사자도 이를 소홀히 하고 있고, 중개업자도 이에 대한 활동을 명확하게 해 주지 않는 경향이 있다.

또한 매수인은 중개업자를 신뢰하여 거래당사자의 진위 여부와 거래과정의 적법한 행위를 하도록 하고 있으나 대리인이 참석하는 경우 그에 대한 대책을 강구하지 않는 경우가 많다.

그리고 거래계약서 작성 시 중개대상물 확인·설명서를 교부하여야 하나 일부 중개업자는 잔금 지불 시에 교부하기로 하고 미루었다가 잔금 지불 시에 중개대상물확인·설명서를 교부하는 자가 있고 또는 교부하지 않는 자도 있다.

3) 개선방향

협회는 중개업자의 부동산거래계약서 작성에 대해 별도로 주기적으로 교육을 실하여 중개업자의 자질을 향상시킬 필요가 있다. 부동산거래에 대하여 중개업자는 부동산거래 및 거래계약서 작성에 최고의 권위자이면서 전문가가 될 수 있도록 협회는 공인중개사들의 자질을 향상시킬 책임을 저야 한다. 특히 거래계약서 작성 시 문구의 표현방법에 있어 중개업자들이 미숙한 부분이 많다. 따라서 주기적인 교육과 다양한 특약사항 예문집을 편찬하여 중개업자에게 배포해 주는 방법도 하나의 방법이다.

아. 부동산 실거래가 신고

1) 실 태

부동산 실거래가 신고 제도는 2006년 2월부터 실시되었다. 부동산 실거래가 신고는 거래당사자와 중개업자가 신고 책임이 있으며 신고대상은 개인 간의 유상 거래한 주택에 대해서 실시하고, 신고시기는 거래계약서를 작성한 후 주택투기 지역은 15일, 그 외 지역은 60일 이내에 부동산 거래신고를 하여야 한다.

신고방법은 인터넷으로 하는 방법이 있고, 행정관서에 직접 방문하여 신고할 수 있다.

부동산 실거래가 신고 결과를 보면 서울특별시의 2006년도 상반기로 국한되기는 하지만 <표 4-20>에서 보는 바와 같이 2006년도 상반기 서울특별시의 부동산거래 중 검인 내용 중에 무상 주택거래와 경·공매 거래가 포함되어 있음을 감안할 때 주택거래가 58.85% 이상으로 나타나고 있어 부동산거래에 있어 주택거래의 비중이 매우 높다는 것을 알 수 있다.

또 부동산실거래가 신고에 있어서 중개업자가 신고한 비율이 77.2%, 대리인 신고가 16.5%, 거래당사자가 6.3%로 부동산실거래 신고가 중개업자에 의하여 이루고 있으며 이 중 75%는 인터넷으로 신고하였고, 25%는 방문 신고한 것으로 나타나 중개업자들 중 아직도 인터넷을 사용할 줄 모르는 것으로 나타났다.

거래당사자 신고 내용 중에는 거래당사자들이 직거래한 것도 있으나 중개업자가 거래하고도 거래당사자 간 허위 신고한 경우[61]도 있고 또 대리인 신고 내용 중에도 중개업자가 거래하고도 법무사 사무장이나 변호사 사무장이 대리 신고한 경우도 있다.

2) 문제점

부동산 실거래가 신고에 있어 거래계약서 내용과 비슷하여 중개업자가 신고하는 경우 중개업자는 거래계약서를 두 번 작성하는 현상이 발생하고 있다.

부동산거래 신고 내용에 있어서도 중복되는 내용이 있는가 하면 부동산 투기 및 위법행위를 조성하는 매수자의 변경과 가격 변경 외에는 자유스럽게 잘못된 부분을 수정할 수 있도록 하여야 하나 지금도 재신고 형태를 갖추도록 함으로써 불편을 초래하고 있다.

부동산 실거래가 신고에 있어 주로 중개업자에 의해 신고되고 있어 정착단계에 접어들고 있음에도 중개업자 중 아직도 인터넷을 사용할 줄 모르고 있어 중개업자의 인터넷 교육이 요구되고 있다.

일부 중개업자는 중개업자가 부동산거래를 하고도 거래당사자로 하여금 신고토록 하거나 법무사 사무장이나 변호사 사무장으로 하여금 대리 신고를 하도록 하는 불법행위를 하고 있다.

부동산 실거래가 신고를 대리인에 의해 신고하는 경우를 보면 매도인이나 매수인이 다운계약서를 요구하는 경우로 중개업자는 범법을 회피하기 위하여 중개업자가 신고하지 않고 대리인에 의해 부동산거래 신고를 하고 있다.

---

61) 부동산 거래신고제도 실태분석 및 실효성제고방안에 관한 연구, 한국부동산학회, 부동산학회보 제29집, p.268.

3) 개선방향

부동산거래 신고는 개선되어야 한다. 그 내용으로는 거래계약서와 부동산거래 신고서를 단일화하는 방안이 요구된다. 그리고 신고 내용 중 매수자와 거래금액 외의 변경은 자유롭게 변경할 수 있도록 개선하여야 한다.

대리인 신고는 대리인 신고를 하는 원인을 구체적으로 기록하도록 하여 보다 강화되어야 한다.

또한 매도인이나 매수인의 다운계약서 작성을 방지하기 위해서는 매도인이나 매수인 중 어느 한쪽에 자금출처 또는 자금 사용계획서를 부동산거래 신고 시나 소유권 이전 후 15일 또는 30일 이내에 자진 신고하는 제도를 발전시키는 것도 한 방법이다.

특히 경매 및 공매로 취득한 부동산을 매매하는 경우 다운계약서를 작성하고 있으므로 경매 및 공매로 취득한 뒤 거래되는 부동산은 별도 관리가 필요하다.

중개업자는 인터넷 사용요령에 대한 능력을 구비하여야 하고, 구 국토해양부는 협회 등 부동산중개업 관련 위탁교육을 받은 기관에게 실무교육 때 인터넷 사용요령 교육을 교육과목에 포함하여 중개업자가 인터넷을 사용할 수 있도록 교육해야 한다.

자. 부동산 인계인수와 소유권 이전 및 잔금처리

1) 실 태

소유권 이전 및 잔금처리일은 거래당사자가 가장 바쁜 날이다. 이날 거래 당사자는 이사를 해야 하며 부동산을 인계인수하여야 하고 소유권 이전 서류를 교환하여야 하며 잔금을 교환하여야 한다.

부동산인계인수는 통상 이삿짐이 나간 뒤나 이삿짐이 이삿짐 차에 싣는 과정에서 거래당사자와 중개업자가 참석하여 실시한다.

소유권 이전 시 소유권 이전과 거래 잔금을 처리하는 장소는 중개업소에서 실시하며, 소유권 이전에 필요한 서류를 준비하도록 하는 것은 중개업자가 잔금 처리일 최소 2일 전부터 최대 10일 전에 매도인 및 매수자에게 통지해 주고 있다.

이때 매도인이 통상 준비하는 서류는 등기권리증과 매도용 인감증명 1통(매수자 성명, 주민등록번호, 주소 기재), 매도인 주민등록등본 또는 주소 전부 기재된 주민등록 초본 1통, 인감도장, 신분증을 준비하고, 매수자는 주민등록등본과 도장 및 거래대금의 잔금, 신분증을 지참하도록 중개업자는 통지하며, 중개업자는 부동산실거래가 신고필증을 준비한다.

소유권 이전 서류에 대한 확인은 법무사 및 변호사 사무장이 통상하고, 간혹 매수자는 공인중개사에게 대리인으로 소유권 이전 서류 확인 및 등기소에 접수를 의뢰하기도 하며, 최근에는 본인이 직접 소유권 이전 등기를 실시하기도 한다.

다음 잔금처리는 소유권 이전 서류가 법무사 및 변호사 사무장에게 넘어간 뒤 실시한다.

잔금처리는 중개업자가 주동이 되어 실시하며, 중개업자는 잔금처리 직전에 당해 건물에 대한 등기부등본을 발급받아 매수인에게 거래계약 체결 후부터 잔금처리 일까지 사이에 등기부등본상 권리변동의 유·무를 확인하도록 하고 있다.

잔금은 대부분 현금(자기앞 수표 포함)으로 실시하며, 잔금처리 시 매수자가 융자를 받는 경우 금융기관의 당사자가 융자대금을 직접 들고 와서 융자금으로 잔금의 일부를 담당하여 잔금이 완납

할 수 있도록 하고 있다.

또 매도인이 당해 부동산에 대해 받은 융자금에 대한 상환은 통상 법무사 사무장이나 변호사 사무장이 위임받아 상환 및 말소를 하고 있다.

잔금 정산이 끝나면 관리비 및 전기료와 수도료 정산결과, 세금납부영수증, 출입문 및 각방 열쇠, 선수관리비에 대하여 확인 및 교환한다. 또한 중개수수료도 이때 받게 된다.

2) 문제점

부동산 인계인수 시 매수인은 거래대상 부동산에 대한 흠결을 발견하는 경우가 많다. 예를 들면 가구로 가려서 발견하지 못한 곰팡이가 많이 낀 경우라든지 또는 누수되었던 흔적이라든지, 이삿짐이 나갔으므로 수도나 전기를 사용하지 않으므로 수도계량기나 전기계량기가 정지되어야 하나 수도계량기가 돌아가는 경우 등이다.

즉 매도인이 당해 부동산에 대하여 평소 선량한 관리를 하지 않은 데서 오는 하자에 대한 다툼이 발생한다.

또 매매계약에서 중도금으로 당해 부동산에 설정된 저당권이나 근저당 또는 가압류 등을 말소하는 조건으로 계약을 체결하여 매수인이 중도금을 지불하였는데 잔금 지불 시까지 매도인이 이를 이행하지 않아 해약되는 사고가 발생하고 있다.[62]

그리고 상속재산을 매매하는 데 등기부등본상 명의인인 피상속인이 사망하여 상속인과 매매계약을 체결하였는데 잔금 지불 일에 공동상속인이 나타나 매수인이 소유권 전부를 양도받지 못하고 계

---

62) 2008 최신부동산 중개사고 사례연구, 한국공인중개사협회 부동산정책연구소, 한국공인중개사협회연구총서 2008 - 02, p.38.

약자 지분 것만 소유권 이전을 받는 사고가 발생하고 있다.[63] 교환 계약의 경우 중개업자가 제3자의 가등기를 설명하지 않아 중개업자가 손해배상을 책임지는 사고가 발생하고 있다.[64]

또한 잔금을 처리하는 과정에서 매도인이 등기부등본상에 있는 융자금에 대한 금액이 카드대금이나 신용대출이 연계되어 있어 융자금 상환대금이 잔금보다 많아 융자금 상환이 안 되는 사고가 발생하고 있다.

상기와 같은 경우로 소유권 이전 전에 매도인의 귀책사유로 계약이 파기되는 경우 매도인은 계약금의 배액을 주고 계약이 파기되어야 하나 매도인이 현재 지불할 능력이 없으면 계약금의 배액은 그만두고 계약금조차 돌려받지 못하는 경우가 발생한다.

또한 소유권 이전 및 잔금을 지불하는 자리에서 매도인이 등기권리증을 분실하여 제출하지 못하는 경우가 있어 확인서면으로 대체하고 있어 진정한 소유자가 아닐 경우가 발생하고 있다. 또 임대차의 경우 등기권리증과 잔금의 교환이 동시이행관계가 아니기 때문에 월세로 임차한 자가 임대인의 행세를 하며 전세로 전환하여 보증금을 갈취하는 사건이 발생하여 피해자를 양산하고 있다.

중개업자가 빈집임을 알고 임대인에게 위임받은 것처럼 하고 보증금을 갈취하는 사고가 발생하고 있다.

3) 개선방향

부동산거래에 있어 신규 주택이나 건축물의 거래보다는 기존 주택 및 건물의 거래가 더 많이 이루어지고 있다. 또 기존 주택 및

---

63) 상게서, p.42.
64) 상게서, p.56.

건물은 최소 2년부터 수십 년까지 건물의 일부를 교환하여야 하는 교환주기를 가지고 있다. 따라서 건축물의 본래 목적을 유지하기 위해서는 지속적으로 관리를 하여야 한다. 따라서 기존주택 및 건축물은 매도인이 주기적인 관리를 하였어야 할 책임이 있으므로 부동산거래에서 부동산을 인계 시 당해 부동산의 본래의 목적대로 사용할 수 있도록 관리된 상태로 인계인수되어야 함이 정당하다. 그러나 건물의 소유자라도 건축물에 대한 전문가가 아님으로 정확하게 교환주기에 맞추어 수리 및 관리를 할 수 없으므로 매도인은 매수인이 부동산을 인수 후에 본래의 목적대로 사용할 수 있도록 부동산 인수 후 일정 기간 동안에 발생하는 하자에 대하여 책임을 져야 한다. 그 방법으로는 부동산 거래계약서를 교환 후에 매수인이 부동산의 상태에 대하여 기술적 진단을 받을 수 있도록 하는 방안이 있을 수 있으며 또는 매도인이 부동산 인도 후에 일정 기간 내에 발생하는 하자에 대하여 책임을 진다는 의미의 하자보증보험에 가입하는 방법이 있을 수 있다.

그 외에 등기부등본상의 융자에 연계된 채권에 의하여 소유권의 이전이 불가한 경우라든지, 공유물인 부동산의 거래에 있어 공유자 간의 이의로 발생하는 거래사고, 각종 부동산 관련 정보에 대하여 중개업자의 실수로 발생할 수 있는 사항, 그 외에 권리분석의 잘못으로 발생하는 사고로 손해가 발생할 경우를 대비하여 부동산 계약금 반환보장이행예치제도에 매수인이 가입하는 방안을 활용하는 방안이 있다.

이때 권리보험 가입은 필수적인 사항으로 하며, 이 권리보험을 현행 중개업자의 손해배상제도와 연계하여 중개업자가 가입하는 제도로 발전시키고, 개인 간 직접거래 시는 필히 매수인이 가입하도록 하는 제도로 발전시키는 방안이 있다.

차. 세금신고

1) 실 태

부동산거래의 마지막 단계인 세금신고는 직거래에서는 거래당사자가 직접 거래 전반활동을 해야 하므로 세금신고까지를 거래단계로 포함하였으며, 부동산중개의 경우는 중개업자 위주의 거래단계이므로 소유권 이전 및 잔금처리까지를 거래단계로 보고 있다.

다만, 부동산중개에서는 중개업자가 고객에게 세무사를 알선하거나 고객에게 세금신고하는 요령을 알려 주고 있으며, 종종 고객들은 이 세금신고를 변호사 및 법무사 사무장 그리고 중개업자에게 대리 신고를 요청하기도 한다.

부동산거래 과정에서 발생하는 세금은 크게 두 가지다.

하나는 매수인이 부담하는 거래세로 취득세와 등록세가 있고, 취득세의 병기세금으로 농어촌특별세 및 등록세의 부가세인 지방교육세가 있으며, 다른 하나는 통상 양도 시에 양도차익이 있으면 지불하는 양도소득세가 있다.

거래세는 지방세로서 등록세는 소유권 이전 시에 필히 납부하여야 소유권 이전 등기를 신청할 수 있으므로 소유권 이전하는 날 납부하고 있으며, 취득세는 잔금 지불 일로부터 30일 이내에 납부하여야 한다. 이 거래세 납부 통지서는 소유권 이전하는 날 시·군·구청 세무민원실에서 발부받는다.

양도소득세는 국세로서 당해 거래부동산에 대해 양도차익이 있으면 납부하는 세금으로 잔금 지불일로부터 60일 이내 자진 신고하여 납부하고 이처럼 자진신고를 하면 세액의 10%를 감액해 준다. 또 납부하는 세금으로는 수익성 부동산의 경우는 부가가치세가 있다.

2) 문제점

부동산거래와 관련하여 납부하는 세금 중 대부분 양도소득세를 탈세하기 위하여 특히 경매받은 물건과 보유한 기간이 오래된 토지나 공장의 경우 양도차익이 거의 모두 발생하므로 다운계약서를 매도인이 작성을 요구한다.

또 간혹 매수인이 거래세를 다소 적게 납부할 욕심에 다운계약서를 요구하기도 하는데 최근에는 양도소득세가 거래세보다 세율이 높으므로 매수인의 다운계약서 요구는 많이 줄어들고 있다.

3) 개선방향

소유권 이전 시에 제세·공과금을 이행예치제도를 담당하는 기관에서 병행하여 실시하는 것도 한 방법이다. 특히 우리나라의 세법은 1년에도 몇 번씩 개정되는 매우 복잡한 것이 세법이다. 그래서 부동산을 구입한 시기에 따라 적용되는 세금제도가 다를 수 있다.

따라서 국민들을 위해 세무에 정통한 전문가를 계약금반환보장이행예치기관에 배치하여 선량한 국민들은 불필요한 세금을 납부하지 않고, 국가에서는 잘못 납부한 세금을 환불하는 번잡한 일이 발생하지 않도록 계약금반환보장이행예치제도를 정부는 강력하게 실시할 방안을 강구하여야 한다.

3. 정 부

다음은 정부차원에서 부동산 거래절차상의 선진화 요소를 검토해 보고자 한다.

정부는 앞서 언급한 바와 같이 2004년도에 부동산시장의 선진화 방안을 연구한 바 있으며, 이를 통하여 부동산거래의 투명화를 위한 각종 제도를 시행하여 정부의 정책요원을 위한 선진화는 상당부분 검토되었다고 본다.

그러나 거래주체인 거래당사자와 중개업자의 위치에서 거래 선진화 부분은 많은 검토가 있었으나 상당부분 미비점이 많다. 따라서 본 연구에서는 거래당사자와 중개업자 위치에서 부동산거래 선진화 부분 중 정부차원에 제도적으로 검토되어야 할 사항과 정부차원의 선진화 및 보완할 부분을 도출하여 제시하고자 한다.

가. 물건접수

1) 실 태

우리나라의 부동산거래에 있어 가장 큰 문제점은 부동산거래 과정상 모든 법률행위를 관습에 맡겨 서면화하지 않은 데 있다. 부동산거래에 있어 매도자나 매수인이 중개업자에게 부동산을 매매의뢰하는 것과 매수의뢰하는 것은 중개업자와 의뢰인 사이에 일종의 계약이다.

이 중개계약이 '공인중개사의 업무 및 부동산거래 신고에 관한 법률'의 제22조와 제23조에서 중개계약의 종류와 계약서에 포함할 요소 및 표준계약서 양식을 제시해 놓았다.

그러나 중개의뢰 계통을 보면 주로 전화로 의뢰하는 경우가 대부분이며, 다음으로 방문이나 대리인을 시켜 의뢰하고 있다. 방문하거나 대리인을 통한 의뢰의 경우에도 주로 구두로 의뢰를 받는 형태이고 중개업자는 이를 접수대장이라는 공책에 기재하는 것으로 중개계약을 체결하고 있다.

2) 문제점

중개계약 양식을 개선하여야 한다. 중개계약 양식을 보면 앞에는 계약 조건만 기술하고, 뒷면에 물건내용이나 매수의뢰사항을 기술하도록 되어 있어 접수대장과 중개계약을 겸하지 못하고 있다.

뿐만 아니라 정부의 표준중개계약서 내용에는 거래의 안전화와 선진화를 위한 제도와 중개계약 간의 관계가 포함되어 있지 않다.

또한 매수의뢰계약과 매도의뢰계약이 그 내용이 다름에도 한 양식으로 겸하여 사용하도록 하고 있으므로 이를 구분할 필요가 있다.

중개계약을 서면화하는 데 정부는 단지 표준양식만을 제공하고 이에 대한 활용 정도에 대한 점검이나 대책을 한 번도 세운 적이 없다.

또한 중개업자도 이에 대해 의뢰인에게 홍보하거나 활용할 활동을 하지 않고 있다.

3) 개선방향

물건 접수 시 정부의 측면에서 부동산거래의 선진화를 위해서 정부가 해야 할 사항은 가장 먼저 물건 의뢰 자체를 서면화하도록 제도화하는 것이다.

정부 차원에서 중개계약의 서면화를 위해서는 서면화할 수 있도록 중개계약 양식을 표준화하여 제공하고 이 표준화 양식을 실용화할 수 있도록 매도의뢰인 및 매수의뢰인과 중개업자에게 의무화시키는 것이다.

정부에서 중개계약의 표준화를 이미 실시하였으나 물건 접수대장과 겸용되지 못하고 있어 사실상 유명무실하므로 양식을 개선하여 물건 접수대장과 중개계약을 병행할 수 있도록 하는 것이다. 개선된 중개계약 양식은 양식# 1~4와 같다.

다음은 이 중개계약 양식을 의무화하는데 정부가 중개업소를 점검하거나 방문 시 그 활용도를 점검하여 이를 습관화하도록 강화할 필요가 있다. 또한 매도의뢰인이나 매수의뢰인의 중개계약체결에 해이한 자에 대해서는 벌금을 부과하는 것도 한 방법이므로 벌칙 규정에 이를 포함하는 방법도 있다. 즉 중개계약서를 일정 기간 보관하도록 하고, 지금까지 관습적으로 진행해 온 구두 중개계약을 일시에 서면화로 강요할 수 없으므로 표준중개계약서가 없는 경우 물건 접수양식이라도 일정 기간 보관하도록 하면 중개계약서 서면화를 보다 촉진될 것으로 본다.

나. 권리분석

1) 실태 및 문제점

부동산에 대한 권리분석은 부동산거래에 있어 법적 선진화, 경제적 선진화, 기술적 선진화, 행정적 선진화 중 법적 선진화에 해당하며, 기술적 선진화와 더불어 가장 기초적인 선진화를 해야 할 부분이다.

권리분석을 위한 분류로는 공적 서류상에 나타나는 권리에 대한 분석과, 현장에서 서류상으로 나타나지 않는 권리에 대한 분석 두 가지가 있다.

서류상 나타나는 권리에 대한 권리분석은 국가의 제도권 내에서 구축되어야 할 사항이고, 서류상으로는 나타나지 않는 권리는 서류상으로는 나타나지 않으나 법률에 의하여 존재할 수 있는 권리이므로 이 또한 법 제도적으로 완비하여야 하고, 중개업자가 권리를 분석함에 있어 의뢰인에게 피해가 가지 않도록 체계적이고 세밀하면서 정확하게 분석할 수 있도록 되어야 한다.

현재 실태는 제도적으로 법규가 없어서 권리를 분석하지 못할 것은 없을 정도로 구비되어 있다. 그러나 등기부에 나타난 권리가 신뢰성을 있느냐 하는 문제인데 우리나라의 등기제도는 공신력이 있는 제도는 아니나 사실상은 선량한 대부분의 국민들은 매우 신뢰를 하고 있다. 다만 공신력이 없는 부분을 지능적으로 악용할 소지가 있는 부분만 보완할 대책이 필요하다.

문제는 부동산거래에서는 이 권리분석이 매우 중요하므로 관련된 법규를 실질적이면서 학문적으로 타당성 있도록 분석하는 시스템이 구축이 필요하다. 이 시스템에 대해서는 정부나 학계에서 체계화를 수립하여야 하는데 우리나라는 일부 학자들 그룹에서 체계를 수립하려고 노력하고 있으나 이론적 정립이 안 된 상태이다.

따라서 현장에서 중개업자들이 각종 공부서류를 발급받아 권리를 분석하고 있는데 분석하는 사람마다 각기 적용범위와 분석요령 등이 상이하게 실시되고 있어 일부에서는 이 권리분석이 잘못되거나 미흡하여 중개사고가 발생하고 국민들, 즉 의뢰인에게 피해를 주고 있다.

2) 개선방향

정부는 학계 및 협회를 통하여 부동산거래와 관련된 권리분석 시스템을 구축 시급하게 실시하여야 한다. 뿐만 아니라 학계에서도 부동산학에서 권리분석을 더욱 보강하거나 중개학회를 별도로 두어 중개학회가 권리분석 등 부동산거래 관련 내용을 보다 구체화할 수 있는 제도적 장치가 필요하다.

일부에서는 권리분석사라는 자격증을 운운하고 있지만 이는 국
민들에게 경제적으로 부담만 더욱 증가하는 형태이므로 권리분석
사를 별도로 두는 것보다는 중개업자를 최대한 활용하여 국민들에
게 부담을 최소화하는 방안이 필요하다. 따라서 현행 공인중개사협
회에서 실시하는 공제제도를 권리보험기능으로 전환하고 중개업자
들은 권리보험기능을 강화하는 제도적 정비도 검토할 필요가 있다.

다. 광 고

1) 현 실태 및 문제점

부동산거래를 위한 광고매체는 거래정보망 등 인터넷광고, 정보
지 광고, 일간신문광고, 유인물광고, 벽보광고, 방송광고 등이 있다.
그 외에 친구나 모임에서 구두광고를 하기도 한다.

부동산광고를 의뢰하는 기관은 건설업체의 분양 팀의 신축 건축
물 광고, 중개업자의 의뢰물건 광고, 소유자 및 대리인의 자기물건
광고를 하고 있다.

부동산거래에 있어 광고를 살펴보면 분양물 광고에서 허위 또는
과장광고를 많이 볼 수 있고, 기존 건물의 부동산에서 많이 이용하
는 정보지 및 인터넷 광고를 보면 허위 물건이 많이 게재되어 고객
에게 혼란을 야기함은 물론 신뢰를 떨어트리고 있다.

광고와 관련된 법규를 보면 '표시·광고의 공정화에 관한 법률',
'옥외광고물 관리법', '우편규칙 제203조의 규정에 의한 광고우편
물의 범위·취급조건 및 취급방법에 관한 규칙', '한국방송광고 공
시법' 등이 있으며, 부동산중개업자 및 분양업자의 광고물 관리에

대해서는 전속중개계약인 경우 '공인중개사의 업무 및 부동산거래
신고에 관한 법률'의 제23조 제3항[65]에서 전속중개계약 시에 물건
에 관한 정보를 공개하도록 규정하고 있다.

부동산거래에 있어 광고의 선진화는 공개정보 내용이 정확하여
고객들에게 신뢰를 줄 수 있도록 하는 것이다.

그러나 광고의 목적 중의 하나인 고객으로부터 구매촉구를 유발
하도록 하는 데 있다는 점을 이용하여 허위 또는 과대광고를 함으
로써 고객의 구매촉구 유발 목적은 달성하고 있으나 고객에게 그
릇된 판단을 하여 피해를 유발하고 있다.

2) 개선방향

정부는 부동산거래에 있어 광고의 중요성을 인지하여 부동산중
개와 관련한 법규에 "광고는 「표시・광고의 공정화에 관한 법률」
및 「옥외광고물 등 관리법」 등 광고 관련 법규를 준수하여야 함"
을 삽입하여 광고를 통한 부동산거래의 신뢰성을 확보하도록 주지
및 개정이 필요하다.

또한 부동산 광고를 함에 있어 정보공개에 있어 이미 거래가 완
료된 물건을 2개월 이상 게재하는 경우 고발인에게는 포상금을, 광
고의뢰인에게는 과태료를 부과하여 광고의 공익에 저해하는 일이
없도록 강화할 필요가 있다.

광고를 접수하여 광고하는 기관에 광고내용에 대한 심사분석 팀
을 운영하도록 하고 이 팀에서 허위 및 과대광고에 대한 심사를 실

---

65) 공인중개사의 업무 및 부동산거래 신고에 관한 법률 제23조 제3항: "중개업자는 전속중개
계약을 체결한 때에는 제24조의 규정에 의한 부동산거래정보망 또는 일간신문에 당해 중개
대상물에 관한 정보를 공개하여야 한다. 다만, 중개의뢰인이 비공개를 요청한 경우에는 이를
공개하여서는 아니 된다."

시하도록 한다. 그리고 이 심사 팀에서 잘못 심사하여 허위 및 과대광고로 인한 피해를 받은 자에 대해 배상을 하는 제도를 운영하는 방법도 한 방법이다.

라. 매도인과 매수인의 합의

1) 실 태

중개업자는 중개대상물에 대한 확인·설명이 완료되면 통상 거래가격과 입주 시기 및 매도인과 매수인의 거래 특별조건의 조정을 한다. 직거래의 경우는 이 업무를 거래 당사자 간에 실시한다.

이때 가격과정에서 상당수의 계약이 이루어지지 않고 있다. 그 이유는 매도인은 자신이 산 금액 이하로는 팔 수 없기 때문에 최소한 자신이 산 금액 이상을 주장하고, 매수인의 최근 동향은 자신이 해당 부동산에 투자한 금액에 대해 자신이 요구하는 적당한 수익이 발생하는 금액으로 거래되기를 희망하기 때문이다.

그런데 매도인의 요구가격은 과거로부터 관행으로 생각해 왔고 적용해 온 비과학적인 거래대금을 지불한 금액이기 때문에 가격이 너무 높은 데 문제가 있다.

부동산의 가격은 그 부동산을 직접 사용할 수요자가 해당 부동산을 구입할 때 투자한 비용으로 본인이 사용하고자 하는 목적으로 사용할 수 있는 가격으로 거래가 이루어질 때 이 가격이 합리적인 가격이고 정상적인 가격이라고 할 수 있다. 따라서 해당 부동산의 가격은 국가가 지정한 용도대로 이용하는 데 기초를 두고 가격을 결정하여야 한다.

그러나 현재의 매도자 요구가격은 대부분 앞으로 개발 등으로 가격이 높아질 것으로 보고 설정한 금액이므로 현재의 용도대로 적용한다면 매수자는 그 가격으로 가격이 오를 때까지는 손해를 보아야 한다. 따라서 현재의 부동산 가격은 거품이 포함된 가격이라고 할 수 있다.

입주 시기의 경우 이 또한 일치시킨다는 것이 매우 난해하여 거래가 성사되지 않는 경우가 많다. 특히 주택의 경우 이 입주 시기가 도미노 현상으로 연결되어 그 과정에 있는 거래당사자 또는 세입자의 입주 시기를 맞추어야 하기 때문이다. 그러나 간혹 매수자의 요구 입주 정도와 매도인의 매도 사정 등에 따라 어느 한쪽이 양보하도록 하여 입주 시기를 조정하여 합의를 유도하고 있다.

그 외에 매도인이나 매수인의 기타 특수조건은 가격 및 입주 시기 조정 전에 합의되어야 할 조건이므로 매도인이나 매수인의 특수조건에 적합한 매수자나 물건으로 거래가 시작된다.

2) 문제점

매도인과 매수인의 합의 과정에서 가장 근본적인 문제점은 매도인이나 매수인이 중개계약 및 매도 매입의향서를 서면으로 하지 않는 데 있다.

매도인이나 매수인이 중개계약 시에 매도 물건에 대한 요구가격이나 요구가격 폭을, 매수인은 매입 희망가격을 서면으로 작성하면 합의과정에서 변경하지 않으나 이를 서면으로 하지 않고 구두로 함으로 인하여 수시로 변경하여 이 가격합의과정에서 시간을 가장 많이 소비하고 있다.

다음은 국민들에게 부동산가격에 대한 의식에 문제가 있다.

현재도 우리나라 국민들이 생각하는 부동산에 대한 의식은 부동산은 사 두면 값이 오른다는 부동산 불패 의식을 갖고 있다. 이 의식이 IMF 이후 다소 변하고 있지만 아직도 이 의식 때문에 자신의 부동산을 자신이 투자한 돈에 비하여 수익이 나지 않는데도 자신이 팔 때는 샀을 때 가격보다는 더 높게 받을 수 있다는 신앙을 가지고 있다.

다음은 우리나라의 부동산 감정평가에 문제가 있다. 우리나라의 감정평가의 문제점은 먼저 감정평가 제도에 문제가 있다. 현재 우리나라는 감정평가를 함에 있어 감정평가 방식의 3방식을 모두 적용하고 있으나 실제로는 주로 거래사례비교방식과 원가방식을 적용하고 있다. 이 결과 부동산 가격은 경제재임에도 불구하고 수익이 나지 않는데도 가격은 계속 상승하는 결과를 가져오고 있다.

다음은 부동산감정 평가의 결과가 용도에 따라 상이하게 나오고 있다. 즉 은행에서 대출할 때 감정평가 결과와 법원에서 경매를 할 경우 감정평가결과가 상이하며, 개인이 자신의 부동산에 대한 가치를 확인하기 위하여 요구하는 감정평가는 실시하지 못하게 되어 있다. 이러한 제도 및 감정평가의 결과에 대한 상이 때문에 국민들의 감정평가에 대한 신뢰가 낮을 뿐 아니라 이 과정에 사기꾼까지 개입하여 특정 부동산은 감정평가 의뢰자의 감정평가사 매수 작업에 의해 터무니없는 가격으로 감정평가 결과가 나와 대출을 과도하게 함으로써 은행의 부실을 초래하는 경우도 있다.

또한 부동산 가격의 괴리현상에는 정부도 일부 책임은 있다. 우선 정부의 택지개발 후 개발된 택지에 대하여 주변시세에 맞춘다는 미명하에 부동산 매매가격의 폭리를 취해 온 데 문제가 있다. 정부는 영리기관이 아니라 정부가 하는 일은 기본이 국민의 안전과 복지를 위하여 활동하는 데 있다. 그럼에도 택지개방 등을 정부

나 지자체가 주관하면서도 개발 후의 토지대금에서 폭리를 취한다
든지 건설업체와 결탁하여 건설비용을 과도하게 높이 책정하도록
하여 부동산가격을 폭등시켜 왔다.

3) 개선방향

정부는 중개 관련 법규를 수정하여 중개계약을 서면으로 할 수
있도록 권장하는 정책을 수립하고 활동하여 거래의 선진화를 꾀하
여야 한다. 그 방법으로 중개계약을 서면으로 작성한 고객에게는
법정 수수료에서 일정률을 감해 주는 방안이 있으며, 중개업자에게
도 서면으로 작성한 거래당사자의 중개수수료는 부가가치세 신고
에서 제외시켜 주는 방안 등이 있을 수 있다.

다음은 부동산 가격 감정평가 제도를 개선하여 최소한 수익성 부
동산부터 수익가격으로 가격을 감정하는 체제로 전환하고, 점차적
으로 전 부동산을 수익가격으로 산출할 수 있도록 함으로써 부동
산가격의 합리화와 선진화를 위한 대책을 수립하여야 한다.

또한 정부의 부동산개발 정책에 따른 개발 후의 부동산 가격은
근본적으로 원가방식으로 적용하여 개발이익은 국민의 몫으로 돌
려주어야 한다.

마. 부동산 거래계약서 작성 및 거래신고

1) 실 태

일반적으로 부동산 거래계약서는 매매와 임대 두 종류가 있다. 거
래계약서는 개인 간 직거래의 경우는 거래당사자가 직접 작성하거
나 변호사·법무사·공인중개사·행정사·동네 통·반장 및 이장

이 작성하고, 중개업자가 거래한 경우 중개업자가 작성하고 있다.[66]

부동산거래계약서 작성 시에 포함할 사항은 「공인중개사의 업무 및 부동산거래 신고에 관한 법률」에 구체화되어 있다.[67]

부동산 거래계약서를 작성하면 부동산거래 신고를 하는 데 부동산거래 관련 신고를 보면 주택거래의 경우는 부동산 실거래가 신고나 주택거래신고, 주택부분 외의 거래는 검인계약서 제도가 있고, 토지거래허가 신고, 양도소득세 신고, 상가 및 공장은 부가가치세 신고 등이 있다.

이 중 토지거래허가 신고는 토지에 대한 거래 전에 거래 가능 여부에 대한 승인을 받는 신고이고, 부동산실거래가 신고와 주택거래신고는 부동산거래계약 후에 부동산거래계약을 체결하였다는 신고이며, 거래계약서에 대한 검인제도는 소유권 이전 등기를 하기 위하여 행정관서에 확인받는 제도이고, 양도소득세와 부가가치세 신고는 거래완료 후에 거래와 관련하여 양도 및 건물에 대한 추가적으로 납부한 부가가치에 대한 환급 및 납부 신고이다.

또 소유권 이전 등기를 하기 위하여 주택의 부분은 부동산실거래가 신고를 하고 행정관서로부터 신고필증을 받아 등기서류에 첨부하여야 하고, 주택 외의 부분은 부동산 실거래가 신고를 하여 부동산 실거래가 신고필증을 첨부하거나 계약서 검인제도를 이용하여 검인계약서를 첨부하여 등기하고 있다.

---

66) 공인중개사의 업무 및 부동산 거래신고에 관한 법률 제26조(거래계약서의 작성 등): ① 중개업자는 중개대상물에 관하여 중개가 완성된 때에는 대통령령이 정하는 바에 따라 거래계약서를 작성하여 거래당사자에게 교부하고 대통령령이 정하는 기간 동안 그 사본을 보존하여야 한다.
67) 공인중개사의 업무 및 부동산 거래신고에 관한 법률 시행령 제22조(거래계약서 등) 제1항.

2) 문제점

부동산거래 계약 후 중개업자는 주택거래신고나 부동산 실거래가 신고를 하도록 되어 있으나 주택거래신고 및 부동산 실거래가 신고 내용을 보면 부동산 거래계약서에 포함할 사항과 대부분 동일하고, 다만 물건의 인도일시, 권리 이전의 내용, 계약의 조건이나 기한이 있는 경우에는 그 조건 또는 기한, 중개대상물확인·설명서 교부일자, 거래당사자와 중개업자의 서명 및 날인란, 그 밖의 약정 내용 등이 포함되지 않았다.

부동산 관련 거래신고를 주택거래신고 및 부동산 실거래가 신고 그리고 검인계약서 제도로 3분화되어 있다.

3) 개선방향

부동산 가격 감정제도를 고쳐야 한다. 현행 우리나라는 비교사례나 원가방식으로 대부분은 감정하고 있다. 즉 수익방식에 의한 감정가격 산출로 그 제도를 발전시켜야 한다.

수익가격으로 하면 다음과 같은 장점이 있다.

첫째, 전반적인 부동산가격의 안정화가 이루어진다. 즉 당해 부동산에 투자한 금액에 해당하는 수익이 발생하는 가격이 부동산 가격이 되므로 부동산 버블이 발생하지 않는다.

둘째, 국가의 부동산 정책 수립이 용이하고 부동산 가격 및 부동산 자금흐름의 예측이 가능하여 낭비를 막을 수 있다.

셋째, 부동산 본래의 특성을 살려 합리적인 가격이 형성된다. 부동산은 개별성이 강하여 인접에 위치한다고 같은 가격으로 형성된다는 것은 잘못된 사고이다. 당해 부동산의 관리자의 관리 노력에 의해 수익의 차이가 발생하므로 가격이 다를 수 있다. 반면 임대료가 상승할 가능성이 있다는 우려가 있으나 이는 시장원리에 의해 자동 해소가 가능하다.

넷째, 경제적 균형분배가 이루어진다. 수익방식으로 가격이 형성되면 투기를 할 수 없으므로 대부호나 대기업에서 부동산에 투기자금을 투자하지 않으므로 부동산가격이 안정화되어 실수요자 위주로 가격이 형성되며, 부동산을 국민들에게 고르게 분배가 형성된다. 이를 위해 정부는 수익방식 감정을 할 수 있도록 관련된 많은 자료를 공개하여야 한다. 국방 및 외교 관련한 자료를 제외하고 가용한 전 자료를 공개하여야 한다,

부동산실거래가 신고필증을 모든 부동산 소유권 이전 시 등기원인 증서로 하여 등기서류를 간소화하고, 무상거래를 포함한 모든 부동산거래는 실거래가로 신고하도록 중개업 관련 법률을 개정하며, 모든 부동산 실거래가 신고는 중개업자로 단일화하는 것이 효율적이다.

부동산 실거래가 신고 형태가 두 가지로 나누어져 있는 것을 단일화하여야 한다. 즉 주택투기 지역과 주택투기 지역 외 지역으로 구분하여 주택투기 지역에서는 주택거래신고를 하고, 주택투기 지역 외 지역에서는 부동산 실거래가 신고를 하도록 되어 있다.

또 주택거래에 있어서도 개인 간의 유상거래는 부동산실거래가나 주택거래신고를 하고, 개인 간 무상거래와 경·공매는 부동산 실거래가 신고를 하지 않는다. 따라서 이러한 경우는 검인계약서 제도로 부동산거래 신고를 대신하고 있으며, 또한 이처럼 부동산 실거래가 신고가 복잡하고 불공평하여 부동산 실거래가 신고를 국민들에게 쉽게 주지시켜 주지 못하여 부동산실거래가 신고제도가 실행된 지 2년이 넘었음에도 대리인 신고에 의해 아직도 다운계약

서가 실시되고 있는 등 제대로 실행되지 않고 있으며, 일부 국민들과 중개업자들은 세금의 탈피 수단으로 아직도 거래가격을 낮추어 신고하는 빌미를 제공하고 있다. 또한 특정집단에게만 적용하는 인상을 주는 법질서 의식을 제공하고 있다. 따라서 국민들의 편의를 위해 제도를 부동산 실거래가 신고제도로 단일화할 필요가 있다.

바. 소유권 이전 및 잔금처리

1) 실 태

잔금처리 예정일 최소 3일 전에서 1주일 전에 직거래를 한 경우는 거래당사자 간에 약속하여 정확한 잔금일자와 시간을 정하고, 중개업자가 중개한 경우는 중개업자는 매수자, 매도인 순서로 전화하여 정확한 잔금일의 상면시간 및 준비할 서류목록과 서류준비상 필요한 조치사항을 통지하여 약속을 정한다.

잔금 처리 일에 소유권 이전 및 잔금처리는 동시 이행관계로 통상 공인중개사 사무실이나, 법무사 사무실 또는 변호사 사무실 및 은행 사무실에서 실시되고 있다.

각 장소별 거래대상자를 보면 중개업자가 거래를 중개한 경우는 대부분 공인중개사(중개업자) 사무실에서 소유권 이전 및 잔금처리를 실시하고 있다.

법무사 사무실이나 변호사 사무실에서 실시하는 경우는 개인 간의 직거래를 한 경우나 매수인이 지정한 법무사 및 변호사 사무실에서 소유권 이전 및 잔금처리를 원하는 경우에 실시하고 있다.

또한 은행 사무실에서 실시하는 경우는 매수자가 대출을 받아 잔금을 처리하는 경우에 소유권 이전 및 잔금처리를 은행 사무실에서 실시하기도 하는데 이 경우에도 대부분 중개업자가 중개한 경우는 중개업자 사무실에서 실시하나 은행에서 은행과 계약한 법무사 및 변호사 사무장을 이용하기를 강요하는 경우 은행 사무실에서 실시하기도 한다.

소유권 이전 및 잔금처리를 하는 경우 위 각 사무실에서 실시하는 업무내용을 보면, 거래당사자 간에 직거래를 한 경우 먼저 거래당사자는 부동산 인수인계를 위해 부동산 상태를 확인한다. 부동산 상태 확인이 끝나면 법무사 사무장이나 변호사 사무장 사무실로 이동하며 매수인은 융자를 받는 경우 은행에 들러 대출금은 수령하여 법무사 또는 변호사 사무장 사무실로 간다. 법무사 및 변호사 사무장 사무실에서는 법무사 및 변호사 사무장에 의하여 소유권 이전과 관련된 서류를 교환하고 확인하는 업무를 수행한다. 소유권 이전 서류에 이상이 없으면 거래대금을 정산함으로써 소유권 이전 및 잔금처리를 종결한다.

다음 중개거래를 한 경우는 거래당사자는 중개업자가 입회하여 부동산인수인계를 위해 부동산상태를 확인하고, 부동산 상태 확인이 끝나면 중개업소 사무실로 이동하여 먼저 매수인은 융자를 받는 경우 잔금을 처리하기 위해 은행에서 직원이나 해당 은행과 계약된 법무사 및 변호사 사무장이 대출금을 매수자에게 인수하고, 매도인과 매수인은 소유권 이전에 필요한 서류를 법무사 및 변호사 사무장에게 제출하여 서류상 이상 여부를 확인받는다. 서류에 이상이 없으면 중개업자는 거래당사자의 잔금을 처리하며 중개업자는 잔금영수증을 작성하여 매도인의 서명 또는 날인을 받아 매수인에게 건네준다.

거래대금 정산이 끝나면 중개업자는 매도인의 관리비 및 전기료와 가스 사용료를 정산한 영수증을 확인하여 매수인에게 전달한 뒤 건물의 경우는 부동산의 각종 열쇠를 인수인계함으로써 부동산 인수인계 및 소유권 이전과 잔금처리를 완료한다.

그동안 법무사 및 변호사 사무장은 등기소요비용을 계산하여 잔금처리가 끝나면 매수자에게 설명하고 등기비용을 수령하여 법무사 사무실로 이전한다. 만일 매도인이 대출금을 상환하는 경우 법무사 및 변호사 사무장은 매도인으로부터 대출금 상환금을 인수받아 대신 상환하고 근저당권 등을 말소까지 하고 있다.

부동산 인수인계가 완료되면 세무사나 법무사 및 변호사 사무장 또는 중개업자에 의해 양도소득세에 대해 매도인과 협의하여 처리함으로써 부동산거래에 관한 사항을 종결한다.

2) 문제점

현행 소유권 이전 및 거래대금의 잔금처리와 부동산인계인수 그리고 세금처리까지 중개업소 사무실에서 원스톱 서비스를 제공하여 매도인이나 매수인에게 편리성을 제공하고 있다.

다만 이를 처리하기 위하여 서비스하는 요원이 최소 2명 최대 4명이 활동하고 있어 매도인 및 매수인이 혼잡스러워한다는 것이다. 따라서 잔금 일에 처리할 업무를 한 기관으로 지정하는 것이 필요하다.

3) 개선방향

잔금 일에 중개업소 사무실에서 실시하는 업무를 한 기관에서 실시하는 방법으로는 계약금 등의 반환채무 이행의 보장제도(에스크로우제도)를 실시하는 방법이 있다.

계약금 등의 반환채무 이행의 보장제도는 2000년 1월 28일 중개

업법 제8차 개정 때 우리나라는 이 에스크로우제도를 도입하였다.[68]

우리나라가 2000년도 계약금 등의 반환채무 이행의 보장 제도를 도입할 때 내용을 살펴보면 중개업자가 거래의 안전을 보장하기 위하여 필요하다고 인정하는 경우 거래당사자에게 권고하도록 하였고, 만일 거래대금을 수령할 권리가 있는 매도인 및 임대인이 미리 수령하고자 할 경우에는 거래대금 예치기관으로부터 수령한 거래대금을 반환한다는 보증서를 발급받아 예치명의인, 즉 중개업자 또는 명의를 제공한 제3자에게 교부하고 거래대금을 미리 수령할 수 있도록 하였다.

그러나 이 제도를 도입한 지 10년이 되어 가면서도 활성화되지 못하고 있다. 따라서 정부는 이 제도의 활성화를 위한 정책이 필요하다. 이 제도가 활성화되지 못한 데는 몇 가지 이유가 있다. 즉 이 제도는 미국에서 실시하고 있는 제도이므로 우리나라에서는 생소한 제도이다. 따라서 이 제도를 우리나라에 도입하기 위해서는 이 제도가 우리나라에 적응할 수 있도록 연구가 필요하고 그 연구 결과를 국민들에게 홍보가 이루어졌어야 했다.

현재 이 제도에 대해서 학위 논문을 비롯하여 다소 연구가 있었으며 일부 금융기관과 공인중개사협회에서는 나름대로 적용할 모델을 개발하기도 했다.[69]

그러나 이 제도가 정부의 관심 등한시로 제도화되지 못하고 단순히 중개업법의 일개 조항으로만 존속해 온 데 원인이 있다.

우리나라에서도 전자 상거래제도에서는 에스크로우제도가 활발하게 운영되고 있다. 전자 상거래에서 에스크로우제도가 활성화된

---

68) 부동산 중개업법 제19조의 2, 법률 제6236호, 2000. 1. 28.
69) 구자춘, 권리보험과 에스크로우제도의 비즈니스모델에 관한 연구, 건국대학교, 2005, pp.3
   9~55.

데에는 여러 가지 이유가 있으나 가장 근본적인 이유는 전자상거래 관련법에서 이 제도의 운영을 위해 구체화된 법규를 제정한 데 있다. 또 부동산과 관련한 에스크로우제도에서도 부동산 매매와 관련한 에스크로우제도는 미미하나 부동산 대출 관련하여 권리보험이 에스크로우제도와 연계하여 매우 활발하게 진행되고 있다.

다음은 에스크로우제도에 대한 국민들의 인식부족과 그 비용에 문제가 있다.

우리나라 국민들은 에스크로우제도에 대하여 알고 있는 비중이 매우 낮고 더 큰 이유는 '내 재산을 팔면 돈이 내게로 들어와야 하지 소유권이 넘어갈 때까지 남한테 맡겨 두어야 하느냐'는 의식과 '소유권 이전과 관련하여 각종 세금을 내고 있는데 또 비용을 들여야 하느냐' 하는 인식을 가지고 있다. 따라서 이 에스크로우제도 도입에 있어 수혜자는 매수인이므로 미국과 달리 우리나라는 법제도로 부동산 매매거래 계약 시에 소유권 이전과 필요한 서류를 국가가 보증하는 기관에 맡기는 것으로 제도를 발전시키고 그 비용은 매수인이 부담하는 것으로 발전이 필요하다. 다만 부동산 매도용 인감의 유효 기간이 3개월임을 감안할 때 부동산 매매거래 기간이 3개월이 초과하면 다시 발급을 받아야 하는 문제가 있으므로 주민등록 등·초본과 부동산 매도용 인감증명서는 실제 소유권이 이전되는 날에 매도인으로부터 받는 것으로 발전이 필요하다.

정부는 이 제도를 부동산 등기와 연계되므로 대법원과 협의를 이루어야 하며 만일 부동산 거래절차법을 제정한다면 이러한 내용을 부동산 거래절차법에 전부 수용할 수 있으므로 부동산 거래절차법의 제정을 검토할 때가 되었다고 본다.

사. 소유권 이전 후 부동산자체의 기술적 결함 처리

1) 실 태

계약할 때 계약서상에 "계약은 계약일 현 상태 있는 그대로 계약한다"라고 명시하고 설명도 해 주며, 잔금 처리 일에 부동산 인계인수를 실시하나 부동산 인수 후 매수인은 수리 등을 위하여 부동산의 상태를 점검하고는 '매도인이 부동산의 상태를 자세하게 알려 주지 않고 은폐 및 고의 누락했다'고 생각하고 그 하자에 대한 이의를 제기하고 있다.

대부분 매도인은 자신의 물건 상태를 나쁘게 평가받는 것을 원하지 않기 때문에 문제가 있는 부분을 전부 알려 주지 않기도 하지만, 또 건축에 대해 기술적으로 잘 알지 못하기 때문에 그 상태의 정확한 설명은 난해하다.

매수인도 당해 부동산에 대한 현장 확인 시에 부동산의 위치와 대략적인 모양만을 보고 실제 문제가 될 수 있는 전기 관련 기구 및 수도의 수량이나 화장실 등 상하수도 배관 관련 기구의 작동 상태 등 점검해야 할 것을 제대로 점검하지 않으며, 또 매수인도 건축에 대한 기술적 전문지식이 없으므로 자세히 알지 못한다.

중개업자의 경우에도 건축을 전공한 경우가 아니면 건축에 대한 기술적 전문지식이 없으므로 매도인이 알려 준 것을 그대로 설명할 수밖에 없는 실정이다.

그러나 현재 중개대상물에 대한 확인·설명 의무가 중개업자에게 있고, 최근에는 중개업자는 손해배상보증에 가입되어 있으므로 거래당사자나 법원의 판사들은 그 책임을 중개업자에게 1차적으로 짓도록 하고 있다.

건축물이 없는 토지의 경우는 별문제가 없고 공부상의 하자만 없으면 별로 문제가 발생하지 않으나 건물의 경우는 건축할 때부터 문제가 발생할 수 있다.

따라서 건축에 대한 하자에 대해서는 건설 산업기본법과 주택법의 하자보수에 대한 법규를 적용하고 있다. 그런데 건설 산업기본법이나 주택법의 하자보수는 건설회사와 부동산 소유자 간의 하자보수 책임을 위주로 하고 있다.

미국에서는 거래계약을 체결한 후 매수자가 계약 시에 계약 후 건물상태를 점검할 수 있는 사항을 약정하여 건물에 대한 기술적 점검을 받아 그 보고서에 의거하여 계약을 해제할 것인가 아니면 계약을 계속 이행할 것인가를 결정할 수 있도록 하고, 또 거래 완료 후에도 거래 부동산의 하자를 처리하기 위하여 매도인이 1년 기한으로 거래부동산에 대해 하자보증보험에 가입하여 매수자가 당해 부동산의 하자로 인하여 피해를 입지 않도록 하고 있다.

2) 문제점

건축물의 하자상태에서 매도인이나 매수인 및 중개업자에게 당해 부동산의 기술적인 하자를 전부 책임 짓도록 하는 것도 문제가 있다. 특히 거래 부동산에 대해서 중개업자에게 당해 물건의 하자에 대해 책임을 짓도록 함은 더욱 비합리적이다.

또한 우리나라는 기존 건축물의 관리를 위해 공동주택 중 아파트와 구분소유 건물로 구성된 상가빌딩만 관리실을 두고 있고, 아파트 상가나 전문상가 등 구분소유 건축물로 된 상가는 각각 별도의 관리실을 두고 있거나 두지 않고 있으며, 다가구주택의 경우는 주택관리 전문 업체와 계약하여 관리하고 있다. 그러나 단독주택 등은 별도의 전문 업체나 전문가에 의해 관리되지 않고 소유자가 직접 관리하도록 하고 있다. 그런데 소유자가 건축 관련 건문가인 경우는 자체관리를 잘할 수 있으나 대부분 비전문가이며 또 부동산에 대한 관리요령 및 규제가 상식이 부족한 상태라 주기적으로 수리 관리하여야 하는 내용을 잘 모르고 있어 실질적으로 관리가 되지 않고 있다.

또 현재 운영되고 있는 각 관리업체 및 관리실은 해당 건물의 관리를 위한 관리실이지 부동산거래에 따른 하자관리 기관은 아니다. 즉 부동산거래 관련하여 하자를 기술적으로 점검해 주거나 이를 상대로 하자처리를 해 주는 기관이 없다

3) 개선방향

정부는 건축인가 시나 준공 시에 건축물 관리에 관한 규정 및 규범을 건축주에게 제공하여 국민들의 건축물관리에 대한 지식과 의식을 고양하고 건축물관리 업체를 폭넓게 확대하여 관리와 하자보수점검 및 수리까지 할 수 있도록 개선하는 것이 요구된다. 그래서 부동산거래 시의 하자보수 점검제도를 종합적으로 검토하고 이를 전문적으로 수행할 기관을 운영하는 제도의 발전이 요구된다.

또한 부동산거래의 경우 매도인은 부동산 매매 시에 잔금 지급일에 일정 기한의 하자보수보증보험에 가입하는 제도의 설치가 필요하다.

제Ⅳ장

부동산 거래절차 선진화 방안

제1절 부동산 거래절차 선진화 선행요소

1. 선진화 부동산 거래절차법 제정

가. 부동산 거래절차법의 제정 필요성

부동산거래는 국민들이 일생 동안 생활을 함에 있어 실시하는 거래행위 중 재산적 가치로는 가장 큰 거액의 재산을 거래하는 행위이며, 거액의 재산을 거래하는 것인 만큼 평생에 몇 차례 되지 않는 거래로 국민들이 전문적인 지식을 갖지 못하는 상태로 거래를 한다. 따라서 정부는 국민들의 생존과 재산권을 보호할 책임이 있으므로 부동산거래를 통하여 사기행위 등 거래사고가 나지 않도록 안전하게 거래할 수 있는 제도를 만들어야 한다.

또한 부동산거래는 부동산거래를 통하여 거둬들이는 수입은 국가를 운영하는 재정 수입의 중요한 비중을 차지할 뿐만 아니라 부동산거래 사고를 방지하여 국민의 재산을 보호하고 바르게 거래되도록 투명하고 효율적인 거래가 될 수 있는 제도를 만들어야 하는 것도 정부의 중요 책임이다.

또한 부동산거래는 거래당사자 및 중개업자 그리고 정부, 즉 거래주체들의 종합적인 활동에 의해 이루어진다. 그리고 이 부동산거래는 부동산거래 주체들의 부동산거래에 관련된 다양한 업무가 종합되어야 거래가 이루어진다. 그런데 거래주체들이 모두 관련되는 부동산거래를 위한 활동업무 또한 거래주체별로 각각 상이하기 때문에 이들 업무활동이 연계성을 가지고 조화를 이룰 때 가장 효율적인 부동산거래가 가능하다.

특히 부동산거래는 거래금액이 크기 때문에 이를 노리는 부동산
사기꾼들이 언제나 부동산거래 주변에 상존하고 있어 안전성은 매
우 중요하다. 그러나 현행처럼 중개업자를 규제하기 위해서 만들어
진 「공인중개사의 업무 및 부동산거래 신고에 관한 법률」만 가지
고는 중개업자는 규제할 수는 있으나 거래당사자 및 정부의 부동
산거래 관련 업무를 연계시키고 또 거래당사자 및 정부의 효율적
으로 거래과정이 이루어지도록 하는 제도가 없으므로, 거래당사자
와 중개업자 그리고 정부의 활동을 규제하기 위해서는 새로운 법
규의 제정이 절실히 요구되고 있다.

나. 부동산 거래절차법의 기본 개념

이 부동산 거래절차 선진화법은 기본적으로 부동산거래의 안전
성과 투명성 그리고 효율성이 전제된 거래주체들의 활동이 포함되
고 규제사항이 모두 망라되어야 한다. 따라서 부동산거래 전 과정
이 모두 고려되어야 하므로 부동산거래 전개순서를 정리하여 가급
적 순서에 맞추어 법 조항을 전개하여 국민들 및 거래주체들이 이
법을 활용하는 데 이용이 용이하도록 구성됨이 요구된다.

부동산 거래절차법은 국민들의 상거래행위의 기준이 될 수 있도
록 규정화하여야 하며, 거래 주체인 거래당사자 및 중개업자 그리
고 정부 공히 부동산거래로 인하여 손해를 입지 않도록 관련된 보
험이나 사회적 보장 장치가 동시에 포함되어 국민들의 재산이 보
호될 수 있어야 한다.

부동산 거래절차법을 제정하는 방법은 신규 제정하는 방법이 있

고, 현행 중개업자를 규제하기 위한 「공인중개사의 업무 및 부동산 거래 신고에 관한 법률」에 거래당사자가 해야 할 행동과 안전제도 및 장치, 그리고 거래당사자 및 정부가 부동산거래의 안전을 위한 활동에 필요한 행정부서 및 관련 부서의 지원 내용이 포함하여 제정하는 방법이 있을 수 있다. 특히 부동산 거래절차법은 부동산거래 안전화와 투명화 효율화에 그 근본요소로 제정되어야 하므로 사회적 보장책이 포함된 안전화 방안들이 수반되어야 한다.

다. 부동산 거래절차법에 포함되어야 할 사항

부동산 거래절차법에 포함되어야 할 사항을 거래주체별로 열거하면 다음과 같다.

먼저 매도(임대)인은 부동산거래를 중개의뢰하거나 직거래를 하는 경우 거래 상대방에게 매도인이 진정한 소유자임을 증명하는 서면(등기권리증, 주민등록증 또는 운전면허증, 지방세 납부증명서 등)을 지참하고 부동산 매도의뢰 및 거래계약을 체결하며, 가급적 서면으로 중개계약을 체결할 것을 권장하는 조항이 필요하다.

또한 거래계약서 작성 시에는 등기권리증을 계약금 등의 반환채무이행 보장기관에 예치하고, 물건의 상태에 대한 하자책임을 책임질 수 있도록 거래계약 체결 시나 소유권 이전 시 거래가격의 5%에 해당하는 하자보증보험증서를 제출하도록 하며, 관리상태가 불량한 물건, 즉 등기권리증을 분실하였거나, 점유취득 및 특별조치법에 의해 취득한 부동산 등 관리상태가 불완전하거나, 6·25에 의해서 소유자가 행방불명되었거나, 상속등기가 되어 있지 않은 상속부동산 또는 상속인이 없는 부동산, 국·공유지 부동산, 해외 장기체류자 부동산 등을 매도할 경우는 권리보험과 계약금 등의 반환채무이행 보장 보험(에스크로우)에 의무적으로 가입하여 거래사고를 방지할 수 있도록 한다.

다음 매수(임차)인은 매도인과 동일하게 진정한 매수인임을 증명할 수 있는 서면(주민등록증, 운전면허증, 기타)을 지참하고 매수의뢰 및 거래계약을 체결하고, 서면으로 중개계약 체결을 권장한다.

또한 매수인은 거래계약 체결 시 거래대금 조달계획을 거래계약에 첨부하며, 관리상태가 불량한 물건에 대해서는 에스크로우 보험에 의무적으로 가입하여 거래사고에 대비토록 한다. 또한 매매 및 임대차 시 매수(임차)인은 당해 부동산에 대하여 물리적 하자에 대한 기술적 점검을 계약금 지불 후로부터 중도금 지불일 전까지 또는 계약일로부터 15일 이내에 실시할 수 있도록 기회를 부여하여야 하며, 만일 하자에 대한 수리비용이 거래가격의 5%를 넘거나 하자보수 기간이 7일 이상이 소요되는 경우와 중개업자의 권리조사 보고서에 권리에 하자가 있다고 판단되는 경우에는 계약을 해제할 수 있도록 제도를 보완하여야 한다.

특히 임대차의 경우 임대인은 임차인에 대하여 물건의 상태를 목록을 작성하여 인계하고 이 중 정부가 정한 원상 복구할 요소를 정확하게 체크하여 인계하며, 임대차 기간 중 하자발생으로 인한 수리한계를 합의토록 함과 동시에 임대차 종료 시 임대보증금반환 보증보험 등 임대보증금 반환보장에 책임관계를 포함하여야 한다.

또한 임대사업자는 임대차 현황을 가구별로 보증금, 차임, 임대차 기간을 명시하여 그 현황을 임대의뢰 시에 중개업자에게 제공하여야 함을 명시할 필요가 있다. 한편, 임차인은 차임에 대한 불이행을 방지하기 위한 보장방안을 제시하도록 하고, 임대차 기간 중 수리관계에 대해 명확히 하며 임차인에게 무리가 되지 않는 수리는 1회 수리비용이 거래금액의 0.1% 이하에 해당하는 수리는 임차인이 수리하면서 관리유지책임을 명시할 필요가 있다.

다음 중개업자는 현행 「공인중개사의 업무 및 부동산거래 신고에 관한 법률」 내용을 준수하며, 권리분석을 하여 권리분석보고서를 매수(임차)인에게 제출하도록 하고, 이때 이 보고서에 포함할 사항은 현 소유자 권리 진위확인서면과, 직전 소유자 권리 진위확인서면, 그리고 등기부등본상의 기재된 모든 권리에 대한 권리조사확인서면을 첨부한다. 여기에는 임차인이 있는 경우에는 임대인이 임대의뢰 시에 제출한 임대차 현황과 변동사항이 기재된 임차인 조사보고서도 포함하도록 한다.

또한 중개업자는 중개계약서 또는 물건접수대장(중개계약서가 없는 물건)을 최소 3년 이상 보관토록 하며, 에스크로우보험을 위해 에스크로우용 특별계좌를 제1금융권기관과 협약을 체결하여 의무적으로 개설하고, 이를 등록관청에 등록하며, 그 체결서 및 규약을 거래계약서 작성 시 거래당사자에게 사본을 첨부하여 교부하도록 하여야 한다.

또한 중개업자는 중개보조원을 채용 시 중개보조원 자격을 취득한 자를 채용하고, 중개보조원은 중개업자와 동일하게 손해배상보장제도 가입을 의무화하는 규정을 신설한다.

중개업자의 자질향상을 위하여 중개업자를 중개보조원, 공인중개사, 국인중개사로 차등화하여 계속 업무와 자기발전을 위하여 노력하도록 한다.

그리고 등록규정을 강화하여 손해배상 범위 내의 재산소유자 또는 이에 해당하는 재정보증을 제공할 수 있는 자로 강화하며, 이에

대하여 추가적인 권리를 설정하지 않는다는 공증서를 제출하도록
할 필요가 있다. 이 재산 보존 행위는 매년 등록관청에 변동 신고
를 하도록 하여야 한다.

또한 중개수수료 외에 상담 및 조사활동에 대한 수수료를 책정
하여 중개수수료 외의 보수를 받도록 하여 생계를 보장할 수 있도
록 할 필요가 있다.

정부는 앞서 거래당사자 및 중개업자에 관한 사항과 뒤에 기술
되는 내용을 포함한 부동산 거래절차법을 제정하고, 중개계약과 중
개업자의 물건접수대장을 겸용할 수 있는 표준중개계약서(양식#
1~4 참조)를 제정하며, 권리의 안전화를 위해 권리분석자에게 행
정관서 및 금융기관 등에게 지원할 수 있는 법적 제도를 제정하여
야 한다.

또한 중개사협회(또는 토지공사나 주택공사 등 국가기관)를 에스
크로우 기관으로 운영하는 세부규정을 선진화된 부동산 거래절차법
에 포함하고 중개업자는 이 에스크로우기관의 대리점을 겸용하도록
제정하여 에스크로우제도를 활성화할 필요가 있다. 또 정부는 하자
보증보험, 권리보험, 임대인의 임대차보증금보증보험 등에 대하여
보험 관련 법령을 개정하거나 또는 선진화된 부동산거래법에서 에
스크로우 기관이 이를 겸용할 수 있도록 개정하여 부동산거래 안전
화와 선진화가 이루어질 수 있도록 제도를 완비할 것이 필요하다.

2. 부동산거래 기간

부동산거래는 거래당사자 간의 거래가 대단히 중요하므로 기본

적으로는 거래당사자 입장에서 검토되어야 한다. 또한 부동산거래에 있어 중개업자의 활동은 <표 4-1>의 설문결과에서 보는 바와 중개업자에 의한 부동산거래가 63% 이상으로 중개업자가 부동산거래의 주요 역할을 하고 있으므로 중개업자의 활동도 동시에 고려되어야 한다.

부동산거래 기간은 별도로 명시된 바는 없으며 부동산중개론(이태교 저)에서는 부동산중개활동 과정을 계약체결까지 기술하고 있고, 그 외 부동산학 관련 대부분의 서적에서는 소유권 이전까지를 부동산 거래절차로 보고 있다.

그러나 부동산거래의 종결은 부동산의 물리적 하자나 권리의 하자가 종결될 때까지 진행되고 있으므로 부동산 거래절차의 기간은 소유권이 이전될 때까지로 보아서는 안 되며, 거래 후 일정 기간 동안 보장책이 이행되는 시기까지를 부동산 거래절차 기간으로 보아야 한다.

〈표 4-1〉 부동산 소개자 현황(일반국민)

구분	계	본인	친척	통장 / 이장	친구	중개업자
응답자 수(명)	138	29	9	6	7	87
응답률(%)	100	21	7	4	5	63

3. 부동산 매매거래 절차(안)

우리나라와 외국의 부동산 거래절차를 살펴본 결과 우리나라나 외국이나 부동산 거래절차는 크게 차이나지는 않고 있다. 다만 거래당사자 입장에서 절차를 정리하였느냐 아니면 중개업자 입장에서

절차를 정리하였느냐는 차이에 따라 부동산 거래절차를 두고 있느냐 또는 부동산 중개절차를 두고 있느냐는 차이가 있고, 당해 나라의 현재 부동산거래 제도를 안전화에 중점을 두었느냐 아니면 투명성에 중점을 두었느냐의 차이에 따라 선진화된 부동산 거래제도이냐 또는 거래를 규제하기 위한 제도이냐의 차이가 있을 뿐이다.

부동산거래는 매매거래와 임대차거래로 대별된다.

먼저 부동산거래 중 매매거래에 대하여 그 대안을 제시하고자 한다.

본 연구에서는 부동산의 매매거래절차를 거래당사자, 즉 매도인과 매수인의 입장에 중점을 두었으며, 그 구체적인 내용을 개괄적으로 정리하면 다음과 같다.

매도인과 매수인은 부동산을 거래하기 위해서는 매도 및 매수계획수립을 수립하여 거래를 실시하여야 하는데 이 매도인 및 매수인의 부동산 매도 및 매수계획을 부동산중개 절차 앞에 먼저 선행되어야 한다고 보았다.

〈도표 4-1〉 부동산 매매거래 절차(안)

단계	매도의뢰인	절차	매수의뢰인	중개업자
1	매도계획수립 - 매도 시기 - 매도방법 - 매도예정가격	**매도 · 매수 거래계획수립**	매수계획수립 - 대상 지역 - 대상물건의 종류 - 자금조달계획	상담
2	매도물건 홍보 - 광고 - 중개의뢰	**거래부동산의 홍보 및 탐색**	물건 정보획득 - 물건탐색 - 물건탐색 중개의뢰	물건접수 / 중개계약 자료요구 임장활동 물건분석 적임자 도출 물건 설명준비 광고 매수인상담

단계	매도의뢰인	절차	매수의뢰인	중개업자
3	매도가격 결정	가격 및 거래조건 협의	매수가격 결정	가격과 거래조건절충
	대급 사용 계획		대금지급 계획	
	거래조건 제시		거래조건 협의	
	토지거래 허가신청 등	인·허가 획득	토지거래허가 신청	인·허가 협조
			인허가 검토(공장 등)	
4	계약금 수령	계약체결	계약금 지급	계약서 작성
	영수증 제출		영수증 수령	
5	부동산 거래신고	계약이행	에스크로우 실행	에스크로우 협조
			융자신청	융자알선
			부동산 거래신고	부동산 거래신고
6	소유권 이전 서류 제공	잔금 및 소유권 이전 서류 교환	소유권 이전 서류 수령	소유권 이전 서류 확인
	잔금수령		자금지급	잔금정산
7	부동산 인도 – 열쇠 인계 – 제세공과금정리 – 이사	부동산 인계인수	부동산 인수 – 열쇠 수령 – 참고사항 인수	부동산 인계인수확인
8	양도소득세 신고	세금납부	등록세 납부	법무사 및 변호사 사무장이 대행
			취득세 납부	
9		등기	소유권 이전 등기	
10	권리 및 물리적 하자	하자이행	등기권리증 수령 하자 실행	등기내용확인 점검

　매도인 및 매수인의 매도 및 매수계획 수립 후의 거래절차는 부동산중개 절차와 동일한 절차를 거쳐 거래활동을 하게 되며, 거래계약이 체결된 뒤 다시 거래당사자는 거래계약 이행과정인 중도금 지불과 소유권 이외의 권리에 대한 거래당사자 간은 약속사항 이행, 융자금확보를 위한 활동, 그리고 부동산거래 신고 등과 소유권 이전 과정인 부동산 인계인수 후 세금납부 및 등기절차를, 끝으로 부동산의 합리적인 종결과정인 하자이행단계로 권리 및 부동산의 물리적 하자에 대한 처리를 추가로 결합하는 종합적인 부동산 거래절차를 정리해 보았다.

이 중 부동산 중개과정은 2단계인 거래부동산의 홍보 및 탐색단계에서 중개계약을 체결하면서부터 4단계인 거래계약 체결 단계까지를 말하며, 중개업자가 5단계인 계약이행 단계부터 7단계인 부동산 인계인수 단계까지의 활동을 조력 또는 지원하는 것은 서비스 활동이라고 할 수 있다.

가. 매도 및 매수계획 수립

부동산의 효율적 이용 측면에서 부동산의 거래는 매수자의 실제 필요에 의하여 부동산을 거래하는 것이 가장 바람직한 부동산거래이다. 따라서 부동산 거래 절차 또한 이 바람직한 거래에 기준하여 거래절차가 이루어져야 한다.

이런 측면에서 우리나라의 부동산 거래절차 중 매매거래 절차는 <도표 4-1>에서 보는 바와 같이 일반적으로 매도자 및 매수자의 매도 및 매수계획 수립부터 시작하게 된다.

1) 매도계획 수립

매도자는 부동산 매도계획을 수립하는 경우는 자신의 재테크 계획이나 직장에서 보직 순환 등 자신의 계획과 자신의 사업에 필요한 자금 확보, 그리고 자식들의 결혼 및 교육비를 확보하기 위한 사정 등에 의하여 부동산을 처분할 계획을 수립하게 된다. 그 외에 국가 등이 수용하는 경우도 있으나 이는 정상적인 부동산매매와는 차이가 있다.

매도자가 매도계획을 수립하는 요소는 어느 시기에 매도를 하고 이를 위해 부동산 매도 홍보 또는 중개업자에게 매도 의뢰를 할 것인가를 결정하는 매도시기, 그리고 자신이 직거래로 매도할 것인가 아니면 중개업자에게 매도를 의뢰할 것인가 또는 교환을 할 것인가 또는 급매물로 처리할 것인가 등 매도방법, 주변의 매도사례 정보를 수집하고 당해 물건의 상태 등을 확인하여 어느 가격에 매도할 것인가를 결정하는 매도가격 등을 고려하게 된다.

이때 매도인이 매도가격을 결정하는 요령은 일반적으로 당해 지역의 같은 종류의 부동산의 거래사례를 참작하여 결정하며 또 자신이 구입한 가격에 취득 관련하여 투입된 비용과 그동안 수리 등으로 투입된 비용 그리고 일정한 이득을 얻기 위한 금액을 가산하여 매도가격을 결정하고 있다. 따라서 부동산의 용도는 변경된 바가 없는데도 부동산 가격은 계속 올라만 가는 현상이 일어나고 있고 그 결과 매수자는 투입한 가격에 비하여 손해를 입어야 하는 현상이 발생하고 있는 것이다.

부동산가격은 당해 용도에서 가장 효율적으로 이용하는 가치를 발휘하는 가격이 가장 합리적인 가격일 것이다. 그러므로 매도인의 매도가격은 감정평가의 결과에 의해 산출된 가격으로 거래가 이루어지도록 하는 것이 바람직하다.

따라서 매도인이 매도할 부동산을 홍보하거나 중개업자에게 의뢰할 때 감정평가에 의해 산출된 가격임을 제시하도록 하는 제도가 요구된다.

2) 매수계획 수립

매수자가 매수계획을 수립하는 경우는 자신의 현재 사업이나 가정환경상 실제 필요에 의하여 부동산 매수계획을 수립하거나, 자신의 재산 재테크 형성 일환 등으로 매수계획을 수립하고 있다.

매수자의 매수계획 수립요소는 먼저 필요한 부동산의 종류를 결정하고 그 다음 어느 지역에 있는 부동산을 구매할 것인가, 즉 매수할 대상 지역을 결정하며, 어느 시기에 구입할 것인가 구입 시기, 그리고 어느 가격대로 구입할 것인가 구입희망가격과 이 가격으로 구입할 경우 구입자금은 어떤 방법으로 조달할 것인가 자금조달계획, 구입한 부동산을 어떻게 운영할 것인가를 결정하게 되며 매수방법을 매수자 본인이 직접 구입할 것인가 아니면 중개업자를 통하여 구입할 것인가를 결정하게 된다.

특히 매수자의 매수계획 수립 시에 중개업자의 역할은 매우 중요하다.

매도인도 동일하지만 매수인이 매수계획 수립할 매수인은 인터넷이나 생활정보지 등 각종 부동산 관련 정보계통을 통하여 수집하지만 통상 중개업자와 상담을 통하여 매수계획을 수립한다. 이때 중개업자는 매수인이 효율적이고 합리적인 매수계획을 수립할 수 있도록 상담 및 조언을 할 수 있어야 한다.

중개업자의 상담 및 조언 사항은 매수자가 구입하고자 하는 부동산의 입지선정, 적절한 자금소요와 조달방법, 구입방법, 그리고 매수자가 효율적으로 이용할 수 있도록 필요한 지원사항에 대한 전문적 지식 등이 요구된다.

나. 거래대상 부동산의 홍보 및 탐색

1) 물건 광고 및 탐색 또는 중개계약

매도자가 매도계획 수립한 뒤 그리고 매수자가 매수계획을 수립한 뒤 직거래를 하는 경우 매도자는 자신이 매도하고자 하는 부동산에 대해 광고 등을 통하여 홍보를 하고, 매수자는 구입하고자 하는 부동산에 대하여 어떤 부동산이 나와 있는지 직접 탐색을 하게 된다. 그러나 중개업자에게 의뢰하는 경우에는 매도인은 매도의뢰를 하고 매수인은 물건을 탐색해 줄 것을 의뢰하게 되는데 매도인의 매도의뢰 및 매수인의 매수의뢰가 곧 중개계약이다.

따라서 매도인의 매도대상 물건의 홍보 및 매수인의 구입 물건의 탐색 또는 중개업자에게 의뢰를 하면서부터 실제거래를 위한 활동은 시작된다.

즉 매도자가 매도할 물건을 의뢰하면 중개업자는 이를 접수하면서 매도자의 매도 의향(매도 목적, 매도 기한, 매도가격, 매도하는 사정, 매도조건 및 요구사항 등)을 상담을 통하여 파악하고, 중개업자는 이때 파악한 내용을 매수자에게 중개대상물 확인·설명 시 매수자의 구매 촉구를 유발시킬 때 활용한다.

또한 매수자가 매수할 물건을 중개업자에게 의뢰하면 중개업자는 이를 접수하면서 매수자의 매수의향(매수목적, 매수 기한, 희망가격, 매수부동산의 종류, 매수하고자하는 지역, 매수할 부동산의 양(면적 및 수량 등), 기타 매수조건 및 요구사항 등)을 상담을 통하여 파악한다. 이렇게 파악된 자료는 중개업자가 중개활동을 하기 위한 작업계획을 수립하는 데 필요하다.

이때 중개업자는 매도 및 매수의뢰인과 중개계약을 작성하여야 하며 지금까지 구두로 진행해 온 중개계약을 중개업자는 고객을 설득 및 권유하여 가급적 서면으로 중개계약을 체결하도록 활동을 하여야 한다.

2) 중개대상물 자료요구

매도자와 중개계약을 한 중개업자는 곧바로 물건의 권리분석을 위해 필요한 행정서류를 발급받아 권리분석을 실시한다. 이때 중개대상물 확인·설명 자료를 중개업자는 매도인에게 요구할 수 있다. 그러나 이 중개대상물 자료요구가 잘 이루어지지 않을 경우 중개업자는 임장활동 시라도 자료요구서를 지참하여 매도인과 같이 작성하든지 아니면 최소의 필요한 사항(균열, 누수, 급수 및 냉난방 배관 파열, 전기, 과거 건물의 개조 또는 훼손 사항)을 질문형식으로 문의하여 파악하여야 한다. 그러나 실무경험에 의하면 최소한의 필요한 사항을 물건 접수 및 상담 시 파악하는 것이 가장 효율적인 방법이었다.

3) 임장활동

중개업자가 임장활동 시 확인할 사항은 물건의 점유와 관련된 등기되지 않은 권리관계와 물건의 상태를 점검 확인한다. 물건의 점유와 관련된 등기되지 않은 권리관계는 매도인이 직접 거주하고 있는지, 임대차나 사용대차로 사용되고 있는지, 아니면 빈터로 이용되고 있는지를 확인하며, 특히 빈터로 있는 경우 왜 빈터로 있는지를 정밀하게 확인하여야 한다.

물건의 상태는 중개업자가 기술적인 면까지 잘 알 수는 없지만 최소한 중개대상물에 기재된 내·외부 시설물의 상태와 벽면 및 도배상태 그리고 환경조건은 파악하여야 한다. 이때, 물건 및 권리분석이 완료되면 중개업자는 매도 의뢰된 물건이 어떤 용도로 사용하는 것이 적합한 지를 분석하여 당해 물건에 대한 적합한 자를 분석해 두어야 한다.

4) 적임자 도출

여기까지 활동하여 물건에 대한 권리분석과 물건의 상태 확인이 끝나면 중개업자는 분석한 권리와 당해 물건의 공법적 이용 제한 사항 그리고 물건의 상태 및 입지 등을 참작하여 물건을 어느 용도로 활용하는 것이 적합하고 효율적인 활용인지를 파악하고 이를 이용할 적임자를 도출하게 된다.

5) 물건 설명준비

매도할 물건에 대한 물건 분석 및 적임자 도출이 마련되면 중개업자는 물건의 확인·설명을 할 준비(확인·설명서 초안)를 하면서 물건 광고를 실시한다. 이때 확인·설명서 초안으로는 자료요구서를 활용하기도 하고 또는 별도로 노트에 요약하여 설명할 수 있다.

매도인 및 중개업자가 매수자가 나타나면 매도할 물건을 설명할 준비를 할 경우 설명할 요소는 당해 물건에 대한 일반적 자료, 권리관계, 물건의 상태 등을 사실대로 설명하여야 하며 특히 당해 물건의 장점을 도출하여 장점을 부각시키고 단점에 대해서는 그 보완대책까지 같이 준비하여 설명할 수 있도록 하여야 한다.

6) 광 고

만일, 중개업자가 여기까지 분석한 결과가 전에 매수의뢰 받은 요구물건과 유사하면 바로 매수의뢰인에게 연락하여 현장을 안내하면서 설명하고 가격 및 거래조건 조정 협의를 실시한다.

이상과 같이 물건 분석과 당해 물건을 설명할 준비가 끝나면 매도인 및 중개업자는 물건을 광고하게 된다.

이때 광고방법은 인터넷·정보지·유리창 전시·일간신문·전신주 등 벽보광고 등을 통하여 광고하고 있다.

7) 매수인과 상담

이 광고를 보고 새로운 매수자가 물건 탐색 중 자신이 요구하는 물건이면 중개업소를 방문하거나 전화로 접촉을 해 오며, 또 광고된 것 외의 내용까지 파악한다. 만일 매수인은 자신이 요구하는 물건이 아니면 중개업자에게 요구하는 물건을 찾아주기를 요청한다.

중개업자가 매수의뢰인과 상담하는 내용은 매수인의 요구 물건의 종류와 매수조건, 매수희망가격, 부동산 인도 시기, 기타 조건 등을 상담한다.

중개업자의 매수인과 상담내용은 곧 매수자와의 중개계약 내용이며 일반적으로 이를 구두로 물건대장에 접수하고 있으나 매도의뢰 경우보다 서면으로 작성하며 전속계약으로 발전시킴이 바람직하다.

다. 가격 및 거래조건 합의

중개업자는 매수의뢰인이 요구하는 물건이 탐색되면 매수의뢰인에게 통지하여 현장 확인을 실시하고, 매수인이 현장 확인한 물건 중 구매를 희망하는 물건이 결정되면 가격과 거래조건에 대해 조정 및 합의를 실시하게 된다.

이때 조정 및 협의하는 거래조건의 내용은 다음과 같다.

즉 주택의 경우는 가격과 입주 시기를, 점포 및 사무실의 경우는 가격과 인·허가 문제와 권리금 및 인수시기를 조정하고, 빌딩이나 다가구 등 수익성 부동산은 점포 및 사무실의 거래조건에 추가하여 임대차현황 및 수익성 분석을, 토지 및 공장은 인·허가 문제 및 제한사항에 대해 파악 및 조정하고 특히 공장의 경우는 공업용 전기와 공업용수 그리고 진출입문제를 파악한다.

라. 인·허가 취득

인·허가 취득이 필요한 거래는 토지의 경우 토지거래허가구역, 개발행위제한구역 내에 있는 토지, 개발촉진지구에서 사업지구 내에 있는 토지 등을 거래하는 경우이며, 기타 공장 지역을 선정하는 경우 그리고 상가 및 사무실을 거래하는 경우에는 학교정화구역 내에 있는 부동산으로 학생들에게 유해를 줄 가능성이 있는 업종을 설치하고자 하는 경우, 문화재보호구역 내에 있는 부동산을 거래하는 경우 등은 인·허가문제가 선행되어야 한다. 그 외에 아파트 부지 및 골프장 부지, 가구산업단지 및 농공산업단지 등 지구단위 계획을 승인 받아야 하는 경우에도 해당 지구단위계획을 승인받는 조건으로 예약 계약을 체결하고 있다.

이때 부동산거래는 인·허가 승인을 조건으로 하는 조건부 예약계약을 체결한다. 즉 인·허가를 득한 뒤 본 계약으로 전환하거나 인·허가를 받지 못하면 예약계약을 무효화하는 조건부 계약을 체결한다.

이를 위해 통상 매수자는 해당 지역 행정관서에 인·허가 승인 사전 심의 신청서를 제출하여 승인 여부를 검증받을 수 있으며 중개현장에서는 중개업자가 이를 대행해 주기도 한다.

마. 거래계약 체결

이러한 절차를 거쳐 협의 및 인·허가가 완성되면 중개업자는 매도인과 매수인에게 계약서를 작성할 시기를 조정하여 합의된 시간에 계약서를 작성하게 되는데 이때 매도인은 등기권리증과 신분증 또는 위임장을 지참하고 매수인은 신분증 등 신분을 확인할 수 있는 증명서를 지참하여 계약서 작성에 임해야 하며 중개업자는 중개대상물 확인·설명서도 같이 작성하여 교부시켜 주어야 한다.

중개업자 등이 거래계약서를 작성할 경우 통상 인쇄된 일정한 양식을 사용하여 계약서를 작성하고 있는데 이때 계약서 작성자는 거래조건 중 계약서 양식에 있는 사항이 무엇인지를 확인하고 계약서 양식에 없는 사항은 특약사항으로 작성하여 계약서를 완성한다.

계약서가 작성되면 반드시 계약서 내용을 거래당사자가 있는 곳에서 읽어주거나 또는 거래당사자들이 읽고 확인하도록 하여야 한다. 그러나 연세가 많은 분들이나 여자 분들은 중개업자 등 계약서 작성자가 읽어주기를 원하며, 젊은 층 및 일부 국민들은 자신들이 확인하거나 '다 아는 사실이라는 생각'으로 빨리 날인하여 종결하기를 원하는데 중개업자는 반드시 이를 확인시켜 주는 과정을 거치는 것이 바람직하다.

계약서 작성이 완료되면 현재는 계약금을 즉석에서 현금(수표 포함)·인터넷뱅킹이나 텔레뱅킹·무통장 계좌이체 등을 통하여 지불 및 영수증을 교환하고 있는 지금까지의 풍토를 에스크로우 대상 물건에 대해서는 등기권리증과 거래대금을 소유자 및 당해물건의 권리관계의 진위가 파악되기 전까지는 에스크로우 보험에 가입토록 하여 에스크로우기관에서 보관하도록 한다. 에스크로우 대상 물건이 아닌 경우는 가급적 공신력을 높일 수 있도록 에스크로우 보험에 가입을 종용하거나 현행처럼 계약금 수불과 영수증 수불관계를 실행한다.

바. 계약 이행

계약서 작성이 완료되면 계약이행단계를 실행하는데 중개업자는 먼저 매수의뢰인과 자금준비계획 및 수리관계를 상담하여 융자알선 및 수리업체 결정을 하도록 도와준다.

이때 중개업자는 매수의뢰인의 자금준비를 위해 통상 융자 알선을 하게 되는데 이를 위해 먼저 중개업자는 매수인으로부터 희망하는 융자금액과 매월 지불할 수 있는 이자 및 원리금 상환 능력을 파악하고, 제1 및 제2 그리고 제3 금융기관의 규모별 대출 한도액과 이자에 대한 조견표를 작성하여 매수의뢰인에게 설명한다. 매수의뢰인이 융자받을 금융기관을 결정하면 중개업자는 해당 금융기관의 대출계와 매수의뢰인을 연결시켜주어 매수의뢰인으로 하여금 최종 결정을 하도록 한다.

금융기관 확인까지 끝나면 최근에는 융자금으로 잔금 대환이 가능하므로 잔금처리일 3～7일 전에 중개사무소에서 저당 및 근저당 설정계약을 체결시킨다.

또한 계약이 체결된 후 거래 당사자 및 중개업자는 주택투기 지역이면 계약일로부터 15일 이내에, 기타 지역은 60일 이내에 부동산 실거래가 신고를 인터넷이나 행정관서에 직접 방문하여 신고를 하여야 한다.

만일 부동산 실거래가 신고 후에 계약이 해제되거나 파기되면 부동산 실거래가 해제신고를 하여야 하고, 중개의뢰인의 가격 외에 신고내용 중 변경이 있으면 이 변경신고도 거래당사자 및 중개업자는 하여야 한다.

중도금지불은 중개업자 사무실에서 실시하거나 인터넷 뱅킹 및 전화 뱅킹으로 실시하며, 이때 중개업자는 매도의뢰인과 매수의뢰인에게 소유권 이전에 필요한 서류준비와 이사를 위한 익스프레스 소개 및 인테리어업자 소개 등을 실시하면서 필요시 수리를 할 수 있도록 이사 일정을 조정하기도 한다.

부동산 실거래가 신고는 중도금 지불 후에 하는 것이 적정한다. 즉 중도금이란 계약의 이행을 확인하는 절차이기 때문이다. 중도금이 없는 부동산의 거래의 경우에는 잔금일 1주일 전에 부동산거래 신고를 하는 것이 바람직하다. 왜냐하면 중간에 변경이 있는 경우가 많으므로 변경신고를 하여야 하는 불편이 있다. 그런데 단지 주택투기지역에서 투기성향을 조기에 파악할 목적으로 계약서 작성 후 15일 이내 실거래가 신고를 강요하고 있는 것은 문제가 있을 수 있다. 따라서 주택투기 지역에서 부동산 거래신고도 「공인중개사의 업무 및 부동산거래 신고에 관한 법률」에서와 일치시켜 60일로 통일하는 것이 바람직하다.

이때 매수인은 거래계약을 체결한 부동산에 대한 상태점검을 전문기관에 의뢰하여 점검하고 그 결과에 따라 계약이행 여부를 결정하거나 수리계획을 수립하도록 하는 절차가 필요하다. 그래서 매도인은 당해 부동산이 본래의 목적대로 사용할 수 있도록 유지관리 책임이 있음을 주지시켜 부동산을 효율적으로 이용하도록 하는 데 기여하고 국민들의 부동산에 대한 의식전환에도 기여하도록 하며, 매수인은 자신이 취득하고자 한 본래의 목적대로 사용할 수 있는 준비를 하도록 하여 재산권을 보호할 수 있도록 되어야 한다.

사. 잔금 및 소유권 이전 서류 교환

지정된 잔금 일에 거래당사자 및 중개업자는 먼저 이삿짐이 적재된 후의 당해부동산 상태를 다시 확인하여 당해 부동산의 계약 시 상태와 달라진 부분이 없는지 확인하여 부동산 상태에 대한 인수인계를 한다.

부동산 상태에 대한 인수인계가 확인되면 거래당사자는 중개업소로 돌아와 소유권 이전 서류를 법무사 및 변호사에게 넘겨주어 서류에 하자가 있는지 여부를 검토한다. 이때 매도인은 등기권리증, 매도용 인감증명, 주민등록 등본이나 초본, 인감도장 및 신분증을, 매수인은 주민등록등본 또는 초본과 인장 및 신분증을 변호사 및 법무사 사무장에게 넘겨주고, 사무장은 등기부등본, 토지대장, 건축물관리대장, 토지이용계획서, 개별공지가 확인서, 지적도 또는 임야도 등을 미리 발급받아 준비한다.

또한 중개업자와 법무사 사무장 등은 융자 등 말소를 할 권리가 있는 경우 해당 은행에 확인하여 원리금 상환 금액을 확인하여 매도인 및 매수인과 중개업자에게 그 내용을 제공한다.

서류를 검토한 결과 서류에 이상이 없으면 매도인의 경우는 통상 융자말소 비용을, 매수의뢰인의 경우는 취·등록세를 사무장에게 지불하여 융자 말소 및 소유권 이전 그리고 융자설정 등기를 하도록 한다. 또한 변호사 및 법무사 사무장은 등기가 접수되면 중개업자는 그 접수 여부를 확인하여 매수의뢰인에게 확인해 준다.

한편 소유권 이전 서류의 확인이 끝나면 중개업자는 잔금정산을 실시한다. 이때 매수인은 매도인에게 잔금을 지불하고 매도인은 중개업자가 미리 작성한 잔금영수증에 매도인의 신주민등록상 주소와 성명을 기재하고 날인하도록 하여 매수인에게 제공한다.

만일 에스크로우 보험에 가입한 경우 소유권 이전 서류 및 잔금정산은 에스크로우 기관에서 실시한다.

아. 부동산 인계인수

이때 잔금과 더불어 교환되는 것은 해당 부동산에 건물이 있는 경우는 출입문 열쇠, 매도인의 제세공과금의 잔금 일까지 납입한 영수증, 기타 인접 주민의 성향, 공동주택의 경우 선수관리비 등 매수자가 당해 부동산을 사용하는 데 참고할 내용을 인수인계 한다.

만일 부동산인계인수 시에 부동산 자체 및 권리의 하자가 계약 시와 다른 경우에는 지금까지는 거래당사자 간에 금전으로 합의하거나 금전적 합의가 이루어지지 않는 경우에는 계약 파기 또는 소송으로 전환된다.

이러한 거래 안전을 보장하기 위하여 매도인의 권리보험 및 부동산 하자 보험이 필요하다. 따라서 권리에 대한 보험은 중개업자의 손해배상 보험을 권리의 보험으로 전환 및 국한하는 방안이 있으며 하자보험은 매도인이 가입하고 그 증서를 교부하도록 하여야 한다.

자. 세금납부 및 등기

부동산 인계인수가 끝나면 중개업자는 매도인이 잔금 지불일이 속한 달의 말일을 기준으로 2개월 이내에 양도소득세를 세무서에 신고할 수 있도록 자료를 준비하여 매도인에게 넘겨주거나 또는 신고를 의뢰받아 세무사에게 위탁한다.

또한 매수인은 인수한 부동산에 대한 등기를 하기 위하여 등록세 및 취득세와 국민채권 매입, 인지 및 증지세를 납부하고 부동산 등기를 하거나 변호사 및 법무사에게 이를 의뢰하여 실시한다.

차. 하자이행

등기가 완료되어 등기 권리증서를 변호사나 법무사가 중개업소로 가져오면 이 등기 권리증서를 중개업자는 매수인에게 전달하여준다. 그러나 간혹 등기내용에 성명, 주민등록번호, 주소 등이 잘못 기재되는 경우가 있으므로 중개업자는 등기권리증을 받으면 이를 확인하고 등기부등본까지 점검하여 이상이 없으면 매수자에게 연락하여 등기권리증을 수령하도록 하고 등기권리증이나 등기부등본에 이상이 있으면 변호사 및 법무사에게 그를 알려주고 수정하도록 한다.

또 부동산 자체의 하자가 부동산인수 후 일정 기간 이내에 발생하면 매수인은 매도인이 제공한 하자보증서를 수리업체에 제공하고 하자를 수리하며, 권리에 하자가 있으면 중개업자의 손해배상제도를 이용하여 권리의 하자에 대한 손해를 금전적으로 환산하여 배상받도록 한다.

4. 부동산 임대거래 절차(안)

임대차 거래절차는 매매거래 절차와 유사하나 차이나는 점은 임대차는 권리의 이전이 아니라 사용권의 이전이므로 이 사용수익에 있어 임차인과 임대인을 공히 보호할 사항을 착안하여 처리해 주는 것이 큰 차이이다.

가. 물건 접수 및 설명

먼저 거래당사자로부터 물건을 접수할 때 매매 시 접수사항에 임대인의 경우는 임대차 현황을 서면으로 제시해야 함을 규정화하고, 임대 물건에 상태보고서를 중개업자에게 제공하도록 하는 제도가 필요하다.

특히 정부는 균열과 누수부분, 냉난방기구의 설치년도 및 가동상태, 전등 및 전기기구의 교환 및 설치일자, 상·하수도 배수기구의 설치연도 및 상태, 주거용인 경우 싱크대의 설치년도 및 상태, 상업 및 공업용의 경우 정화조 규모 및 설치년도 및 주차장 인가 대수 등을 물건상태보고서로 규정화하여 중개의뢰 시나 임차인에게 설명 시 제공하도록 규정화하여야 한다.

그 외에 임대료 및 임대차 기간에 대해서도 서면으로 작성하여 광고 및 중개의뢰토록 하고 이를 중개계약으로 대체하는 방안도 있다.

나. 임대보증금 보장

모든 임대차는 임대차사업등록을 의무화하되 임대차 계약서를 부가가치세 신고 시나 종합소득세 신고 시에 첨부하여 신고하는 절차가 필요하다.

또 임대차의 경우는 보증금의 위험요소가 있으므로 중개업자는 보증금이 해당 지역의 당해 물건 종류의 평균 낙찰가 금액을 초과하는 여부를 검토하고 융자금액의 채권최고액과 임대보증금의 합이 이 평균 낙찰금액을 초과하는 경우 임대인과 상의하여 임대료를 조정하여야 한다.

또한 임차인이 임대료를 제대로 납부하지 않음으로써 올 수 있는 임대보증금의 최소금액을 2기 차임＋명도소송 기간의 차임(약 6개월)＋명도소송비용(내용증명 송달비용 포함)＋집기류 등 동산경매비용＋여유비용(2～3기차임)으로 하도록 판단하여 주어야 한다.

특히 차임의 경우에는 가급적 임차인이 차임으로 인한 위험이 없도록 임차인의 월 소득을 고려하여 결정하고 자신의 월 소득의 최대 10%가 넘지 않도록 함이 바람직하며, 특히 공동주택의 국민주택 규모 이하의 차임은 가급적 30만 원을 넘기지 않도록 권유한다.

다음 임차인으로부터 물건탐색을 의뢰받으면서 상담할 때 중개업자는 임차인의 경우도 보증금문제와 차임문제에 대하여 충분한 상담을 하고, 임대차 기간 중 권리의 보전을 위한 전입신고 및 확정일자 받는 문제와 보증금을 임대차 종료 시 안전하게 돌려받을 수 있는지 여부와, 당해 부동산을 임대차하여 임대차 기간 동안 사용·수익할 수 있도록 보전하는 부분을 검토해 준다. 특히 임차인이 임대차 만료 시에 임차보증금을 원만히 돌려받도록 하기 위하여 중개업자는 임대인으로 하여금 보증금으로 융자금을 상환하여 임차권을 1순위 권리로 하도록 한다. 그리고 최근 모 보증보험회사에서 실시하는 임대보증금 보증보험을 임대차 계약 시 임차인이나 임대인이 가입하여 임대차 만료 시 임대차 보증금을 안전하게 받아 갈 수 있는 방법을 주지시켜 준다.

다. 임대차 기간 중 수리관계

계약 일에도 보증금과 차임문제를 위와 같은 요령으로 하고 임대차 기간 중의 수리문제를 명확하게 정리하여 임차인이 부담이 되지 않는 최소수리비 한도액을 합의하도록 하여 임대차 기간 중 수리 책임관계를 명확하게 함으로써 임차인이 임대차 기간 중 사용·수익하는 데 지장이 없도록 하여 준다.

또한 공동주택의 경우는 장기수선충당금에 대한 것도 임대차 종료 시 분쟁이 되지 않도록 명확하게 설명해 주거나 특약사항으로 기재하여 준다.

또 임대차 종료 시 물건의 파손 여부에 대한 명확성을 기할 수 있도록 계약 시 상태에 대해 부분별로 명확하게 목록을 작성하여 확인해 주도록 하며, 제세공과금에 대한 처리는 계약서에 명시하도록 하고 있다.

특히 주택의 경우 개인난방일 경우에는 보일러의 설치년도를 명시하여 내용연수의 도래가 근접되거나 초과되는 경우에는 임대인이 다음 보일러 고장 시 이를 교체하여 주도록 하는 것도 필요하다. 또한 임대차 기간 중에 임차인이 사용목적대로 이용할 수 있도록 당해 부동산에 대한 수리한계를 설정할 필요가 있다. 따라서 1회 수리비용이 임차료(보증금＋월세×100)의 0.1% 이하인 것은 임차인이 부담하고 임차인의 고의 및 실수로 발생한 고장이나 훼손은 임차인이 수리하며 그 외에는 임대인이 수리해 주도록 하는 방안을 검토해 볼 필요가 있다.

라. 잔금처리 및 부동산 인계인수

잔금 지불 일에는 임차인은 전입신고 및 확정일자 받는 것을 주지시켜 불의 사고에 의한 피해를 방지토록 한다.

그리고 전 임대인이 있는 경우는 공동주택의 경우 장기수선충당금을 관리실로부터 영수증을 받아 오도록 하여 그 영수증에 기재된 장기수선 충당금을 임대인과 전 임차인 간에 확인해 주고, 특히 전임차인이나 점유자가 이사일까지의 관리비 등 제세공과금을 정리한 영수증과 출입문 열쇠를 인수·인계시킨다.

또한 임대인은 잔금 처리일에 임대보증금 보장보험회사에 연락하여 임대보증금보장보험에 가입하고, 임차인에게 임대인이 가입한 임대보증금보장보험증서를 사본하여 임차인에게 제공하도록 한다.

제2절 거래부동산 자체 하자에 대한 안전화

1. 건축물 보유 및 건설 현황(주택)

우리나라에 건물의 보유현황을 보면 <표 4-2>의 주택 통계에서 보는 바와 같이 지역에 따라 다소 차이가 있을 수 있으나 신축에 비하여 기존 건물이 많은 것이 일반적이다. 이는, 부동산거래에 있어서도 <표 3-5>에서 보는 바와 같이 신축보다는 기존 건물의 거래가 더 많이 거래되고 있다.

그런데 기존 건물은 신축건물에 비하여 하자가 많을 수밖에 없다. 그러므로 기존건물은 부동산거래에 있어 물건 자체의 결함이나 하자로 인하여 발생할 수 있는 거래사고 또는 분쟁의 여지가 많고 현상은 기존건물의 하자에 의한 중개사고가 점차 증가하는 추세로 나타내고 있다.

부동산거래에서 신축건물은 대부분 분양이라는 절차를 걸쳐 일반국민에게 보급되므로 주택법이나 건설산업기본법에 의한 건물 자체에 대한 하자를 보장받고 있으나 신축 후 2～3년이 경과하면 기존 건물로 거래가 이루어지는데 이때부터 거래는 "계약일 현 상태 있는 그대로 상태를 계약한다"는 관례에 의거 매수자나 임차인은 현행 제도의 미비로 건물의 상태를 제대로 파악하지도 못한 상태로 거래되기 때문에 과연 구입목적대로 사용할 수 있을지 매우 불안한 상태로 거래가 이루어지고 있다.

〈표 4-2〉 주택 연도별 보유 및 건설 현황

연도	보유주택 수	건설호수	증가율(%)	
			전년대비	누적비율
1994	9,133,000	623,000	100	100
1995	9,570,000	619,000	104.8	104.8
1996	10,113,000	592,000	105.7	110.7
1997	10,627,000	596,000	105.1	116.4
1998	10,867,000	306,000	107.5	119.0
1999	11,181,000	405,000	102.9	122.4
2000	11,472,000	433,000	102.6	125.6
2001	11,892,000	530,000	103.7	130.2
2002	12,358,000	667,000	103.9	135.6
2003	12,669,000	585,000	102.5	138.7
2004	12,988,000	464,000	102.5	142.2
2005	13,223,000	464,000	101.8	144.8
2006	13,534,000	470,000	102.4	148.2

〈자료: 통계청 2008〉

<표 3-16> 및 <표 3-17>에서 보는 바와 같이 부동산 매매 거래 시 중도에 계약을 해제한 사람들이 계약을 해제한 내용을 보면 매수자가 잔금을 준비하지 못해서 중도에 해약하는 경우가 일반국민의 경우는 55%, 공인중개사들의 경우는 67%로 가장 많았고,

다음으로 물건에 대한 하자로 인하여 계약을 중도에 해약한 것이 35%나 되었다.

그리고 물건에 대한 하자로 인하여 계약을 해제한 비율이 권리 분석 잘못에 의해 계약을 해제한 경우보다 더 앞서 가기 시작했다는 것이 주목해야 할 부분이다

〈표 4-3〉임대중개 과정에서 불안했던 점(공인중개사)

불안한 내용	응답 수	비율(%)
임대인이 계약을 해제해서	4	3
입주 시 제세공과금을 처리 안 해서	6	5
임대인이 고장을 수리 안 해 줘서	42	36
임차인이 계약을 해제하자고 해서	16	14
임차인이 자금을 연기해서	20	17
무응답	28	24
계	116	100

또 <표 4-3>에서 보는 바와 같이 임대차거래에 있어 거래당사자 간에 발생하고 있는 분쟁은 임대인이 고장을 수리해 주지 않는 것이 36%로 가장 많고, 다음으로 임차인이 보증금의 잔금을 준비하지 못하여 잔금을 연기하는 경우, 그리고 임차인이 계약을 하자고 해서 거래당사자 및 공인중개사를 업무상 어려움을 주고 있다. 따라서 기존 건물에 대한, 즉 건물의 내용연수 경과에 따른 거래의 안전화가 필요하다.

2. 부동산 하자

가. 하자의 구분

하자(瑕疵)란 국어사전에서는 흠 또는 결점이라고 말하고 있다. 또 법률에서는 법률 또는 당사자가 예기한 상태의 성질이 결여됨을 말한다.

그리고 하자담보(瑕疵擔保)란 법률에서 매매와 같은 유상계약에 있어서 매도자 또는 임대자가 목적물 자체의 숨은 하자로 인하여 지는 담보책임을 말한다.

부동산에서 이 하자는 권리의 하자, 경제적 하자, 물건자체의 기술적 하자, 거래과정에서의 하자로 구분할 수 있다. 그러나 통상 하자라고 하면 권리의 하자와 기술적 하자를 말한다. 이 중 본 절에서는 부동산자체의 하자, 즉 기술적 하자에 대해서만 연구한다.

부동산 물건 자체의 하자에는 토지의 하자와 건물의 하자가 있다.

토지의 하자 중 기술적 하자란 토지의 모양, 진입로 존재 여부, 지반, 지형, 토질, 면적의 차이, 지목의 상이점 등이 있고, 그 외에 포락지가 될 가능성이 있는지 여부, 용도에 따라 주변 환경에 영향을 많이 받는 토지 등을 토지의 하자라 할 수 있다. 그러나 토지의 기술적 하자는 통상 지반, 토질, 면적 및 지목의 차이 그리고 용도에 따라 주변 환경에 영향을 받아 인·허가에 제한을 받는 것을 말한다.

이 토지의 하자는 통상 계약 전 권리분석 및 인·허가 확인 시에 발견되며, 만일 계약 이후 발견되면 사기 또는 계약해제 및 손해배상 청구 대상이다.

건축물의 하자는 준공이 완료된 건축물이 예기했던 품질이 아니거나 성능이나 기능을 발휘하지 못하여 사용가치나 교환가치를 감소시키는 결함을 말한다.

이 건축물의 하자는 그 발생 원인이 재료자체에서 발생했거나 또는 시공 및 설계과정에서 발생했음을 불문하고, 즉 자연적인 원인에서 발생하였든 또는 인위적인 원인에 의해 발생하였던 기 원인에 관계없이 안전상, 기능 및 성능상, 그리고 미관상 문제가 있으면 하자라고 한다.

본 연구에서는 최근 이 건축물 특히 기존 건축물의 거래과정에서 점차 그 사고 및 분쟁의 빈도가 증가하고 있고, 토지 및 신축건축물에 대해서는 기존의 조치들이 잘되어 있으나 기존건축물에 대해서는 뚜렷한 규정이 없고 특히 거래당사자 간의 책임에 대해 명확한 규정이 없는 실정이다.

다만 신축건축물의 하자규정 및 민법의 담보책임 규정을 의용하고 있을 뿐이라 이에 대해 그 대책을 도출하는 데 중점을 두었다.

나. 하자의 범위

건축물에 대한 하자의 범위는 크게 구조적 결함, 비구조적결함과 불만으로 구분된다.

구조적 결함이란 당해 건축물이 갖추어야 할 가장 근본적인 성능에 대한 결함을 말한다. 예를 들면 주택의 경우는 가장 기본인 주거를 할 수 없을 정도로 균열이 심하다든지, 누수가 된다든지 또는 수도나 전기시설, 난방시설이 안 되었거나 되었다 하더라도 사용할 수 없을 정도, 단열 및 최근에 많이 문제가 되고 있는 차음관계 등을 말한다.

비구조적 결함은 인위적 원인에 의해 발생된 하자와 자연적 원인에 의해 발생한 하자들을 말한다. 즉 응고과정에서 발생하는 창틀이나 출입문의 틀의 뒤틀림, 보일러 및 싱크대와 배관 및 전기시설이 내용연수가 초과한 것이라든지 도배·장판이 6년 이상이 되었거나 낙서 등으로 상태가 심하다든지 기타 화재 등으로 본래의 구조가 변경된 것, 심한 곰팡이 또는 구조적 문제라고는 볼 수 없는 동파 및 화재 등으로 발생한 누수나 균열, 도난방지 시설의 미설치 등 당해 건축물의 근본적인 성능에 결정적 결함을 주지는 않으나 불편이나 기능발휘에 제한을 주는 결함 등을 비구조적 문제의 결함이라고 말한다.

불만이란 구조적 및 비구조적 결함은 아니나 그 사용인의 주관적 불만으로 도배 및 장판의 색상이라든지 탁자의 모양, 싱크대 색깔, 일조 기간의 짧음, 계량기의 위치가 불편한 곳에 설치되어 있는 것, 앞집이나 외부에서 건물 안이 보이는 것, 계단의 높이가 높거나 경사가 큰 것 등을 말한다.

이 중 공급자(건설업체 및 매도인이나 임대인)가 책임져야 할 법적 또는 기술적 하자는 주로 구조적 결함과 비구조적 결함을 말한다.

이러한 건축물의 하자 중 기존 건축물 거래에 대한 하자는 거래 형태에 따라 차이가 있는데 매매의 경우는 구조적 결함에 대한 부분이 적용되고, 임대의 경우는 비구조적 결함과 불만이 해당된다.

다. 하자의 유형

기존 건축물 거래에 있어 하자의 유형을 분류해 보면 건축 분야, 전기 분야, 설비 분야의 3가지 분야로 구분할 수 있다. 기존 건축물에 대한 하자의 유형은 부동산거래 현장에서 실제로 발생하고 있는 하자가 발생한 양태에 따라 분류하였다.

1) 건축 분야 하자유형

먼저 건축 분야 하자는 건축과 관련된 하자로서 주로 구조적 결함 및 비구조적 결함에 해당하는 사항이다. 건축 분야 하자가 가장 많이 발생하는 곳은 <도표 4-2>에서 보는 바와 같이 출입문 및 방문, 창문 및 새시 부분, 방수, 결로, 균열, 소음 등이다.

<도표 4-2> 하자유형(건축 분야)

항 목	현 상		비 고
싱크대	- 하수구 냄새 오름 - 렌지후드작동 불량	- 파손, 부착불량, 처짐 - 누수, 막힘	
출입문	- 파손	- 문 처짐	
창문 및 새시	- 유리 및 문 파손 - 방충망 파손	- 코킹 불량 및 누수 - 뒤틀림, 개폐불량	
방수	- 누수		화상실, 베란다, 주방, 옥상
결로	- 베란다 결로 - 곰팡이	- 방 및 거실 누수	
균열	- 가로로 30cm 이상 균열 - 세로로 30cm 이상 균열		내벽, 외벽, 바닥, 천정

출입문 및 실내 내부의 문은 오래된 건물일수록 파손, 문 처짐, 화장실문의 물기에 의한 부풀림으로 훼손, 손잡이의 고장 및 헐거움, 도색의 퇴색 및 변질 등이 많이 발생하고 있다.

창문 및 새시 부분은 유리파손과 새시 문이 파손되어 있고, 방충망 파손과 문틀 및 문이 뒤틀려 있거나 문 밑의 도르래가 망가져 개폐가 어려움이 있으며, 외부 새시와 벽 사이의 코킹이 파손되어 있고 또 이를 통하여 누수가 발생하는 하자가 많이 발생하고 있다.

또한 거실 및 안방 창문 중 나무 문틀에 설치한 나무문은 아래 문틀의 낡음으로 인하여 개폐가 어렵거나 문홈이 파손되어 문이 이탈하거나 열고 닫음이 어려운 하자가 발생하고 있다.

방수는 주로 누수현상으로 지붕 및 화장실, 베란다, 주방 등에서 많이 발생하고 있다. 이 방수로 인한 누수는 건물 구조적 결함에 의해 발생하기도 하지만 건축 경과년도의 10년 이상 경과로 인하여 방수액의 내용연수가 초과하여 발생하기도 한다. 방수의 결함은 당해 소유자 부동산에 직접적으로 영향을 미치는 사항을 말하는데 구분건축물의 경우는 이 방수문제가 위·아래 층간의 누수로 소유자 간의 분쟁이 자주 발생하고 매도인과 매수인간의 분쟁도 많이 발생하고 있으며 건물 전체의 구조적 문제로 누수 원인을 발견하지 못하여 발생하는 누수문제로 거래당사자 간에 가장 많은 분쟁의 요소가 되고 있다.

다음 결로현상은 온도 차에 의한 결로현상이 많이 발생하고 있으며 이는 곰팡이 발생으로 인하여 거주자의 건강에 해를 끼치고 있다. 결로현상은 통풍을 잘해 줌으로써 해결이 가능하나 이로 인하여 발생한 곰팡이는 매도인 및 임대인이 해결해 주어야 할 요소이며 특히 누수로 인한 결로는 하자로서 처리되어야 하는 사항이다. 결로가 많이 발생하는 곳은 베란다, 주방 그리고 방 및 거실 등에서 많이 발생하고 있다.

균열은 내벽 및 외벽과 천정 및 바닥에서 균열이 발생하고 있다. 균열은 양생과정에서 발생하는 균열과 건물의 하중의 불균형에서 발생하는 균열이 있다. 따라서 하자로 처리해야 할 균열은 균열 길이가 30cm인 경우를 말한다.

균열은 건물자체의 안정성과 연관이 되어 있어 매우 큰 하자라

할 수 있다. 따라서 매수인은 거래하는 부동산의 안전성을 확인할 수 있는 제도가 필요하다.

싱크대는 하수구 냄새 오름, 싱크대 파손 및 부착 불량, 처짐, 렌지후드 작동불량, 누수, 막힘 등을 하자로 본다.

2) 전기 분야 하자유형

전기 분야 하자유형을 도표로 정리하면 <도표 4-3>과 같다.

<도표 4-3> 하자유형(전기 분야)

항 목	현 상	
배선기구	- 고장 - 접촉 및 결선불량	- 합선 및 누전 - 고정 불량
통신	- 인터폰 고장 - 접촉 및 결선 불량	- 파손
조명기구	- 파손 및 고장	- 결선 및 접촉 불량

전기의 하자는 배선기구 및 통신, 조명기구에 대한 하자를 말한다.

배선기구는 전기선의 고장, 합선 및 누전, 선 접촉 및 고정 불량을 하자로 보며, 이는 감전의 위험성이 있어 매우 위험하다. 따라서 전기의 안전은 부동산거래 시 부동산 인도인수 전에 확인하여 매수인이 전기 분야로 인한 안전성을 확인할 수 있는 제도가 필요하다.

통신은 인터폰 고장 및 파손, 전화선 고장, 인터넷 선로 고장을 하자로 본다.

이 중 전화선 고장 및 인터넷 선로 고장은 수리회사가 있으므로 수리가 가능하나 인터폰의 고장 및 파손, 그리고 접촉 및 결선 불량은 소유자의 관리책임에 해당하므로 매도인이 부동산인계인수 전에 사용이 가능하도록 조치되어야 한다.

조명기구는 출입문 및 거실, 방, 베란다 등의 전등의 파손 및 고장과 전선의 결선 및 접촉 불량 등의 하자라 말한다. 이 중 전선에 해당하는 하자는 전기 배선기구의 하자에 속하며 조명기구는 전등에 해당하는 파손 및 고장과 결선 및 접촉 불량을 말한다.

기존 건물의 전기 분야 하자가 발생하는 원인은 대부분 내용연수의 초과에 의해 발생하거나 누전의 경우는 신축건물 때 건설업체의 시공불량에서 발생하고 있다. 또 많은 경우 전기 분야의 하자는 전기기구 자체의 청소상태의 불량으로 누전 하자가 발생하기도 한다.

3) 설비 분야 하자유형

설비 분야 하자는 보일러, 급수, 배수, 위생시설에 대한 하자를 말한다.

위생시설은 화장실 변기의 막힘 및 누수, 욕조 막힘, 세면기 파손 및 미설치를 하자라고 말한다. 이상의 설비 분야 내용을 정리하면 <도표 4-4>와 같다.

<도표 4-4> 하자유형(설비 분야)

항 목	현 상		비 고
보일러	-작동 불가 -보일러 수명 기간 초과	-접촉 불가	
급수	-누수 -배관 파열	-계량기 고장	
배수	-하수구 냄새 오름 -배수관 막힘	-배관 파열 및 누수	
위생	-화장실 누수 -변기 누수	-욕조 막힘 -세면기 파손 및 미설치	세면기, 욕조, 변기 등

보일러는 작동이 불가능하거나 조작기구의 고장 및 접촉 불가를

말한다.

보일러 하자는 대부분 수명 기간의 초과로 발생하는 경우가 가장 많으며, 그 외에 부속품의 결함으로 하자가 발생하고 있다.

급수는 계량기의 고장이나 계량기로부터 수도꼭지까지의 사인에 설치된 배관의 균열 및 파손으로 누수가 발생하고 있으므로 급수의 하자는 계량기와 배관의 하자를 말한다.

계량기의 파손 및 고장은 동파 및 내용연수의 초과에 의해 발생하고 있다.

배수는 하수구 막힘과 화장실 변기의 막힘과 하수구의 냄새 오름, 하수배관 파열 및 누수, 배수관 막힘 등을 하자라 말한다.

위생은 세면기 및 욕조, 변기, 싱크대 등에서 발생하는 비위생적인 사항을 말한다. 위생설비의 하자는 누수와 냄새 오름 그리고 위생설비의 파손 등을 말하며, 이는 설비기술의 발달과정에서 발생하는 불가분의 하자이기도 하다.

라. 물건자체의 거래 위험요소 및 문제점

부동산중개 물건 자체에서 발생할 수 있는 거래 위험요소는 다음과 같다.

① 타인의 물건을 잘못 소개하는 경우(없는 물건을 소개하는 것)

② 상태가 나쁜 물건부분을 제외하고 안내했거나 나쁜 부분을 설명을 아니 하는 경우

③ 권리상실자(매도인·임대인 등)의 허위나 거짓으로 누락하여 설명한 경우

④ 부동산에 대한 기술적인 분야에 전문지식이 없어 잘못 설명

하여 발생하는 경우

⑤ 권리상실자 및 취득자의 이사과정 등에서 발생한 하자를 중
   개사고로 연계하는 경우

위의 위험요소를 분석해 보면 ①의 경우는 매도의뢰인이 의뢰한
물건을 중개업자가 잘못 확인하여 의뢰한 물건과 중개업자가 소개
한 물건이 다른 경우일 수도 있고, 매도의뢰인이 자신의 물건을 잘
못 알고 중개업자에게 타인의 물건을 의뢰한 경우가 될 수도 있으
며 아니면 매도의뢰인이 사기행위를 할 목적으로 자신의 물건도
아닌 타인의 물건을 의뢰한 경우일 수도 있다.

먼저 매도의뢰인이 의뢰한 물건과 중개업자가 소개한 물건이 다
른 경우란 매도의뢰인이 매도의뢰를 할 경우 전화나 구두로 하기
때문에 중개업자가 현장 확인 시 매도의뢰인이나 매도의뢰 부동산
의 소유자와 함께 현장 확인을 하고 물건을 조사하였다면 이러한
사고가 발생하지 않으나 매도의뢰인이 생업을 이유로 중개업자가
현장 확인 시 참석하지 않은 데서 의뢰부동산을 찾지 못하고 매도
의뢰인의 말만 믿고 매도의뢰인이 설명한 유사한 물건을 매도의뢰
부동산으로 착각하여 발생하게 된다.

다음으로 매도의뢰인이 자신의 물건을 잘못 알고 중개업자에게
잘못된 물건을 의뢰한 경우란 과거 우리나라 부동산거래에 있어
'부동산 불패신화'에 의거하여 매수자가 자신이 구입하는 부동산을
가 보지도 않고 중개업자의 말만 믿고 구입한 경우가 많았는데 이
와 같은 부동산거래로 매도인은 자신의 물건을 중개업자가 이야기
했던 내용을 기억으로 살려 매도의뢰 물건을 대충 중개업자에게
알려 주는 경우이다.

다음은 사기꾼이 사기행위를 할 목적으로 자신의 물건도 아닌

타인의 물건을 자신의 것인 것처럼 중개 의뢰한 경우란 사기꾼이 거래대금을 갈취할 목적으로 일반 물건보다 가격이 저렴하거나 일반인들이 선호할 만한 물건을 정하여 당해 부동산의 소유자로 인정할 수 있도록 각종 서류 및 증명서를 위조한 뒤 중개의뢰를 한 경우이다.

위 ①과 같은 사고는 매도의뢰인과 중개업자나 소개자가 사기행위를 한 것이므로 이는 거래사고 외에 형사사건으로 처리될 수 있다.

다음 ②항 및 ③항은 중개업자나 권리상실자가 고의로 나쁜 부분을 설명하지 않았거나 은폐할 목적으로 설명하지 않았다면 악의가 있는 행위이므로 권리상실자나 중개업자는 그에 대하여 책임을 져야 하는 거래사고이다. 따라서 거래 당시에 권리를 취득하는 자가 몰랐다 하더라도 그 후 이를 알게 된 권리 취득자는 그에 대한 손해배상을 요구할 권한이 있다. 만일 권리를 상실하는 자가 당해 부동산에 대한 나쁜 점을 알렸다면 권리상실자는 이에 대한 책임을 지지 안 는다. 또 중개업자도 당해 부동산에 대한 나쁜 점이나 잘못된 점을 알았다면 이를 사실대로 설명하고 그에 대한 보완방안을 권리취득자에게 설명하였다면 더욱 신뢰를 얻을 수 있다.

다음 ④항의 경우는 권리상실자나 중개업자가 잘 알지 못함에서 온 거래사고이므로 권리상실자나 중개업자에게 책임질 수 없는 내용을 책임지도록 한 사항이라 할 수 있다. 따라서 전문가에 의해 점검되거나 진단받는 제도가 요구되므로 이는 정부에서 제도적으로 대책을 강구하여야 할 사항으로 본다.

다음 ⑤항의 경우에는 권리상실자 및 취득자의 감독 소홀로 인하여 이사 업체가 잘못을 발생시킨 사고이므로 권리의 상실자나 취득자와 이사업체가 책임을 져야 할 것이다. 즉 이사업체도 손해배상

보장 책임제도를 가입하도록 하여 고객에게 피해를 입힌 경우 그 피해를 배상해 주어야 한다. 따라서 이사업체는 이삿짐 운반책임 계약서를 작성하도록 하고 이때 이사 간 발생한 고객의 피해를 배상한다는 보험증서의 사본을 첨부하는 제도로 발전이 요구된다.

앞서의 물건자체의 하자의 근본적 원인은 부동산관리에 있어 소유자나 관리자가 당해 부동산관리를 소홀히 한 데서 발생하고 있다. 따라서 국민들의 의식이 부동산을 지속적으로 사용 가능한 상태로 유지하여야 하는 의무와 책임이 있음을 갖는 자세로 전환된다면 이는 사고로 발생하지 않을 수 있다.

따라서 매도인은 부동산을 매도하고자 할 경우 부동산을 근본 목적대로 사용 가능하도록 수리하여 매물로 내놓는 자세가 필요하다.

마. 하자보수 관련 법령

우리나라의 건축물의 하자보수에 대한 법령을 살펴보면 3가지로 구분된다. 즉 건축물의 하자처리를 위한 법령은 주택법과 건설산업기본법 그리고 민법이다. 이 외에 구조물 특성에 따라 관리를 위한 특별법이 있으나 이는 국민들이 직접적으로 책임이 있는 부분이 아님으로 여기에서는 제외하였다.

이 중 주택법은 신축 주택에 대한 건설회사가 공급자가 되어 공급된 건축물에 대한 하자보수 및 관리에 대하여 취급하고 있으며 또 공동주택에 대한 관리에 대하여 취급하고 있다.

건설산업기본법은 일반 건축물과 교량 등과 같이 공공시설에 대한 하자보수 및 관리에 대한 사항에 대하여, 그리고 민법은 개인 간의 거래된 부동산에 대한 하자에 대한 처리 관계를 취급하고 있다. 즉 민법은 개인 간의 거래에서 매도인의 매매물건에 대한 상태를 정확히 알리지 않고 매매함으로써 이를 알지 못하고 구입한 매수인을 보호하기 위하여 민법에서 매도인의 하자담보책임 규정으로 물건의 하자를 처리하고 있다.

각 법규의 내용을 구체적으로 살펴보면 다음과 같다.

1) 주택법

주택법에서는 주택에 대한 하자를 취급하고 있으며 주택 중 공동주택의 하자를 취급하고 있다. 주택법에서 하자에 관한 법률 조항은 동법 제46조와 동법 시행령 59조에서 규율하고 있으며 그 내용을 보면 다음과 같다.

주택법 제46조의 내용[70]은 공동주택에 대한 하자책임과 하자보수 책임 기간을 사용검사일 또는 사용승인일로부터 10년 이내로 제한하고 있으며, 이를 위해 하자보증금예치, 하자로 인한 손해배상관계, 2009년도 3월 22일부터 시행되는 입주자 대표회의 등 관리주체가 하자보수 책임에 대해 분쟁이 발생하면 하자심사분쟁조정위원회에 조정을 신청할 수 있도록 하고 있다.

또 동법 시행령 제59조에서는 별표 6 및 별표 7로 하자의 범위와 시설공사별 하자담보책임 기간과 건물의 주요 구조인 내력구조부별 하자보수대상 하자의 범위 및 하자담보책임 기간을 규정하고 있다.

주택법의 하자보수 담보책임 기간에 대한 동법시행령 별표 6과

---

70) 「집합건물의 소유 및 관리에 관한 법률」 제9조의 규정에 불구하고 공동주택의 사용검사일(주택단지 안의 공동주택의 전부에 대하여 임시사용승인을 얻은 경우에는 그 임시사용승인일을 말한다) 또는 「건축법」 제18조의 규정에 의한 공동주택의 사용승인일부터 공동주택의 내력구조부별 및 시설공사별로 10년 이내의 범위에서 대통령령이 정하는 담보책임 기간 안에 공사상 잘못으로 인한 균열·침하·파손 등 대통령령으로 정하는 하자가 발생한 때에는 공동주택의 입주자 등 대통령령이 정하는 자의 청구에 따라 그 하자를 보수하여야 한다.

별표 7에 대한 내용은 부록 3 및 4를 참고한다.

각 아파트에서는 위 「주택법」과 「집합건물에 관한 법률」에 의거 자체 장기수선계획을 수립하여 시행하도록 규정하고 있으며 이를 참고하여 작성된 모 아파트의 관리 규약에 있는 건축물 장기 수선 계획 수립대상시설과 그 표준수선주기 및 수선율을 소개하면 부록 5와 같다.

위 하자보수에 대한 내용을 검토해 보면 균열이나 누수에 영향을 주는 건물외부의 보수를 요하는 기간은 페인트 칠 부분이 3년 이고 그 외 부분은 5년 이상 최장 40년까지이며, 건물 내부의 보수 기간도 5년 이상 50년까지이다. 그 외에 주거의 목적에 영향을 줄 수 있는 전기·소화기 및 승강기, 급수·위생·가스·환기시설과 난방시설 등은 4년 이상 25년까지임을 알 수 있다.

이를 분석할 때 매도자가 정상적인 수선유지공사를 지속하였다고 간주할 경우 1년 이내에는 당해 건물에 하자가 발생하지 않아야 하며 만일 1년 이내 하자가 발생한다면 매도인은 정상적으로 당해 건물을 관리하지 않았으며 매수자는 이 하자로 인하여 설령 본래의 구입 목적대로 사용할 수 있다 하더라도 손해를 보게 된다고 볼 수 있다.

따라서 기존건물의 경우에도 앞의 '다'항의 하자유형에 대하여 「주택법」의 시행령 59조와 같은 하자범위 및 담보책임 기간 점검표 작성이 요구된다. 단, 담보책임 기간은 매수자의 사용 간 잘못이나 관리소홀로 하자가 발생할 수 있으므로 가능한 한 짧게 잡는 것이 바람직하다. 그래서 필요하다면 1년 이내로 할 수는 있으나 3~6 개월 이내가 적당하리라 본다.

2) 건설산업기본법

다음은 건설안전기본법에서 규율하고 있는 하자책임 내용을 살펴보면 다음과 같다.

건설안전기본법에서는 동법 제28조와 동법 시행령 제30조에서 하자보수 책임에 대하여 규율하고 있다.

건설안전기본법 제28조의 내용[71]은 벽돌쌓기식 구조와 철근콘크리트구조 및 철골구조 그리고 철골철근콘크리트구조와 기타 공사로 구분하여 하자책임 기간을 구분하고 있는데 철근콘크리트구조 등의 구조물은 10년의 범위 내에서 하자보수책임이 있음을 규율하고 있으며, 기타 구조는 건설공사 완공일로부터 5년 이내 하자보수 책임을 규율하고 있고, 동법 시행령 제30조에서는 이를 구체적으로 하자의 범위와 책임 기간을 명시하고 있다.

건설산업기본법 시행령 제30조에서 규율하고 있는 하자의 범위 및 하자담보책임 기간에 대해서는 부록# 4를 참조한다.

3) 민 법

부동산을 매매하면 그 매매라는 법률행위에 의거 거래당사자는 매매에 따른 책임과 의무가 수반되는데 이때 매도인의 의무는 2가지가 있다.

하나는 재산권을 이전할 의무이고, 다른 하나는 담보책임이다.

매도인의 담보책임이란 매매에 의하여 매수인이 취득하는 권리 또는 권리의 객체인 물건에 하자 내지 불완전한 점이 있는 때에 매

---

71) 수급인은 발주자에 대하여 건설공사의 목적물이 벽돌쌓기식 구조 · 철근콘크리트구조 · 철골구조 · 철골철근콘크리트구조 기타 이와 유사한 구조로 된 것인 경우에는 건설공사의 완공일부터 10년의 범위 내에서, 기타 구조로 된 것인 경우에는 건설공사의 완공일부터 5년의 범위 내에서 공사의 종류별로 대통령령이 정하는 기간 이내에 발생한 하자에 대하여 담보책임이 있다.

도인의 과실유무를 묻지 않고 매수인을 보호하기 위하여 매도인에게 일정한 책임을 지우는 것을 말한다. 즉 매매의 목적인 재산권에 하자가 있어 이로 말미암아 그 재산권의 전부 또는 일부를 이전할 수 없거나 또는 그 재산권의 객체인 물건에 하자가 있는 것을 급부한 경우에 매도인에게 일정한 책임을 인정하는 것을 말한다. 따라서 매도인의 담보책임은 법정책임으로서 매도인의 고의·과실 등 그 귀책사유를 요건으로 하지 않기 때문에 일종의 무과실책임이다.

민법에서 매도인의 담보책임은 동법 제569조로부터 제584조까지 규정하고 있으며, 이 중 물건의 하자에 의한 책임은 제574조와 제580조 그리고 581조에 규정하고 있으며 담보책임 기간에 대해서는 제582조, 담보책임의 이행관계에 대해서는 제583조, 담보책임에 면책에 대한 특약관계는 제584조에 각각 규정하고 있다.

즉 매도인의 담보책임에 대한 민법에서 규정하고 있는 것을 구분하면 물건의 하자 책임은 '권리의 하자에 대한 담보책임', '물건의 하자에 대한 담보책임', '경매에 있어서의 담보책임', '담보책임에 대한 특약의 효력'의 4부분으로 되어 있다.[72]

물건의 수량부족 및 일부 멸실에 대한 매도인의 담보책임에 대해서는 물건의 하자에 담보책임이라기보다는 권리의 하자에 대한 담보책임으로 분류하고 있고[73] 있어 물건의 하자에 대한 담보책임은 제580조의 특정물의 하자에 대한 매도인의 담보책임과 제581조의 종류물의 하자에 대한 매도인의 담보책임을 말한다.

이때 매도인이 부담해야 하는 담보책임의 내용은 매수인으로부터 계약해제, 손해배상청구, 출재비용 상환청구, 완전물 급부청구 등

---

72) 김준호, 민법강의, 법문사, 2000, pp.1048~1049.
73) 김준호, 상게서, pp.1051~1052.

이 있다.

즉 매수인이 선의(매수인이 계약 전에 하자가 있음을 알지 못한 사실)인 경우에는 특정물의 하자에 대한 매도인의 담보책임 및 종류물의 하자에 대한 매도인의 담보책임으로 계약해제권과 손해배상청구권이 있으나 매수인이 악의(계약 전에 매수인이 그러한 사실을 알고 있는 것)인 경우에는 계약 해제권과 손해배상청구권을 행사할 수 없다.

또 물건의 매수인이 매도인에게 담보책임을 물을 수 있는 기간은 매수인이 이를 알게 된 첫날부터 6개월 이내에 행사를 하여야 된다.

매도인의 담보책임과 연관하여 현지상황을 파악하기 위하여 중개업자 및 국민들에게 부동산매매 시에 거래사고를 경험한 것들에 대해 설문을 받았다.

먼저 거래사고를 경험한 경우에 대해서는 <표 4-4>에서 보는 바와 같이 공인중개사가 중개를 하면서 거래사고를 경험하였거나 경험을 한 사람이 65%였고 경험하지 않았거나 무응답자가 35%였다.

반면 일반국민은 31%가 거래사고 경험을 하였고, 69%가 경험하지 않았거나 무응답이다.

〈표 4-4〉 거래사고 경험 현황

구 분		계	매매	임대차	매매와 임대차 둘 다	무응답
중개업자	응답 수(명)	116	34	19	22	41
	응답률%	100	29	16	19	35
일반국민	응답 수(명)	103	14	11	7	71
	응답률(%)	100	14	11	7	69

이것으로 보아 부동산거래 중 30% 이상이 거래사고가 많든 적

든 발생하고 있음을 말하며 부동산거래에 상당한 문제점이 있음을 나타내고 있다.

이는 부동산거래에서 상당수의 부동산거래사고가 발생하고 있으며 이 중 임대차보다 매매 시에 거래사고가 더 많이 발생하고 있었다.

다음으로 거래사고 경험에 대한 거래사고 종류를 설문한 결과 <표 4-5>에서 보는 바와 같이 공인중개사의 응답자를 기준으로 해약이 47%로 가장 많은 사고였고 다음으로 손해배상 그리고 사기 순이다. 반면 일반국민은 손해배상을 20%로 가장 많았고 다음으로 사기, 해약 순으로 나타내고 있었다.

<표 4-5> 거래사고 종류

구 분		계	사기	손해배상	해약	무응답
중개 업자	응답자 수(명)	116	6	14	55	41
	응답률(%)	100	5	12	47	35
일반 국민	응답자 수(명)	103	8	21	2	72
	응답률(%)	100	8	20	2	70

이 중 손해배상을 당한 경험 내용을 묻는 질문에 <표 4-6>에서 보는 바와 같이 공인중개사들의 경우는 주로 임대차관계 등 권리관계를 자세히 설명해 주지 않아 손해배상을 당한 경우와 물건의 하자를 알려주지 않아 손해배상을 당한 것으로 응답하고 있었다. 반면 일반 국민들은 물건의 하자로 인해서와 구입목적대로 사용할 수 없어서 각각 50%를 응답하고 있어 주로 물건의 하자로 인하여 손해배상을 해 주고 있는 것으로 나타나고 있다.

〈표 4-6〉 손해배상의 원인

구 분		계	권리미설명	물건잘못소개	하자	기재착오
중개업자	응답자 수(명)	14	6	1	6	1
	응답률(%)	100	43	7	43	7
일반국민	응답자 수(명)	2	0	0	1	1*
	응답률(%)	100	0	0	50	50

*표는 사용불가임

이처럼 물건의 하자는 거래사고에서 상당한 주요 원인으로 나타나고 있다.

또한 일반국민에게 부동산거래 안전을 위한 제도에 대하여 권리보험, 에스크로우제도, 물건 하자점검제도, 임대보증금보증제도에 대해서 설명하고, 국가가 이 제도를 운영한다면 참여하겠냐는 참여범위를 물었다.

그 결과 <표 4-7>에서 보는 바와 같이 70%가 전 제도에 참여(18%)하거나 일부 제도라도 참여(52%)하겠다는 의견이고 참여하지 않겠다는 의견은 18%에 불과하여 우리나라 국민들이 부동산거래에 매우 불안해하고 있음을 알 수 있었다. 중개업자의 경우도 79%가 안전제도의 실시를 절감하고 있다.

〈표 4-7〉 안전제도 참여범위

구 분		계	참여 않겠다	일부만 참여하겠다	전부 참여하겠다	무응답
일반국민	응답자 수(명)	103	19	54	19	11
	응답률(%)	100	18	52	18	11
중개업자	응답자 수(명)	116	22	57	28	9
	응답률(%)	100	21	53	26	8

하자보수에 대한 관계법령은 민법과 주택법, 건설산업기본법 등에 기술되어 있으나 주택법 및 건설산업기본법의 하자보수는 건설업자와 건물소유자 간의 하자문제와 공동주택 유지 및 관리에 대한 법률이고, 부동산매매에 관련된 하자관계 법령은 민법을 적용한다.

그러나 민법은 시행령이나 시행규칙이 없으므로 거래당사자 간의 하자담보책임에 대한 필요한 세부적인 사항, 즉 부동산 관련 부동산자체 하자담보책임에 관한 세부규정이 없어 물건의 하자로 인한 분쟁이 발생하면 소송이라는 절차에 의존하여야 한다.

거래당사자 간에 물건의 하자에 대한 분쟁의 해결을 살펴보면 먼저 소액이므로 소송까지 연결하지 않고 끝까지 버티는 자가 이기고 있는데 대부분 매도인 측이 전화를 안 받거나 응대를 하지 않아 매수자가 스스로 포기하는 형태로 종결되고 있으며 중개업자만 중간에서 상당 기간 시달리다가 종결되고 있다.

또한 부동산의 관리에 있어서도 일반 국민들이 부동산의 관리에 전문지식이 없으므로 관리가 잘 이루어지지 않기도 하지만 상당수의 국민들은 자신이 사용하는 기간 중에만 이상이 없으면 된다는 생각에 부동산을 관리하지 않아 건축 후 20년 이상이 되어도 임시방편으로 보수만 하고 방치하는 형태가 되어 부동산의 관리부실에 의한 수명을 단축하고 있어 자원을 최유효 이용을 하지 않고 낭비하고 있으며 이로 인하여 새 건물을 구입할 수 없고 대부분 오래된 기존 건물을 구입하는 서민층만 피해를 보고 있다.

따라서 부동산의 효율적 관리와 최유효 이용을 위하여 부동산거래 간의 매도인의 담보책임에 대한 명확한 규정이 요구된다. 그 하나의 방법으로는 민법의 특별법인 「공인중개사의 업무 및 부동산 거래 신고에 관한 법률」을 「부동산 거래절차법」으로 개정하여 「부동산 거래절차법」에 규정하는 방안이 있다.

이때 규정되어야 할 것은 하자의 범위에 대해서 명시하고 매도인이 이에 대한 책임이 있음을 규정하며 필요시 이에 대한 보증을 하도록 하여야 한다.

또한 하자책임 기간은 물건의 하자에 대한 매도인담보책임의 제척 기간이 6개월이므로 이를 인용하거나 필요시 그 기간을 별도로 정하는 것이 옳다고 판단된다. 왜냐하면 부동산 매매는 계약 체결일을 포함하여 그 이전에 매수인이 건물상태를 확인하여 계약일현 상태를 계약하는 것이므로 매수자의 주의의무도 있고, 또 건물의 상태가 자연적으로 변화도 되지만 고의적인 사항과 관리의 잘잘못에서도 발생하므로 6개월은 다소 긴 시간으로 볼 수도 있기 때문이다.

4) 공인중개사의 업무 및 부동산거래 신고에 관한 법률

「공인중개사의 업무 및 부동산거래 신고에 관한 법률」에서는 부동산의 하자보수에 관한 직접적인 규정은 없다. 다만 부동산 중개업자에게 중개대상물에 대해 확인 및 설명해 주도록 하고 있다. 이때 부동산중개업자가 중개대상물 중 건축물을 중개하면서 기술적으로 확인 및 점검하여 권리를 취득하는 의뢰인에게 설명해 주어야 할 요소는 크게 건물 내·외부의 상태와 벽면 및 도배, 그리고 환경조건과 입지조건 및 관리 관계, 취득 시 조세관계 등이다.

이에 대하여 그 내용을 세부적으로 확인해 보면 건물 내·외부 상태에서는 수도·전기·가스·소방·열 공급·승강기·배수상태를 점검 및 확인하여야 하고, 벽면 및 도배상태에서는 벽면의 균열과 누수 여부와 도배의 상태를, 환경조건에서는 일조량·소음·진동 · 1km 이내에 비선호시설 존재관계를 확인 · 점검하여 설명하여 주어야 하며, 입지조건에서는 도로 · 대중교통 · 주차장 · 교육시설 · 판매 및 의료시설 등을 확인 및 점검하여 설명하고, 관리관계에서는 경비실의 존재 여부와 관리주체 관계를 확인 및 점검하여 설명하여 주어야 한다.

부동산거래계약에 있어서 계약 조건 중 물건의 상태에 대해서는 '계약일 현재의 상태'를 있는 기준으로 계약을 하는 것이다. 계약일의 물건의 상태를 명확히 하는 것은 매우 중요한 요소이다. 그런데 물건의 상태에 대하여 책임 한계를 규명할 수 있는 것은 중개업자가 계약 시에 작성하여 주는 중개대상물 확인 · 설명서에 기록된 내용이 전부이다.

그러면 중개대상물 확인 · 설명서의 내용과 그 기록 내용을 살펴보면 다음과 같다.

예를 들면 건축물의 내 · 외부 시설물의 상태에서 수도는 파손 여부가 있는지 또는 없는지를 체크하고 만일 파손된 부분이 있으면 그 위치를 기록하도록 하고 있다. 그리고 용수량은 정상인지 아니면 부족한지를 체크하고 만일 부족하면 부족한 위치를 기록하도록 하고 있다.

「공인중개사의 업무 및 부동산거래 신고에 관한 법률」에서는 매도인 및 임대인에게 중개업자가 중개대상물 확인 · 설명에 필요한 자료를 요구할 수 있도록 하고 있으나 이는 매도인 및 임대인의 의무사항이 아니라 중개업자가 요구할 수 있는 권장사항으로 매도인 및 임대인이 이에 응하거나 응하지 않는 사항에 대해서는 중개대상물 확인 · 설명서 표지의 '확인 · 설명 자료'의 '대상물건의 상태에 관한 자료요구사항'란에 매도인의 자료요구에 응한 내용을 기록

하도록 하고 있다. 이에 대하여 현상에서는 매도인 및 임대인이 이 자료요구에 응하는 경우가 매우 적으며 도리어 이를 귀찮게 생각하거나 또는 자신의 물건을 나쁘게 기록하는 것으로 오해하여 물건을 회수하거나 중개를 거부하여 중개업자와 매도인 및 임대인 간의 간극만 존재케 하고 있으며 만일 이를 사실대로 기록한다 하더라도 기록한 것으로 끝나고 그쳐 사실상 무의미하고 책임만 면책하는 것밖에 되지 않는다.

또 중개업자가 이를 확인하는 것도 앞서 본 바와 같이 외관적으로만 확인될 뿐이며 실제 내부에서 발생하고 있거나 부동산 인도 인수 전에 나타날 수 있는 상태조차 알 수 없는 상태로 남게 되어 극히 형식적인 절차만을 실시하는 현상이다.

그리고 부동산중개업자가 건물과 관련된 기술에 있어서 건축·전기·설비 분야를 전공하지 않는 한 다음과 같은 사항들은 그 상태를 정확하게 확인하고 점검한다는 것은 불가능하다.

따라서 현재의 중개체제에서 물건의 하자에 의한 중개사고는 그 위험도가 매우 높으며, 언제든지 중개사고로 연계될 가능성이 상존한다.

그러므로 ① 전기에 있어서 누전관계, ② 각 플러그의 작동 여부, ③ 가스시설의 누수 여부, ④ 소화전이나 ⑤ 비상벨의 작동상태, ⑥ 열 공급시설의 작동상태, ⑦ 승강기의 양호 여부, ⑧ 배수에 있어서 공동주택의 경우 아래층에서 누수 여부, ⑨ 기타 건축물에서는 외부로 나가는 배수의 양호·불량 여부, ⑩ 벽면의 누수 여부, ⑪ 소음의 정도, ⑫ 진동의 정도 등은 기술이 요하는 분야이기 때문에 점검 및 확인에 있어서 전문 분야 종사자가 꼭 필요하다.

3. 물건 하자의 안전화 방안

물건자체의 하자에 대한 안전화를 위해서는 매도인 또는 임대인에게 하자책임 및 수리책임을 강화하여야 한다. 그래서 매도인 또는 임대인이 부동산을 잘 관리함으로써 부동산거래에 있어 매수인 및 임차인이 안전하게 부동산을 거래할 수 있도록 하며, 또 부동산 자체를 효율적이고 장기적으로 수명이 유지될 수 있도록 하여 국민의 재산보호는 물론 국가경제에 부동산이 효율적으로 기여할 수 있도록 하여야 한다.

매도인 또는 임대인에게 하자책임 및 수리책임을 강화하는 방안은 다음과 같다.

가. 매도인의 물건상태 보고서 작성하여 제출하는 방안

물건의 상태에 대해서는 매도인이 가장 잘 알 수 있으므로 매도인이 물건의 상태에 대한 목록을 작성하여 이를 거래계약체결 시 제출하는 방안이 있다.

이는 현행법(민법)의 매도인의 하자담보책임과 일치하는 방안으로 이를 위해서는 신축건물을 거래할 때부터 적용하는 것이 보다 바람직하다.

매도 및 임대인의 부동산 상태 점검 및 목록표(안)는 별지 1과 같다.

이 부동산 상태 점검 및 목록표는 건축업자가 건축하여 분양 또는 매매를 할 때부터 작성하여 매수자에게 인수인계되어야 한다. 또한 이 건물 점검표 및 목록표는 당해 건물의 수선 등 관리대장으로 이용되도록 하여야 한다.

나. 매도인 및 임대인이 하자보증하는 방안

앞서 부동산거래에 있어 살펴본 바와 같이 현재 부동산거래 특히 건물이 있는 부동산거래는 신축보다 기존 건축물의 거래가 더 많기 때문에 물건의 하자에 대한 관리가 매우 중요해지고 있다.

그런데 기존 건물에 대한 하자의 존재 여부에 대해 가장 잘 아는 사람은 누구보다도 이를 직접적으로 관리해 온 매도인 또는 임대인이 가장 잘 알 수 있다. 그러나 매도인 및 임대인이 건물의 각 구성부분에 대한 내용연수를 비롯하여 시공과정에서 일어나는 실수나 착오로부터 발생하는 하자에 대한 전문지식이 없고, 또 매도인 및 임대인이 해당 부동산에 계속 거주하지 않고 매매 및 임대인을 함으로써 당해 부동산에 대한 하자내용을 잘 알 수 없을 수도 있다.

그리고 부동산거래에 있어서 부동산의 특성 중의 하나인 환금성의 긴 특성을 단축하기 위해서는, 즉 보다 더 부동산을 빠르게 거래하기 위해서는 자신의 부동산을 깨끗하고 잘 수리하면 빠르게 거래될 수 있다. 그러나 현실은 매도 및 임대를 하면서 가급적 부동산을 수리하지 않으려 하고 있다. 그 이유는 기존 건물에 대한 거래를 하면서 부동산의 상태에 대한 인계인수 기준은 '계약일 현상태'를 기준하기 때문에 매도인으로서는 겉만 이상이 없으면 되고 내용의 하자에 대해서는 매수인이 발견할 책임으로 하고 있기 때문이다. 그러나 매수인 및 임차인이 거래계약을 체결하기 전까지는 남의 건축물을 일일이 점검하고 기록한다는 것은 난해한 일이다. 그러므로 매수인 및 임차인은 대부분 외형만 살펴보고 부동산거래를 할 수밖에 없어 거래완료 후 계약 시에 매수인이 발견하지 못한 내용의 하자 대해서는 매수인이 당해 부동산을 본래의 목적대로 사용하기 위해서 거래대금 외에 거액의 수리비용을 투입하고 있다.

부동산거래에 있어 부동산의 하자에 대해서는 일정 기간을 정하여 매도인이 하자담보를 책임지도록 함으로써 부동산거래에 있어 안전화를 기할 수 있고 부동산을 내용연수대로 관리함으로써 수명을 최대한 연장할 수 있으며 도시의 미관 등을 유지할 수 있을 것으로 본다. 따라서 부동산 매매의 경우에는 매도인이 부동산하자보증보험에 가입하도록 하여 일정 기간 부동산하자에 대해 책임지도록 하는 제도가 필요하다. 이때 하자책임을 매도인이 책임져야 할 기간은 6개월 이내로 하는 것이 바람직하다.

다. 임차인의 사전점검 기회부여

또 다른 방법으로는 부동산거래에 있어 부동산하자를 방지하기 위하여 매수자 및 임차인이 거래계약 체결 후 거래부동산을 사전점검할 수 있도록 법적 장치를 만들어 주고 그 결과에 따라 필요한 경우 거래계약을 해제할 수 있도록 제도화가 필요하다.

즉 부동산을 거래함에 있어 거래부동산은 가급적 하자 없는 부동산으로 거래를 할 수 있도록 되어야 하며 설령 부분적인 하자가 있는 부동산을 거래하는 경우에 매수인이 인수할 수 있는 하자에 대해서는 매수인이 인수 후 수리비용을 판단할 수 있도록 하여 부동산을 효율적으로 관리할 수 있도록 되어야 한다. 이를 위해서는 매수인에게 거래계약 체결 후 일정 기간을 정하여 매수인이 직접 점검하거나 전문기관을 이용하여 사전 점검을 할 수 있도록 법제화하여야 한다.

그래서 매수인이 인수할 수 없는 하자가 있는 경우에는 매수인이 계약을 해제할 수 있도록 하고 감수할 만한 하자의 경우에는 이를 감수할 것을 선택할 수 있도록 함으로써 부동산거래에 대한 신뢰를 증진하고 당해 부동산을 효율적으로 관리할 수 있도록 할 수 있다.

라. 임차인에게 물건관리유지 책임 일부 부여

다음은 임차인에게도 당해 부동산을 사용하는 기간 동안 당해 부동산을 효율적이고 경제적으로 관리될 수 있도록 거래금액에 대한 일정 비율이나 일정 금액의 범주 내에서는 보수의무를 부여하는 제도가 필요하다.

임차인이 부동산을 임차하여 사용·수익을 얻는 기간은 법적으로 최소 1년으로부터 2년이며, 통상의 경우 수년으로부터 수십 년을 임차하여 사용 및 수익을 얻고 있다.

임차인이 사용하는 기간 동안 당해 부동산의 내용연수는 감소하며 또 이 기간 동안 임대인이 임차인의 사용·수익을 저해할 수 없어 수리를 하지 못하므로 기존부동산의 관리 상태는 나빠질 수 있다.

물론 현행법상으로 임차인은 임대차 만료 시에 원상회복하여 임대인에게 반환하도록 규정하고 있으나 현행법에 원상회복의 범주가 명확하지 않고 또 국민들의 인식은 '임대인은 임차인보다 금전적으로 여유가 있는 사람이다'는 의식에 의해 임차인이 원상회복을 하지 않아도 묵인하고 있어 사실상 부동산의 하자는 방치되어 있는 실태이다.

따라서 부동산을 효율적으로 관리하고 부동산거래에 있어 하자로 인한 거래의 불안전을 해소하기 위해서는 5년 미만의 내용연수에 대한 하자발생 시 임차인은 당해 하자를 수리하거나 또는 거래대금의 일정 비율에 해당하는 금액 이하로 투입되는 하자에 대해서는 일정금액을 투입하여 수리하도록 법적으로 정하여 법적으로 정한 비율 및 금액 이하로 투입되는 하자에 대해서는 임차인이 수리·관리하도록 책임을 강화하는 것도 필요하다.

마. 하자점검 및 수리기관 운영

<표 4-2>에서 본 바와 같이 우리나라의 현재 건물의 보유실태는 2006년도 기준 2년 미만의 신축건물은 934,000개인 반면 기존건물은 13,223,000개로 93% 이상을 차지하고 있다.

물론 보유비율과 일치하지는 않겠으나 부동산거래에 있어 기존건물에 대한 거래는 보유비율보다 높게 나타날 것으로 판단된다. 그럼으로 부동산거래에 있어 부동산하자에 대한 관심은 점점 더 증대되고 있으며 부동산하자로 인한 거래사고는 점점 증가되고 있다.

따라서 우리나라의 보유부동산 특히 건물을 효율적으로 관리하기 위해서는 이를 점검하고 수리하는 전문기관이 절실히 요구되고 있다.

1) 하자점검 및 수리기관 운영

가) 하자점검 및 수리기관 운영에 대한 필요성

하자점검 및 수리기관의 운영은 하자점검 및 수리를 전문적으로 실시하는 별도기관을 운영하는 방안이 있을 수 있으며, 현재 운영되고 있는 공동주택의 관리실과 일반건물에 대한 주택관리업체를 활용하는 방안, 그리고 매도인이 하자담보를 책임지는 하자담보보험에 가입하는 방안을 고려해 볼 수 있다.

이에 대하여 일반국민에게 설문한 결과 <표 4-8>에서 보는 바와 같이 응답자의 85%가 우선 부동산 하자문제를 해결할 것을 원하였으며, 하자점검 및 수리기관 운영에 대하여 설문한 결과 하자점검을 위한 전문전담기관을 운영하자는 의견이 49%로 가장 많았고, 다음으로 현행체제를 운영하자는 의견으로 다세대주택을 포함한 공동주택은 인근 아파트 관리사무소를 이용하고, 기타는 지역 내에 있는 주택관리업체를 이용하여 기술적 점검을 하자는 의견이었으며, 일부는 매도인의 하자담보 보증보험 제도를 운영하자는 의견이었다.

같은 내용을 공인중개사들에게 설문한 결과 <표 4-8>에서 보는 바와 같이 현장에서 가장 많이 이 문제를 지켜본 경험을 살려 공인중개사들은 매도인이 하자담보 보증보험에 가입하여 처리하는 것을 가장 많이 원했으며, 다음으로 별도로 기술적 전문 점검기관을 운영하는 것과 주변 아파트 관리사무소나 주택관리업체를 이용하는 순으로 운영을 원하고 있었다.

따라서 경험을 많이 한 공인중개사들의 의견에 따라 매도인의 하자담보 보증보험 가입제도를 하는 것이 합리적인 방안으로 본다.

<표 4-8> 하자점검기관 운영

구 분		계	공동주택: 아파트관리소 기타: 주택관리업체	별도 전담기관	매도인 보증보험	무응답
일반 국민	응답자 수(명)	103	21	50	10	15
	응답률(%)	100	29	49	10	15
중개 업자	응답자 수(명)	116	26	36	38	16
	응답률(%)	100	22	31	33	14

부동산하자 점검 및 수리에 대한 전문 점검 및 수리기관을 운영

하게 되면 이들에 대한 수수료 문제가 발생하게 되는데 부동산하자 점검 및 수리에 대한 의견을 물어본 결과 일반 국민은 수수료 형태를 <표 4-9>에서 보는 바와 같이 부동산가격에 따라 누진제를 적용하는 것을 가장 선호하였으며, 다음으로 금액에 관계없이 일정률을 또는 고정금액으로 하자는 순으로 응답하였다.

같은 내용을 공인중개사들에게도 설문한 결과 <표 4-9>에서 보는 바와 같이 공인중개사들도 누진제를 가장 선호하였으며, 다음으로 일정률을 선호하였고, 고정금액은 거의 싫어하는 경향이었다. 다만 무응답자가 일반국민에 비하여 공인중개사들이 더 많은 것은 최근 부동산경기의 지독한 침체로 설문에 대하여 귀찮게 생각했는지, 아니면 부동산자체의 하자문제는 거래당사자에게 더 직접적으로 영향을 주기 때문인지 공인중개사들의 무응답이 일반국민에 비하여 더 많았다.

나) 각 방안에 대한 장단점

제1안: 별도 전담전문기관 운영

위 방안은 기존 건물에 대한 하자보수만을 실행하기 위한 전문업체를 국가가 법을 제정하여 운영하는 방안으로 앞 <표 3-1>~<표 3-5>에서 보는 바와 같이 1년에 토지는 2,845,247필지, 일반건물은 1,788,337호, 그리고 아파트 1,125,561호가 거래되고, 거래건수로는 3,245,786건이 거래되므로 사업성은 있다. 또한 거래당사자는 하자보수만을 위한 전담기구이기 때문에 이용이 용이하고 기술적으로 신뢰할 수 있어 편리하다.

정부는 민법 제580조에 근거하여 별도로 법을 제정하여야 하고, 이 법에서 전담기관의 성격과 업무한계, 구성원의 자격기준, 행정절차, 부동산계약과 연계관계 등이 세부적으로 규정되어야 한다.
또한 법을 제정하고 준비 기간이 필요하므로 시행까지는 시간이
필요하다.

제2안: 공동주택관리사무소 및 주택관리업체 이용 반안

위 방안은 기존 업체를 이용하는 안으로 기존 법령을 수정하여
실행하므로 시간적으로 제1안보다는 빠르게 적용이 가능하다.

그리고 기존 업체들을 이용하므로 경험요소가 많아 책임 있는
점검이 가능하며 기존 업체의 수입의 증가로 회사운용이 보다 효
율적일 수 있다.

거래당사자는 알고 있는 업체이므로 쉽게 이용이 가능하나 알고
있는 직원이므로 담합의 여지가 있을 수 있고 해당 아파트나 다가
구주택의 주민 외의 주택에서는 오히려 부당한 처리결과를 받을
수 있다.

또 당해 아파트 및 다가구주택의 경우는 이 임무로 당사자에게
신속한 서비스가 아니 되므로 불편해하거나 이 업무를 하지 못하
도록 방해할 수 있다.

제3안: 매도인이 하자담보보증보험에 가입하는 방안

이 안은 매도인이 매매계약체결과 동시에 하자담보보증보험에 가
입하여 하자에 대해 처리해 주는 방안이다. 이 안은 가장 간단하게
기존건물의 매매에 따른 부동산자체의 하자에 대한 처리방안이다.

이 방안은 보증보험회사나 행정관서에서 보증보험증서를 일시적
(최고 6개월)으로 보관하고 이 기간 내에 하자사고가 발생하면 매
수인은 하자보수 신청을 하여 보험금액을 받아 수리하고, 하자발생
이 일어나지 않으면 보증금액을 매도인이 회수하는 기존의 하자보

수체제와 비슷한 체제로 운용된다.

이 제도는 기존건물에 대한 매매과정에서 하자문제를 처리할 수 있으면서 매도인이나 매수인이 가장 경비를 적게 들이는 방안이다.

미국에서도 이와 비슷한 제도를 이용하고 있다. 미국에서는 매도인이 부동산 거래 시 1년 동안 건물에 대한 하자보험을 들어주기 때문에 이런 문제 발견 시 연락하여 수리를 받을 수 있다.

이것은 일반적인 집 보험과는 별개로 어떤 주택을 불문하고 1년 동안 새 주인에게 제공되며, 하자 발견하여 수리 시 대개 한 번 수리 시마다 매수인도 일부의 개인부담금을 내고 있다.

2) 하자점검 및 수리 수수료

〈표 4-9〉 수수료 형태

구 분		계	고정금액	누진제	일정비율	무응답
일반 국민	응답자 수(명)	103	15	46	30	12
	응답률(%)	100	15	45	29	12
중개 업자	응답자 수(명)	116	4	57	36	19
	응답률(%)	100	4	49	31	16

다음으로는 수수료 각 형태에 대한 설문에 있어 누진제로 할 경우 수수료의 범위는 어느 정도로 하는 것이 좋을지에 대한 설문을 한 결과 일반국민은 <표 4-10>에서 보는 바와 같이 1억 원 단위로 누진하는 것을 가장 선호하였고, 다음으로 5,000만 원 단위로 누진하기를 원했다.

〈표 4 - 10〉 누진제 방법

구 분		계	5,000만 원당 0.5%	1억 원당 0.5%	2억 원당 0.5%	협회 안	무응답
일반 국민	응답자 수(명)	46	14	15	8	8	1
	응답률(%)	100	30	33	17	17	2
중개 업자	응답자 수(명)	57	22	13	7	14	1
	응답률(%)	100	39	23	12	25	2

같은 내용을 공인중개사에게 설문한 결과 <표 4 - 10>에서 보는 바와 같이 공인중개사들은 5,000만 원 단위로 누진율을 적용하는 것을 좋아했으며, 다음으로 전 대한공인중개사협회에서 운영하던 에스크로우 수수료율인 4억 원 이하는 기본금 20만 원에 거래대금의 0.05%씩, 4억 원 초과하는 거래는 거래대금의 0.1%씩 적용하는 것을 선호하였다. 그 외에 1억 원 단위와 2억 원 단위로 누진하자는 순으로 나타나고 있다.

3) 하자점검과 하자보수기관의 운영 방안

또한 부동산물건 자체에 대한 하자를 처리함에 있어 하자점검기관과 하자보수기관의 운영 방안도 면밀히 검토하여 부동산을 효율적으로 관리하도록 함은 물론 우리나라와 같이 자영업자가 많을 수밖에 없는 특성에 따라 국민들의 일자리 창출면도 같이 검토되어야 한다.

부동산하자를 점검기관과 하자보수기관의 운영에 있어 그 방법은 분리해서 운영하는 방안이 있고, 다른 하나는 하자를 점검하는 기관과 보수하는 기관을 통합하여 운영하는 방안이 있다.

가) 분리운영안

물건자체의 하자를 점검하는 기관과 하자 보수를 분리하여 운영하는 방안은 하자점검 및 수리에 대하여 기관 자체를 전문화시킬 수 있고 하자를 정확하게 보수할 수 있는 장점이 있는 반면 이를 이용하는 자가 각각 분리하여 의뢰하여야 하므로 불편한 단점이 있을 수 있다.

또 그 외의 장점으로 우리나라와 같이 영토는 적고 인구는 많은 나라에서 자영업이 국민경제활동에서 비중이 높은 주요 경제활동인 나라에서는 국민들의 경제활동을 위한 일자리를 창출할 수 있는 장점이 있다.

한 예로 미국에서는 2000년대 들어와 활성화되어 현재 부동산거래 시 95%가 부동산하자 점검 조사(홈 인스펙션＝Home Inspection)를 이용하고 있는데 미국 전역에 20개가 넘는 프랜차이즈 브랜드가 있고 프랜차이즈에 속하지 않은 독립사업가까지 합치면 Home Inspection 분야에 종사하는 자는 최소한 2만 명에 이르며 2016년까지 2만여 개의 일자리가 더 생길 것으로 예상하고 있다.[74]

나) 통합 운영안

하자점검과 하자보수를 한 업체에서 통합하여 운영하는 방안은 분리해서 운영하는 방안의 장·단점의 반대가 될 수 있을 것이다. 즉 통합하여 운영하는 방안의 장점은 하자점검 및 수리기관을 한 업체가 실시함으로써 부동산하자에 대하여 전문화되고 또 한 업체에서 점검과 수리를 다 할 수 있으므로 국민들의 하자 관련 업무의 이용이 편리한 반면 하자점검기관과 고객 간에 담합이 가능하여

---

74) 조선일보, 파워 1인 기업이 뜬다, 2009. 1. 1, B4.

오히려 부동산관리가 효율적이지 못할 수 있다. 그러나 하자보수기관은 현재 많이 운영되고 있어 하자점검 및 보수체제를 수립하는 데 보다 용이할 수 있다. 즉 물건자체 하자점검 및 하자보수를 통합한 기관을 운영하는 방안은 현재의 하자보수기관이 하자점검기능을 추가하여 운영이 가능하다.

제3절 권리 및 거래문서의 안전화

1. 거래당사자의 안전화 방안 : 거래당사자 진위보고제도 운영

부동산거래에 있어 권리의 안전화 중 가장 중요한 안전화는 거래당사자의 진위가 가장 중요한 권리의 안전화이다. 따라서 거래당사자는 부동산거래 시 상호 그 진위를 확인하고 거래하는 것부터 점검 및 증명을 하여야 한다.

이를 위해 먼저 부동산중개 관련 법규에 거래당사자 간의 직거래의 경우에는 주민자치센터나 시·군·구청의 민원과에서 등기부등본과 주민등록증이나 자신을 증명할 수 있는 증명서를 제출하여 본인임을 증명받도록 하는 규정을 신설하고, 만일 중개의뢰를 하는 경우에는 거래당사자의 안전화가 중개업자의 권리분석 중 가장 중요한 업무이므로 매도인 및 임대인은 중개의뢰 및 거래계약 작성 시 등기권리증서를 지참하여 거래당사자임을 확인하도록 하고, 매수자는 신분증 사본이나 본인임을 증명할 수 있는 증서를 제출하도록 하는 제도적 장치가 필요하다.

이때 중개업자는 이 등기권리증의 등기원인 서면을 사본한 뒤 중개계약 및 거래계약서와 중개업등록증 사본 또는 신분증을 주민자치센터에서 전 소유자 및 현 소유자의 주소를 확인받아 전 소유자 및 현 소유자의 집을 직접 방문하여 소유자 확인서를 징구하는 절차를 규정화하여야 한다.

또한 중개업자는 위 절차를 통하여 거래당사자를 직접 확인하고 이를 권리조사보고서로 작성하여 매수자 및 임차인에게 보고서로 제공함과 동시에 에스크로우 경우는 에스크로우와 연계할 수 있도록 하는 방안이 강구되어야 한다.

이때 중개업자가 보고하여야 할 거래당사자 확인보고서에는 ① 소유자 구분, ② 소유자 성명, ③ 소유자 주민등록번호, ④ 소유자 주소변동 내역, ⑤ 확인일시, ⑥ 소유자 성명 및 서명 또는 날인, ⑦ 중개업자 성명 및 서명 또는 날인이 포함되어야 한다.

중개업자의 거래당사자 확인보고서는 계약일로부터 7일 이내나 중도금이 있는 경우에는 중도금 지불 전까지 작성하여 매수인 또는 임차인에게 제출하여야 한다. 만일 교환의 경우에는 거래당사자 각각에 대하여 작성하여 거래 상대방에게 제공하도록 하여야 한다.

이렇게 함으로써 부동산 사기를 근원적으로 방지할 수 있고, 또 부동산 투기를 근본적으로 방지할 수 있으므로 부동산거래의 안전화는 물론, 부동산으로 인한 국가 경제의 혼란과 왜곡을 방지할 수 있으며 국민들의 경제인식을 일확천금을 얻으려는 생산을 통한 경제활동이 모든 경제활동의 근본임을 인식하여 부지런히 산업에 종사하는 자세로 전환할 수 있다.

2. 부동산거래 시 문서 안전화

가. 부동산거래 시 문서 형태

우리나라 부동산거래 시 사용되고 있는 문서를 보면 정부에서 발행하는 등기부등본, 토지 이용계획 확인서, 토지대장, 건축물관리대장, 주민등록 등·초본, 매도용 및 일반용 인감증명서 등의 공부와, 거래당사자 간에 교부되는 거래계약서, 위임장, 거래대금영수증, 등기권리증 그리고 부동산중개 시에 중개업자와 교부하는 중개계약서, 중개대상물 자료요구서, 중개대상물 확인·설명서, 손해배상보장증서, 부동산 거래신고필증, 매도 및 매입의향서가 있으며, 중개업자가 중개업을 영위하기 위하여 작성유지하고 있는 물건접수장부, 거래계약서 대장, 물건의 권리 및 현장조사서, 기타 양식 등의 문서들이 있다.

이 중 중개업자가 중개업을 영위하기 위하여 작성하는 문서는 중개업자별로 자신의 중개업을 위해 개발하여 작성하여 그 양태가 다양하다.

또한 정부에서 발행하는 공부 중 등기부등본, 토지이용계획 확인서, 토지대장, 건축물관리대장, 중개대상물 자료요구서 등은 매수자 및 중개업자가 해당 부동산에 대한 권리분석 및 물건의 정확한 수량을 확인하는 데 필요하고, 또 소유권 이전할 때 사용하며, 거래계약서 및 중개대상물 확인·설명서, 손해배상보장증서, 위임장 및 일반 인감증명서 등과 함께 거래계약서 교부 시 교부되는 서류이다. 그리고 등기권리증 및 부동산 거래신고필증, 매도용 인감증명서 및 주민등록 등·초본은 앞서 권리분석 및 당해 부동산의 정확한 수량을 확인하기 위해 사용하는 문서와 더불어 소유권 이전 시에 사용하는 문서이며, 중개계약서와 매도·매입 의향서 등은 중개업자와 거래의뢰인 간에 물건 의뢰 시에 작성하는 문서이다. 이처럼 부동산거래 시에 필요한 서류는 최소 17종 이상의 서류가 사용되고 있다.

부동산거래 시에 사용되는 서류들은 본래 부동산거래의 안전과 신뢰 그리고 정확하게 하기 위해 사용되는 서류이며 또한 만일의 경우 책임관계에 대한 구분이 필요시 그 책임관계를 명확히 하는 데 있다. 따라서 부동산거래 시 사용되는 모든 서류는 가급적 문서로 작성하고 교부되어야 한다.

그런데 현상에서는 거래계약서 외에는 문서로 작성하지 않고 대부분 구두로 이루어지는 경우가 대부분이며 중개업자가 거래를 하는 경우에만 정부에서 발행하는 공부와 중개대상물확인·설명서 및 거래계약서와 영수증, 등기권리증 및 매도용 인감증명, 손해배상보장증서, 위임장 및 인감증명 등이다.

문제는 이 문서 중 책임관계가 가장 많이 관련된 중개계약서 및 거래계약서 중 중개계약서는 구두로 거래되고 있으며 거래당사자 간에도 매도인은 물건에 대한 매도의향서나 매수인의 매수의향서가 서류로 작성되어야 함이 기본이나 현상에서는 거래계약서 외에는 구두로 실시되고 있어 이로 인하여 종종 시시비비를 따지는 다툼이 많이 발생한다.

따라서 거래당사 간의 직접거래이든 중개업자를 통한 중개거래 시에 그 책임관계를 명확하게 규정화할 필요가 있으며 이를 위하여 관계법령에 문서화하도록 규정화하여야 한다.

나. 거래과정 상의 문서 안전화 방안

1) 거래과정별 거래당사자 교부서류 규정화

현재 우리나라의 부동산거래과정에서 사용하는 주요 문서는 중개계약서 및 매도·매입의향서, 중개대상물 자료요구서와 중개대상물 확인·설명서, 각종 공부, 거래계약서, 부동산 거래신고필증, 등기권리증, 매도 및 일반용 인감증명서, 주민등록 등·초본, 거래대금 영수증, 위임장 등이 있다.

〈도표 4-5〉 서면화 서류

구 분	매도(임대)인	매수(임차)인	중개업자
의뢰 및 홍보	- 매도의향서 - 부동산감정서 - 물건상태 보고서	- 매수의향서	- 중개계약서
거래계약체결	- 거래당사자 진위증명서 - 거래계약서 - 관련공부 - 권리안전보장증서(권리 및 제한물권)	- 거래당사자 진위증명서 - 거래계약서 - 거래대금예치증서	- 거래계약서 - 손해배상보장 증서 - 중개대상물 확인·설명서 - 관련 공부
소유권 및 부동산 이전	- 등기권리증 - 매도용 인감증명 - 주민등록 등·초본 - 물건하자보험증서 - 인감도장. - 신분증	- 주민등록 등·초본 - 도장	

이와 같은 주요 문서 중 훗날 분쟁이 발생할 때 책임관계를 명확히 하여야 할 문서는 중개계약서, 중개대상물 자료요구서, 손해배상보장증서, 중개대상물확인·설명서, 거래계약서 등이며, 그 외에도 부동산에 대한 가격과 물건의 상태, 거래당사자의 진위성, 거래대금의 안전화 대책 등 중요한 요소들이 누락된 불안전한 부동

산거래 시스템을 가지고 있다.

따라서 우리나라의 부동산거래를 안전화시키고 부동산으로 인한 각종 피해 및 2008년도 세계적 경제의 공황을 가져왔던 부동산으로 인한 국가경제의 피해를 방지하기 위해서는 부동산 거래절차법을 제정하여 직접거래든 중개거래든 부동산 거래절차별로 구분하여 매도인(임대인) 및 매수인(임차인)이 작성하여 교부하여야 하는 서류를 <도표 4-5>에서 보는 바와 같은 내용을 규정화하고 부동산의 경우에는 거래 관련 모든 행위를 반드시 문서로 작성하여야 함을 규정하여야 한다.

즉 부동산거래를 거래의뢰 및 홍보, 거래계약체결, 소유권 및 부동산 이전으로 구분하여 매도인과 매수인 그리고 중개업자가 할 행위를 구분하고 이에 대하여 서류로 작성하여야 할 부분을 명시하여야 한다.

2) 중개계약서 서면화

중개계약서란 중개업자와 중개의뢰인 간에 작성하는 계약서를 말한다. 중개의뢰인에는 매도의뢰인이 있고, 매수의뢰인이 있다.

중개업자와 매도의뢰인 간에 작성하는 중개계약은 통상 물건접수 형태로 이루어지고 구두로 계약하고 있으며, 매수의뢰인과의 중개계약은 구두로 이루어지기도 하지만 서면으로 작성하는 경우도 많다.

중개업자가 매도의뢰인한테 물건을 접수하는 형태의 중개계약의 내용은 물건의 기본적인 사항인 물건의 종류, 물건소재지, 면적, 용도 등이 있고, 매도조건으로 거래가격, 융자금처리, 기타 소유권 외의 권리사항 처리, 거래대금지불방법, 기타 특이조건 등이 있으며,

기타 물건의 특색으로 물건의 장점, 그동안 관리하면서 처리한 사항, 인허가 관련 준비사항 등이다.

이 매도인과 중개업자 간에 체결하는 중개계약은 가장 기본적인 사항만을 매도인이 알려 주는 일반 중개계약이 있고, 특정 부동산이나 대단위 토지를 매도의뢰 하는 매도의향서가 있다. 이 중 일반중개계약은 일반국민들이 부동산 매도의뢰 시에 가장 많이 이용하고 있으며 그 작성형태를 보면 매도의향서는 서면으로 작성하면서 일반중개계약은 구두로 이루어지고 있다.

중개계약은 현행법상으로는 일반중개계약과 전속중개계약 두 종류가 있으며 정부에서는 이 두 계약에 대해 표준계약서를 권장하고 있다.

본 연구에서는 일반국민과 중개업자에게 일반중개계약에 대하여 그 실태를 파악하기 위하여 설문을 받아보았다.

먼저 일반국민에게 중개계약이란 것을 알고 있는지를 문의하였더니 <표 3-13>에서 보는 바와 같이 53%가 알고 있다고 응답했고, 몰랐다가 42%로 물건 접수자체가 중개계약이란 것을 많이 알고 있었다.

다음에 중개계약서를 작성한 경험은 있는지에 대하여 물어봤다. 그 결과 <표 3-14>에서 보는 바와 같이 작성한 경험이 없다가 82%로 작성한 경험이 있다 13%에 비하여 월등이 높았다.

그래서 중개업자로부터 중개계약을 권유받거나 설명을 들은 적이 있는지에 대한 질문에는 <표 3-15>에서 보는 바와 같이 중개업자의 권유나 설명을 들은 적이 없다가 68%로 가장 많았으며, 들은 적이 있다가 25%여서 중개업자들이 중개계약을 서면화하기 위하여 노력하고 있으나 더 많은 노력이 필요한 것으로 나타났다.

앞으로 중개계약서를 작성할 것에 대한 의향을 물었다. 그 결과 <표 3-16>에서 보는 바와 같이 작성하겠다는 분이 60%로 중개업자들이 조금만 더 노력하면 중개계약을 서면화하는 것은 가능할 것으로 판단된다.

그리고 서면으로 중개계약을 작성하지 않겠다는 분들에게 서면으로 작성하지 않는 이유를 알기 위해 설문한 결과 <표 4-11>에서 보는 바와 같이 계약이라는 구속력에 매이기 싫어서가 55%로 가장 많았고 필요성을 못 느껴서도 39%나 되었다. 따라서 일반 국민들에게 중개계약을 서면화하면 중개업자들이 계약으로 인한 책임감이 강화되고 또 매도인이 매도인의 담보책임을 매매 후에 당하지 않기 위해서는 서면상으로 중개계약을 하는 것이 유리하며, 더불어 중개계약을 서면화하여 계약조건을 명확히 하면 거래 당사자에게 이득이 됨을 더 주지시킬 필요가 있다.

〈표 4-11〉 서면 중개계약을 하지 않은 이유(일반국민)

구 분	계	바빠서	구속받는 것 같아서	필요성을 못 느껴서	무응답
응답자 수(명)	31	1	17	12	1
응답률(%)	100	3	55	39	3

중개계약을 서면화하려는 취지는 일반중개계약도 서면화하여 그 책임을 명확히 함으로써 투명하고 효율적인 부동산거래를 하는 풍토를 조성하는 데도 있지만 더 중요한 것은 세상이 과학화 집단화 대형화되면서 거래당사자에게 시간적 낭비로 인한 비용증대 또는 소득 감소를 줄이고, 중개업자에게도 시간적 재정적 낭비를 줄이기 위한 전속중개제도로 유도하는 데 있다.

따라서 일반국민에게 중개업자가 중개계약을 서면화로 요구한다면 서면화하겠냐는 질문에 일반국민들은 <표 3 - 17>에서 보는 바와 같이 작성하겠다가 46%로 약 절반에 가까운 인원이 작성하겠다는 확고한 의지를 나타냈으며, 검토해 보겠다는 성향도 29%로 작성할 의향이 있는 의견이었다. 따라서 그 가능성은 충분하다고 보았다.

중개계약의 서면화 방안은 국민들의 관습을 변화시키는 사업으로 단기간 내에 매우 어려운 사업이다. 따라서 단계화를 정하여 실시하는 방안이 가장 효율적인 방안이라 사료된다.

그래서 1단계로 일반중개계약의 서면화 사업을 전개하는 것이다. 부동산은 국민의 재산 중에 가장 고액의 재산이기 때문에 부동산의 거래는 다른 재산의 거래에 비하여 매우 중요한 거래라는 특수성을 감안하여 부동산거래와 관련된 행위는 문서화하도록 함이 필요하고 문서화하도록 제한할 필요가 있다.

따라서 부동산 거래절차법에 중개계약을 서면화하도록 하되 중계방법은 제한을 주지 않도록 하는 것이다. 이렇게 하여 일반중개계약의 서면화를 1단계로 추진하며, 1단계사업이 일반국민에게 관습화되어 일반화되는 데는 최소 3~5년이 소요될 것으로 판단된다. 이처럼 일반 국민들이 중개계약을 서면화하는 관습이 형성되면 이후 전속중개계약의 서면화 사업으로 전환하는 단계별로 추진하는 것이 바람직하다.

병행하여 정부의 적극적인 홍보가 필요하며, 법원에서 중개사고 판결 시 그 책임의 한계를 명확히 하는 방법으로 중개계약부터 검토하고 중개계약이 서면화됨으로써 그 책임이 구체화되고 명확화됨을 판결하여 국민들의 의식변화를 '자신의 행위에 대해서는 책임을 진다'는 방향으로 유도하는 방법이 필요하다.

가) 제1단계 사업: 일반중개계약 서면화 사업

우리나라의 부동산거래 후진성을 면하기 위해서는 거래주체들의 책임감 의식이 강화되어야 한다. 그러나 부동산거래 주체 중 중개업자나 정부에 대해서는 제도적으로 강화할 수 있으나 일반 국민에게는 제도적으로 강제할 장치는 매우 조심스럽고 어려운 일이다.

따라서 간접적인 장치를 활용하는 방법을 활용하는 것이 최선의 방책이다.

그래서 1단계 사업으로 가장 많은 일반중개계약부터 서면화하는 것이다. 일반중개계약은 중개계약 중 가장 많이 활용되고 있는 방법이며 또 가장 많이 구두계약으로 실시되고 있다.

이를 부동산 거래절차법 등 부동산거래 관련 법령에 서면화하고 이를 중개업자는 3~5년간 보관토록 한 뒤 일반국민(중개의뢰인)에게 정부의 시책으로 서면화 중개계약을 3년간 보관하도록 되어 있다는 정부 정책을 전달하면 충분히 가능성이 있다.

2007년 본인이 실무에서 중개의뢰인에게 이와 같은 요령으로 실시하여 상당수의 중개계약을 서면으로 작성한 적이 있다.

이를 위하여 먼저 공인중개사의 업무 및 부동산거래 신고에 관한 법률 제22조를 개정하여 현재 중개의뢰인이 중개계약을 요청 시에 작성하도록 되어 있는 것을 중개업자가 요청할 수 있는 것으로 수정하고, 동법 제23조(전속중개계약) 제2항의 내용과 같이 내용을 신설하여 중개업자는 3년간 중개계약서를 보관하도록 처리되어야 한다.

또한 동법 시행규칙 제13조(일반중개계약서의 사식)의 별지14 서식과 시행규칙 제14조(전속중개계약 서식을 본 연구의 양식 # 1~4의 양식으로 개정하여 중개계약과 물건접수대장을 겸하도록 수정하는 것도 바람직하다.

정부의 법 개정이 이루어지면 전 중개업자는 정부의 표준계약서 양식에 의한 물건접수와 일반중개계약서를 겸한 서식으로 물건을 접수 및 중개계약서를 작성하고, 작성된 일반중개계약은 거래계약 서와 같이 보관하도록 한다.

만일 성공한 중개계약서는 매매계약서에 첨부하여 보관하도록 하고, 성공하지 못한 중개계약서는 별도로 물건접수대장 형태로 중 개계약서를 보관 기간 보관토록 한다. 겸하여 종종 특정 중개업자 에게만 물건을 의뢰하는 경우는 반드시 전속중개계약으로 작성하 여 서면화한다.

또 전화로 접수한 것은 일반중개계약서의 부동산표시란만 작성 하고, 현장 확인이나 매도의뢰인을 접할 때 서면 계약서를 작성하 여 보관 유지한다.

매수의뢰 중개계약은 가급적 전속중개계약으로 유도하고 만일 전속중개계약을 거부할 경우는 일반중개계약으로 서면화한다.

나) 제2단계사업: 전속중개계약 서면화 사업

정부의 표준중개계약서의 역할은 중개업자에게는 접수대장 역할 을 하고, 거래당사자는 계약서 역할을 하며, 감독기관에서는 거래 흐름을 점검하여 제도적 보완의 기반을 기할 수 있다.

또 「공인중개사의 업무 및 부동산거래 신고에 관한 법률」에 중 개계약서를 3년간 보관하도록 의무화하면 그 실행을 위해 중개업 자는 중개계약을 일반 국민에게 홍보하고 작성을 권유하게 된다.

이 방법을 이용하여 거래당사자인 일반 국민들에게 물건 판매를 의뢰하거나, 물건 탐색 의뢰를 하는 것 자체가 중개계약임을 인지시킬 수 있게 되고, 중개계약을 서면으로 작성하는 풍토를 조성함으로써 거래당사자의 책임을 강화할 수 있다. 또한 중개업자에게도 중개계약을 서면화함으로써 책임감을 더 부여하는 형태가 된다.

또 부동산 중개거래 절차의 시작인 중개계약을 서면화함으로써 거래의 신뢰성과 투명화를 기할 수 있으며, 중개계약의 서면화가 상당 기간 경과하면 일반 국민들에게 중개계약을 서면화한다는 의식이 상재하여 중개계약의 선진화 요인인 전속중개계약으로 전환이 가능하다.

3) 중개대상물 확인·설명서 및 자료요구서 개선안

가) 중개대상물 자료요구서 사문화

우리나라의 부동산거래 시 물건의 상태를 나타내는 중개대상물 확인·설명서 제도는 일반국민들에게 크게 실효를 거두지 못하고 있다.

현 우리나라의 중개대상물 확인·설명서는 총 4종으로 주거용, 비주거용, 토지, 입목·광업재단·공장재단으로 구분되어 있다. 이 중 주거용과 비주거용은 건축물에 대한 중개대상물 확인·설명서라 할 수 있다.

각 중개대상물의 확인·설명서의 구성은 <도표 4-6>에서 보는 바와 같으며 확인·설명서는 매매·교환과 임대차에 공히 사용하도록 작성되어 있다.

주거용 건축물은 단독주택과 공동주택에 사용하고, 비주거용 건축물은 업무용·상업용·공업용·기타에 사용하며, 토지는 토지에 대해서만, 그리고 입목·광업재단·공장재단은 입목과 광업 및 공장재단에 사용하는 양식이다.

  각 확인·설명서의 차이는 주거용 건물을 기준으로 할 때 비주용 건축물의 확인·설명서는 도배상태와 환경조건이 생략되어 있고, 토지의 경우는 건축물에 관한 사항과 관리에 관한 사항이 생략되어 있으며, 입목·광업재단·공장재단의 확인·설명서는 토지이용계획·공법상 이용제한 및 거래규제에 관한 사항을 기재하고 건축물에 관한 사항 그리고 관리에 관한 사항이 생략된 대신 재단목록 또는 입목의 생육상태와 그 밖의 참고사항을 추가로 기술하도록 되어 있다.

  현장에서 중개대상물 확인·설명서 작성 실태를 보면, 중개대상물 확인·설명서 구성이 표지부분과 내용부분으로 구분되어 있다. 이 중 표지부분의 작성에서 대상물건의 상태에 관한 자료요구 사항란의 작성은 매도인이나 임대인에게 자료요구를 할 경우 매도인 및 임대인이 실질적으로 요구서를 작성하여 주지 않으므로 중개계약 또는 물건 접수 시에 건물에 관한 사항을 별도로 작성하여 받고 있거나, 매수인이나 임차인이 임장활동 시에 직접 확인해 보도록 하고 중개업자가 확인한 내용을 기록하기도 하며, 또는 계약서 작성 시에 매도인 및 임대인에게 진술을 받아 중개업자가 작성하거나, 매도인 및 임대인이 직접 작성하도록 중개대상물 확인·설명서 양식을 주어 작성하기도 한다.

<표 4-6> 확인·설명서 구성 배치 캡션

<도표 4-6> 확인·설명서 구성

구 성		주거용 건축물	비주거용 건축물	토지	입목·광업 및 공장재단
표지	제목	O	O	O	O
	중개업자 확인·설명서 작성근거 및 일자	O	O	O	O
	중개업자 인적사항	O	O	O	O
	확인·설명서 자료	O	O	O	O
	유의사항	O	O	O	O
내용	대상물건의 표시	O	O	O	O
	권리관계	O	O	O	O
	토기이용계획, 공법상 이용제한 및 거래규제에 관한 사항(토지)	O	O	O	
	재단목록 또는 입목의 생육 상태				O
	그 밖의 참고사항				O
	내·외부 시설물의 상태(건축물)	O	O		
	벽면	O	O		
	도배상태	O			
	환경조건	O		O	
	입지조건	O	O	O	
	관리에 관한 사항	O	O		
	거래예정 금액 등	O	O	O	O
	취득 시 부담할 조세의 종류 및 세율	O	O	O	O
	중개수수료 및 실비의 금액과 산출내역	O	O	O	O
	확인·설명서 설명 및 수령 근거 및 작성 일자	O	O	O	O
	거래당사자 인적사항	O	O	O	O

또한 내용부분에 있어서도 내·외부 시설물의 상태와 벽면 및 도배상태 그리고 환경조건도 표지부분의 대상물건의 상태에 관한 자료요구 사항과 같은 요령으로 작성하고 있어 『공인중개사의 업무 및 부동산거래 신고에 관한 법률』 제25조 제2항의 중개대상물 자료요구 요청은 사실상 사문화되어 있다.

나) 중개대상물 확인·설명서 실효성

또한 실무에서 건축물과 관련하여 거래당사자 간에 가장 많이 충돌을 하고 있는 내용을 보면 전기와 난방관계 그리고 도배 및 페인트 관계, 그리고 천정 및 화장실 누수관계와 싱크대에서 많은 충돌이 발생하고 있어 전기의 형광등 덮개 및 변전기에 관한 사항, 보일러의 설치년도에 관한 사항, 도배설치년도 및 페인트 상태, 천정 및 화장실 누수관계에서 사건 발생 시에 처리사항, 싱크대 교체 관계를 별도로 작성하고 있다. 이에 대해서는 일본에서도 이러한 사항을 포함하여 각 벽면의 못 설치자리까지 목록과 위치 등을 기술하고 있음을 감안할 때 우리의 중개대상물 확인·설명서는 개선할 사항이 많다.

또한 우리나라의 중개대상물 확인 설명서는 공부의 내용과 중개대상물의 외형에 관한 사항만을 기술하도록 있어 거래당사자가 다 알고 있는 내용이며, 실제 부동산하자가 발생할 수 있는 내용과는 크게 상이하므로 일반국민들이 중개업자가 작성해 주는 중개대상물확인·설명서를 별로 관심두지 않고 있다.

다) 중개대상물 자료요구서 및 중개대상물 확인·설명서 개선방안

따라서 현행 중개업자의 중개대상물 확인·설명서 작성제도는 폐지함이 바람직하고, 이를 대체하여 해당 중개대상물의 공부에 있는 권리에 관한 사항과 토지에 관한 사항에 대해서만 중개업자가 보고서 형태로 작성하고, 건축물에 관한 사항은 매도인 및 임대인이 중개의뢰 및 계약서작성 시 별도로 작성하도록 하거나, 매도인 및 임대인이 건축물에 대한 하자보증보험에 가입하여 매수자 및 임차인이 소기의 목적대로 사용하는 데 지장이 없도록 보장하는 방법 또

는 매수인이나 임차인이 계약 후 일정 기간 내에 중개대상물에 대하여 전문기관이나 업체에 기술적 점검을 실시할 수 있는 기회를 부여하여 계약의 이행 여부를 결정하도록 하는 방법 등이 있다.

또는 중립적 위치에 있는 중개업자가 당해 부동산의 건축부분에 대하여 전문업체나 기관에 기술적 점검을 의뢰하고 그 결과를 거래당사자에게 중개대상물 상태를 제공하며 그 비용을 매도(임대)인이 지불하도록 하는 방안도 있다.

이는 주거시설 외에 비주거용 시설 및 공장재단 및 광업재단에 대한 중개대상물 확인·설명서 작성에도 동일하게 적용되어야 한다.

4) 등기권리증의 안전화

가) 등기권리증 관리

등기권리증은 소유권보존 및 이전 시 발행이 되며, 재발행이 안 된다.

등기권리증은 당해 부동산의 소유권을 증명하는 서류로서 이 문서를 소지하는 자가 진정한 소유자로 간주된다. 그래서 대다수의 경우 등기권리증은 소유자가 소지하고 있으나 간혹 소유자가 등기권리증을 분실하거나 도난당하는 경우가 있으며, 이로 인하여 진정한 소유자가 아닌 자가 등기권리증을 소유하고 있는 경우가 있다.

상당수의 부동산거래사고 특히 사기사건의 경우가 소유자가 등기권리증을 소유하지 않은 경우이거나 위조된 등기권리증에 의해 발생하고 있다.

부동산계약 시에 매도 및 임대인을 증명하기 위하여 일부 중개업자는 매도 및 임대의뢰인에게 등기권리증을 소지하고 계약에 참석하도록 하고 있으나 대다수 중개업자는 이를 확인하지 않고 주민등록증이나 운전면허증 등만을 확인하고 부동산계약을 실시하고 있어 이 약점을 이용한 사기꾼에 의해 중개사고로 발전되는 경우가 있다.

또 소유권 이전 시 매도의뢰인인 소유자가 등기권리증을 분실하여 등기권리증을 제출하지 못하고 일부 비용을 부담하고 확인서면으로 대치하여 소유권 이전을 하고 있다. 이 또한 부동산 사기꾼들이 대부분 이를 이용하여 부동산거래 사고를 유발하고 있다.

나) 등기권리증의 안전화 방안

(1) 계약 시 등기권리증 소지 및 중개업자 확인 강화

부동산 매매계약 시 매도의뢰인은 등기권리증을 지참하여 계약에 참석하도록 규정화하여야 하고, 또한 부동산계약 시 중개업자는 매도의뢰인의 등기권리증의 접수번호가 붙어 있는 부분과 소유권 이전 신청서 부분을 복사한 뒤 등기부등본의 접수번호와 일치하는지 여부를 확인하여 진정한 등기권리증인지 여부를 확인하도록 제도화하여야 한다.

만일 접수번호가 일치하지 아니하면 계약서를 작성하지 말고 계약을 파기한 후 사법처리를 의뢰하는 조치가 필요하다.

다만 거래당사자 및 중개업자가 행정기관의 소유자 확인을 받은 경우는 매도인이 등기권리증을 분실하여 지참하지 못할 경우 행정관서에서 발행한 소유자 확인증명서를 등기권리증을 대체하도록 하는 방안도 있다.

(2) 권리보험 및 에스크로우제도 이용

또는 매도인이 등기권리증을 분실하거였거나 도난당하여 지참하지 못한 경우는 중개업자 등은 부동산거래계약서는 작성하되 에스크로우제도를 가입하도록 하여 거래대금을 매도인이 권리관계가

확인되기 전까지는 수령하지 못하도록 하고 권리관계가 확인된 후 거래대금을 수령하도록 함으로써 매수인을 보호하여야 한다.

이를 위해 공인중개사협회는 회원들이 공제가입하면 권리보험 판매원으로 등록을 받고, 중개업자가 권리보험계약서와 보험료를 받고 보험증서를 발급해 주도록 하는 체제 구축을 하여야 한다.

권리보험증서를 발행한 중개업자는 계약일 이후부터 잔금 또는 중도금 지급일까지 매도인의 진정한 소유자를 증명하는 권리조사를 실시하고 중도금지급일 또는 잔금지급일에 매수자에게 권리조사보고서를 작성하여 제출하도록 한다.

이를 위해 정부는 공인중개사의 업무 및 부동산 거래신고에 관한 법률 제30조(손해배상책임의 보장)를 현행 중개업자만 해당하는 손해배상책임개념을 거래주체 전부에 해당하도록 개념을 전환하고 이에 따라 법률을 개정하여야 한다.

우선 중개업자에 대한 손해배상 책임을 현행 규정을 그대로 적용하고 추가로 거래당사자의 손해배상책임 관계를 신설한다. 즉 거래당사자는 앞서 등기권리증이 없는 경우 매도인은 에스크로우제도에 가입하여 매수인의 손해배상에 대한 책임을 지도록 하며, 매도자는 중개업자가 권리조사를 하는 데 소요된 실비를 지급하도록 하는 규정을 신설한다.

제4절 거래대금의 선진화

부동산거래는 소유권 또는 사용권의 이전에 관한 거래이므로 권

리의 이전관계가 중요하지만 그 권리의 거래관계로 얻어지는 결과
는 경제적 대금으로 나타남으로 부동거래 시 거래대금에 대한 안
전화는 매우 중요하다. 그런데 부동산 거래대금이 불안전한 경우를
보면 부동산 사기사건이 발생하여 사기꾼이 수령한 거래대금을 이
미 사용한 경우와 사기꾼이 행적을 감추어 버린 경우, 그리고 토지
거래허가 등 부동산거래와 관련된 인허가를 수반하는 부동산을 거
래 시 정상적인 계약을 체결하였으나 정책 등 상황이 변경되어 계
약이 취소되거나 해약되는 경우 매도인이 수령한 거래대금을 이미
사용한 경우 계약금을 회수 못 하는 사건이 발생하고 있는 경우에
거래대금이 불안전하게 된다. 이러한 거래대금이 불안전하게 된 원
인은 모두 매도인에 대한 진위성이 완전히 확인되지 않거나 권리
의 종결이 이루어지지 않은 상태에서 거래대금이 거래 상대방에게
지불되기 때문에 발생하게 된다.

이러한 상황은 우리나라 국민성에 연관이 있는 상황으로 과거 외
침을 많이 받은 우리나라는 상대방을 믿을 수 없는 풍토가 마음 저
변에 내재하고 있어 거래대금을 거래당사자가 아니면 누구에게도
맡길 수 없는 의식을 갖게 하였다. 또 한반도에서 4000년 이상 거
주하였고 70%가 산악인 우리나라 국민들은 자기가 거주하고 있는
지역에 대해서는 부동산 소유관계 및 내역에 대해서 잘 알고 있으
므로 외지 사람이 아닌 이상 부동산 소유관계에 의심을 별로 하지
않는 풍토가 조성되어 왔던 관례를 그대로 인정한 데서 비롯되었다.

본 연구에서는 거래대금에 대한 안전화를 위한 일반국민들의 거
래대금에 대한 의식을 파악하기 위하여 설문을 받았다.

그 결과 <표 3-4>에서 보는 바와 같이 응답자 중 69%가 부
동산거래 사고의 경험이 없고, 31%만 거래사고 경험이 있는 것으

로 나타났다. 이는 우리나라 부동산 거래사고가 10건 중 3건 정도가 거래사고가 일어나고 있음을 할 수 있다.

그래서 부동산 거래사고를 경험한 자들에게 부동산거래 사고 종류를 설문한 결과 가장 많은 거래사고가 해약으로 나타났으며 이는 전체 응답자 중 20%로 거래당사자 5명 중 1명이 해약을 하고 있다고 볼 수 있다.

이처럼 우리나라는 부동산거래 시에 거래계약이 취소 또는 해제되는 빈도가 상당히 높다.

1. 계약금 등의 반환채무 이행 보장(에스크로우)제도 적용안

부동산 사기사건을 근본적으로 예방할 수 있고 거래대금을 권리관계가 종결될 때까지 안전하게 할 수 있는 방법은 에스크로우(계약금 등 이행보장예치) 제도를 활성화하는 방안이다.

우리나라는 계약금 등 이행보장 예치제도를 2000년 1월 28일 제8차 중개업법 개정 시 도입하여 약 10년이 경과하였으나 이에 대하여 활성화되지 않고 오히려 전자상거래제도에서 더 활성화되어 있다.

계약금 등 이행보장제도가 거래대금을 안전화할 수 있고 부동산 사기를 근원적으로 방지할 수 있으며, 부동산 투기를 예방하는 데 많은 활동을 할 수 있는 제도임에도 이 제도가 활성화되지 못한 데는 몇 가지 이유가 있다.

첫 번째 이유는 국민성에 있다. 우리나라는 과거 외침을 가장 많이 받은 나라 중의 하나로 항상 생명의 위협을 느끼면서 살아왔다. 따라서 이런 환경 속에서 우리나라 국민은 나 외에는 다른 사람을 믿을 수 없고 내 것은 내가 챙겨야 하는 습관이 내재되어 있다.

둘째는 국가 및 정부기관이 신뢰를 얻지 못하고 있는 데 있다. 공직자를 비롯하여 각종 단체에서 공금을 자기의 것으로 착각하여 착복하는가 하면 국가 세금은 먼저 갖는 사람이 똑똑한 것으로 인식되도록 제도적 장치가 엄정하지 못하여 국가나 정부기관조차도 믿음을 얻지 못한 데 있다.

셋째는 국가가 계약금 등 이행보장제도에 대한 제도를 도입하고서도 이를 실제 적용할 장치를 만들지 않고 방치하고 있다. 앞서 언급한 바와 같이 우리나라는 2000년도 이 제도를 도입한 이래 이 제도에 대하여 학위논문을 비롯하여 많은 활성화 대책이 제시된 바 있으나 국가 및 정부는 이에 대한 관심이 없어 이 제도를 법적으로 구체화하지 않았다.

넷째는 국민의 부동산거래를 책임지고 있는 중개업자 및 공인중개사협회가 이 제도의 발전에 등한시해 온 데 있다. 계약금 등 이행보장제도는 부동산거래에 적용되는 제도이다. 따라서 정부와 더불어 중개업자 및 공인중개사협회는 부동산거래의 안전화를 위하여 이 제도를 적극 개발하고 현장에서 이 제도가 조기에 정착되도록 일반국민을 상대로 홍보하고 권장해야 했어야 하는데 이에 대한 활동이 극히 미비했다.

다만 일부 금융권과 대한공인중개사협회에서 이 제도를 적극 활용하기 위해 활동한 적은 있으나 더 이상 중개업자와 금융권과 연계시키는 데 소홀하였다.

그러나 중개현장에서는 거래대금에 대하여 거래대금 교부 시 매도인이나 임대인이 직접 참석하기 곤란한 경우 매도인이나 임대인은 중개업자가 매수자로부터 받아 보관시키는 경우가 종종 있고, 또 매도인이나 임대인이 계약금이나 중도금 등 거래대금의 일부를 현 거주 임차인에게 반환해 주어야 하는 경우에도 매도인이나 임대인은 중개업자에게 거래대금을 받아 보관하고 있다가 임차인이나 매도인에게 전달해 주기를 요구하고 있으며 그 빈도도 점점 늘어나고 있다.

그래서 본 연구에서는 이에 대하여 일반국민의 생각과 의견을 듣기 위하여 일반국민과 중개업자를 상대로 설문을 받아 보았다.

먼저 부동산거래에 있어 안전한 제도에는 권리와 관련해서는 권리보험제도가 있고, 거래대금과 권리문서에 관련해서는 에스크로우제도가 있으며, 부동산자체의 하자에 대해서는 하자점검제도 및 하자보증보험제도가 있고, 임대차 보증금에 대해서는 임대차 보증금 보장보험 제도가 있음을 주지하고 그에 대해 설문을 하였다.

그 결과 <표 4-7>에서 보는 바와 같이 부동산거래의 안전을 위한 각 단계별 제도에 대한 국민들의 참여 의식은 일부 참여가 52%로 가장 많았으며 전부 참여하겠다는 자가 18%로 참여할 의사가 있는 자가 응답자 전체의 70%로 우리나라 국민들도 거래대금의 안전화에 관심이 많음을 나타내고 있다.

이 중 일부 참여자에게 일부 참여한다면 어느 제도를 참여할 것인가를 설문을 받아 본 결과 <표 4-12>에서 보는 바와 같이 에스크로우제도에 참여하겠다는 국민이 31%로 권리보험과 비슷한 수가 참여하겠다는 의사를 나타내고 있으며, 다음으로 임대보증금, 하자점검 순으로 원하고 있었다.

같은 내용으로 중개업자에게도 설문을 하였다. 그 결과 중개업자들은 부동산거래의 안전을 위하여 가장 시급히 실시되어야 할 제도는 에스크로우제도를 손꼽았고 다음으로 권리보험, 임대보증금, 하자점검 순으로 나타났다.

〈표 4-12〉 안전제도 일부 참여의 범위(일반국민)

구 분		계	권리 보험	에스크로우	하자 점검	임대 보증금	무응답
일반 국민	응답자 수(명)	62	20	19	7	14	2
	응답률(%)	100	32	31	11	23	3
중개 업자	응답자 수(명)	57	9	32	7	9	0
	응답률(%)	100	16	56	12	16	0

일반국민과 중개업자의 부동산거래 안전제도 중 거래대금안전화에 대한 관심도는 다른 부동산거래 안전제도에 비하여 가장 시급하게 요구하고 있음을 볼 때 우리나라 부동산거래의 안전을 국민들이 매우 불안하게 생각하고 있으므로 정부의 이에 대한 대책 수립이 매우 시급한 것으로 보인다.

따라서 본 연구에서는 거래대금의 안전화를 위한 계약금 등 이행보장, 즉 에스크로우제도의 활성화를 위하여 그 시행방안을 다음과 같이 강구해 보았다.

가. 1단계: 불안전하게 관리되고 있는 부동산부터 거래대금 등 이행보장제도 적용

먼저 부동산 사기꾼들이 부동산 사기를 하는 목적을 보면 거래대금 편취와 부동산 소유 두 가지이다.[75] 이 중 대부분은 거래대금 횡령에 있고 간혹 불안전하게 관리되고 있는 것을 아는 경우 부동산 소유를 목적으로 부동산 사기사건이 발생하고 있다.

그리고 정상적인 부동산거래를 하던 과정 중에 해약이나 취소로

---

75) 정신교, 부동산거래사기죄의 형법적 고찰, 부동산학회보 제34집, 한국부동산학회, 2008. 8. 15, p.107.

인한 거래대금관련문제, 부동산거래 주체인 중개업자나 중개보조원의 거래대금 횡령문제 등 부동산 매매과정에서 거래대금의 안전화와 소유권 이전의 안전화를 위해서는 이행보장제도인 에스크로우제도를 운영하는 것이 가장 효과적인 방법이다. 그러나 우리나라 국민성이 비용이 많이 드는 것을 싫어하고, 처음 실행하는 것에 대한 거부감이 많아 에스크로우제도가 들어왔으나 잘 이행되지 못하고 있다.

따라서 이 에스크로우제도도 국민들에게 인지시키고 관습화하는 데는 다소 시간을 가지고 실시할 수밖에 없다. 에스크로우제도를 운영하는 방법은 여러 연구보고서에서도 많이 제시한 바 있다. 본 연구에서는 에스크로우 운영방법을 앞서 연구한 방법과 다르게 우리나라 국민성과 부동산 중 가장 시급한 분야부터 해결하기 위한 방법으로 공인중개사협회나 토지공사 및 주택공사를 에스크로우 기관으로 운영하는 방법을 제시하고자 한다. 그리고 1단계로 적용대상을 지정하여 먼저 운영하는 방안을 제시한다.

우리나라의 특성에 적합하고 현행법규를 최대한 활용하며, 우리나라 국민들에게 비교적 쉽게 적용하고 빠른 시간 내에 활성화할 수 있는 체제를 갖추기 위해서는 먼저 적용대상에 있어 적용대상 부동산은 ① 10년 이상 장기 해외 거주자 및 이민자의 부동산, ② 6·25에 의해서 소유자가 행방불명되었거나 ③ 상속등기가 되어 있지 않은 상속부동산, ④ 상속인이 없는 부동산, ⑤ 국·공유지 부동산, ⑥ 등기권리증이 없는 부동산을 우선 에스크로우 대상 부동산으로 하고, 이 거래대금 등 이행보장 체제는 <도표 4-7>과 같이 제시하고자 한다.

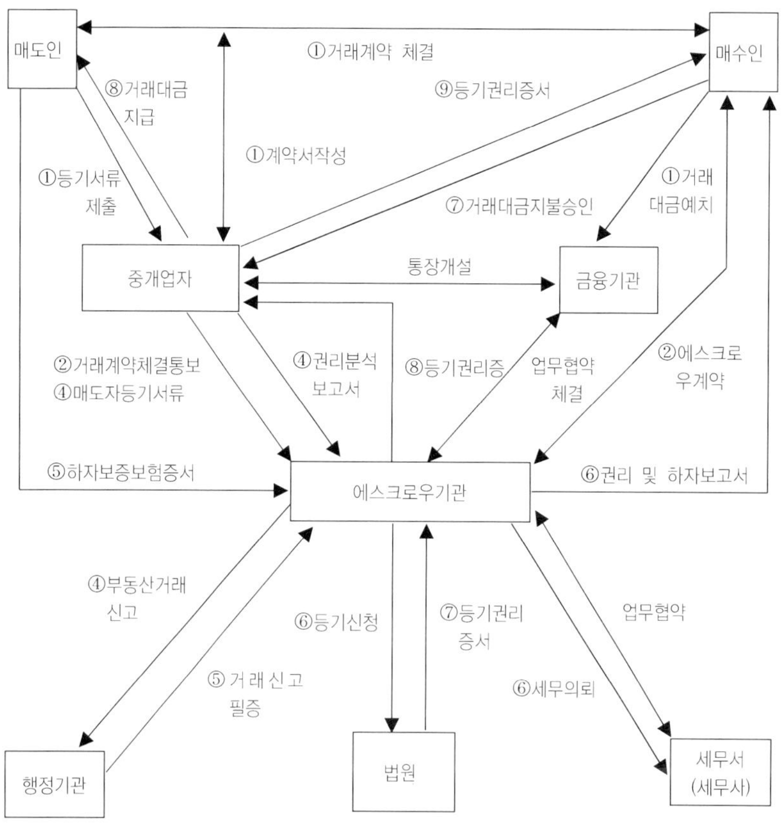

〈도표 4-7〉 에스크로우 체계도

　먼저 이 에스크로우 업무를 수행하는 기관으로는 공인중개사협
회나 토지공사 및 주택공사 등으로 하며 실무는 시·도지부가 직
접수행하며 이를 위하여 시·도지부는 법무사 자격증을 소지한 자
를 채용하여 법원에 법무사 사무소를 등록한 뒤 소유권 이전 업무
를 담당하고 협력업체로 세무사를 선정하여 각종 세금에 대한 대
행업무를 하도록 준비하여야 한다. 또한 에스크로우 업무를 효율적
으로 수행하기 위해서 에스크로우 보험설계업무와 권리분석 업무

등 일선 활동기관은 중개업자로 하고, 에스크로우에 대한 수수료는 누진제로 1억 원당 0.5%씩 누진하는 제도가 적당할 것으로 본다.

참고로 에스크로우제도에 대해 일반국민에게 설문한 결과 <표 4-13>에서 보는 바와 같이 공인중개사협회와 별도 권리전담회사운영이 30%로 가장 많이 선호했으며 다음으로 은행 순이었다.

<표 4-13> 에스크로우 기관 운영(일반국민)

구 분	계	변호사	은행	공인중개사협회	전담회사	무응답
응답자 수(명)	103	4	22	31	31	15
응답률(%)	100	4	21	30	30	15

그리고 그에 대한 수수료 형태는 <표 4-9>에서 보는 바와 같이 누진제를 가장 선호하였으며, <표 4-10>에서 보는 바와 같이 누진제 방법은 1억 원당 0.5%씩 누진을 선호했다.

나. 2단계: 전체로 확대

2단계는 1단계 에스크로우제도가 2015년 정도이면 안정될 것으로 판단된다. 그 이후 전체적으로 확대하는데 1단계 내용을 계속 유지하고 2단계 대상은 국민이 선택하여 확대해 가는 방안으로 발전이 필요하다.

그 이유는 실제 아파트와 같은 주거 부동산은 1단계 적용 대상이 아니면 크게 문제시되지 않고 있다. 따라서 거래당사자나 중개업자가 당해 부동산에 대하여 잘 알고 있는 경우까지 이 제도를 적용하도록 강요하는 것은 우리 국민의 정서에 맞지 않는다.

이때 적용 방법은 1단계 적용과정에서 발견된 문제점을 보완하여 연구하기로 한다.

2. 거래대금 지불제도 개선

현재 우리나라의 부동산거래대금 지불단계를 보면 매매의 경우는 계약금, 중도금, 잔금의 3단계로 지불하고 있고, 임대차의 경우에는 계약금, 잔금 2단계로 실시하고 있다.

현행 거래대금을 3단계로 하는 이유는 계약을 체결하였으나 이 계약을 이행할 것인가를 결정하는 것은 중도금의 지불로 이행함을 입증하기 위함이다. 따라서 계약해제에서도 법정해약조건이 중도금 지불 이전과 중도금 지불 이후로 구분하여 조건을 부여하고 있다.

〈표 4-14〉 거래대금 지불단계 선호도

구 분		계	2단계	3단계	무응답
일반 국민	응답자 수	103	22	76	5
	비율(%)	100	21	74	5
중개 업자	응답자 수	116	10	89	17
	비율(%)	100	9	83	16

거래대금을 계약금, 중도금, 잔금의 3단계로 지불하는 경우 장점은 계약의 이행 여부가 명확하고, <표 4-14>에서 보는 바와 같이 현재까지 국민들의 관습이 유지되어 국민들의 불편이 없으며, 현행 민법을 변경하지 않아도 되는 장점이 있다.

<表 4-15> 거래대금의 3단계 지불 단점

구 분		계	잔금 초과지급	계약금 반환불안	거래대금 많이 주는 느낌	기타	무응답
일반 국민	응답자 수	103	6	7	9	0	81
	비율(%)	100	5.8	6.8	8.7	0	78.3
중개 업자	응답자 수	116	0	5	3	2	106
	비율(%)	100	0	4.3	2.6	1.8	91.3

반면, 문제점은 <표 4-15>에서 보는 바와 같이 거래대금 중에는 대부분 융자금이 포함되어 있어 경우 간혹 이를 고려하지 않음으로써 중도금까지 지불한 경우 거래대금이 잔금을 초과하여 지불하는 경우가 발생하고 있고, 중도에 계약이 매도인 잘못으로 해약될 경우 지불한 거래대금의 회수가 곤란하여 소송으로 연결되는 경우가 발생하고 있으며, 일부 국민들은 계약만 한 상태에서 중도금을 지불할 때 감정이 거래대금을 너무 많이 주는 느낌을 갖고 있다.

부동산 거래대금의 지불단계를 현행 3단계에서 2단계로 개정하는 것을 고려할 수 있다.

현지에서는 대부분의 경우 계약이 체결되면 그 이행을 신의성실의 원칙에 의거하여 대부분 이행을 하고 있으며, 임대차의 경우 거래대금지불은 통상 계약금과 잔금의 2단계를 실시하고 있음이 관례화되었다.

그리고 앞서 3단계로 거래대금을 지불하는 단점에 나타나고 있는 불합리한 점과 불편함이 있으며, 거래대금의 안전화 제도가 정착을 위해서도 거래대금의 중도금 지불은 불필요한 요인이 될 수 있다.

또한 업무의 효율화 면에서도 부동산중개업자의 업무량을 감소하여 편리성과 효율성을 증가시켜 중개업자로 하여금 더 높은 서

비스를 제공할 수 있도록 거래대금 지불단계를 3단계에서 2단계로
실시함이 효율적이고 고객에게도 편리성을 제공한다.

3. 자금조달계획서 제출

거래대금의 투명화를 위하여 "부동산시장의 선진화를 위한 기반정
비 연구"에서 부동산 거래신고 제도를 제시하고 있으나 이는 잔금
및 소유권 이전 시 거래당사자 간의 담합할 수 있어 부동산거래대금
의 투명화를 완전하게 기할 수 없다. 따라서 거래계약서 작성 시에
매수인은 거래자금조달계획서를 제출토록 하고 부동산거래 신고 시
에 거래자금조달계획서를 같이 신고하도록 하는 제도가 필요하다.

이를 위하여 국토해양부는 부동산거래 신고 양식을 개선하여 매수
인의 자금조달계획서를 동시에 신고할 수 있도록 개선되어야 한다.

제5절 임대차 거래 안전화 방안

1. 점유개정에 의한 임차인의 안전화

또 매도인이 점유개정을 하기로 하고 거주하고 있는 집을 매매
하면서 매매 후 당해 주택에 임차인으로 거주하는 경우 소유권 이
전 등기와 저당권설정 등기, 전세권설정등기가 동시에 이루어지게
된다. 이 경우 약자인 임차인의 권리에 해당하는 전세권은 소유권

이전 등기와 저당권설정 등기 이후에 등기를 하게 된다. 이는 현행법의 허점으로 점유개정에 의한 임차인은 어떠한 경우라도 권리순위가 낮아 사기꾼에게 당하게 되어 있다.

즉 소유권 이전 등기, 저당권설정 등기, 전세권설정 등기가 동시에 이루어지는 경우란 매수자가 소유권 이전을 받기 위하여 융자를 은행으로 받는 경우이므로 은행에서 전속으로 협약을 맺은 법무사 및 변호사는 당연히 소유권 이전 등기와 저당권설정 등기를 먼저 하고 전세권설정 등기를 그 다음에 실시할 수밖에 없다.

이러한 경우 점유개정 임차인은 경매를 당하는 경우가 대부분이며, 경매에서 점유개정 임차인은 순위에 밀려 저당권자가 배당받은 다음 배당을 받게 되며, 낙찰금액에 따라 다소 차이가 있지만 낙찰금액이 낮은 경우 전세금을 전부를 회수 못 하게 되어 손해를 입게 된다.

현행법으로는 개선 방법이 없다. 따라서 법 제도를 바꾸어야 하는데 임차인이 보유하고 있는 부동산 재산이 기준시가 9억 원 이하는 서민으로 간주하여 민법이나 민사집행법을 개정하여 "주택 및 상가 임차인의 경우 보유재산 기준시가 9억 원 이하의 임차인은 임차권(전세권 및 물권화된 임차권 포함)이 타 권리와 동순위인 경우 임차인의 임차권을 우선순위로 한다"라는 규정을 신설하는 방안이다.

2. 임대차 과정상의 안전화

가. 임대보증금 산정을 적절히 하여야 한다

임대차란 민법 제618조 "임대차는 당사자 일방이 상대방에게 목적물을 사용, 수익하게 할 것을 약정하고 상대방이 이에 대하여 차임을 지급할 것을 약정함으로써 그 효력이 생긴다"라고 한 데 근거하여 거래 당사자 일방인 임대인이 상대방인 임차인에게 임대목적물을 사용·수익하게 할 것을 약정하고 상대방인 임차인은 임대목적물을 시용하고 그로 인하여 수익을 얻는 대가로 차임을 지급할 것을 약정하는 계약을 말한다.

그런데 이 임대차에서 발생하는 약정은 임대차계약서를 성실하게 이행하지 않거나 자기 나름대로 자신에게 유리하게 해석하여 적용하려는 데서 그 위험성이 발생한다.

임대차에서 발생하는 문제점 또는 위험요소를 살펴보면 다음과 같다. 먼저 임차인이 임대료를 임대인에게 제대로 지급하지 않은 위험이다.

이 유형은 보증금과 차임이 있는 임대차 계약을 체결하고 임차인이 수입이 없거나 수입이 부실하다는 변명으로 차임을 임대보증금에서 공제하도록 한 뒤 보증금이 전부 소진되면 이사비용이 없다고 계속 거주하는 유형이다. 이러한 임차인은 차임을 지급하지 않고 1년 이상 5년까지 임대목적물을 불법으로 사용·수익하는 경우가 있다.

이에 대하여 민법에서는 제640조[76]에 의거 임대인은 임차인이 2기의 차임액을 연체하면 계약을 해지할 수 있다.

임차인의 차임사건에 대해서는 임차인이 차임을 제때 지불하지 못하는 데에는 임대료가 적정한지를 확인하여야 한다. 임대료가 본인수입에 비하여 과하면 임대료 지불이 제때 이루어지는 것은 어

---

76) 차임연체와 해지: 건물 기타 공작물의 임대차에는 임차인의 차임연체액이 2기의 차임액에 달하는 때에는 임대인은 계약을 해지할 수 있다.

렵기 때문이다.

현재 임대료 실태를 보면 신축 건물의 경우 임대료는 건축비(매매가의 70%)를 임대보증금 총액으로 기준하여 책정한다.

또 층별로도 임대료를 그 층의 효용도를 고려하여 임대료를 책정하는데 이때도 층별 효용도에 다라 매매가격을 산출하여 이 매매가격을 기초로 임대료를 산출하고 있다.

이 층별 임대가격은 주거용과 상업용이 상이하다. 주거용은 1층의 경우 효용도가 낮아 매매가격이 낮은 대신 상가는 1층이 효용도가 높아 매매가격이 매우 높다.

따라서 주거용의 경우는 1층을 효용도 100으로 기준하여 효용도에 따라 층별로 110까지 책정하고 있으며 상가는 1층을 효용도를 100으로 기준하여 층별로 50까지 책정하기도 한다.

그리고 이 임대보증금 총액을 기준으로 보증금액에 따라 월세를 책정하고 있다.

그 책정방법은 보증금총액에서 실 보증금을 제외하고 나머지 보증금을 연 12%~20%로 환산하고 있다.

또한 임대보증금의 적정성도 중요하다.

임대보증금은 통상 월세를 지불하지 못할 경우 월세를 보증하는 금액으로 알고 있다.

그러나 실은 그렇지 않다. 임대 보증금은 임대차 기간 중 해지를 할 경우 임차인이 부동산을 임대인에게 인도할 때까지 소요되는 비용에 대한 보증을 위한 금액이다.

따라서 임대보증금은 임차인이 부동산을 임대인에게 인도할 때까지 소요되는 비용에 기초로 하여 산출하여야 한다.

이때 소요되는 비용은 임차인 2기의 차임이 연체될 때부터 시작되므로 2기의 차임, 임차인이 정상적으로 부동산을 인도해 주는 상황이 아님으로 집행관을 동원하여 임차인의 물건을 인출하는 데 소요되는 비용, 집행관에게 집행요구를 하여 법원의 결정이 내려지는 데 소요되는 기간의 차임, 그리고 임차인의 물건을 경매처리하는 데 소요되는 비용 또는 임차인의 물건을 보관하는 데 소요되는 비용을 고려하고 이렇게 소요되는 비용 총액의 120%를 임대보증금의 하한선으로 책정한다.

나. 임대차 기간 중 수리관계를 명확히 하여야 한다

임대차에서 또 가장 많이 발생하고 있는 거래사고는 임대인이 고장에 대해 수리를 해 주진 않는 위험이다.

이 유형은 임대차 기간 중에 임대목적물의 자연적 훼손 및 수명의 도래로 고장이 나는 경우 임차인은 임대인에게 이에 대한 수리를 요구하나 임대인은 임차인이 수리하지 않으면 못 살기 때문에 알아서 수리할 것으로 판단하여 수리해 주지 않고 버티는 경우이다.

임대차에서 수리비 관계는 민법 제623조[77]에 의거 임차인에게 인도한 목적물을 임대차 기간 중에는 임차인이 사용·수익하는 데 지장이 없도록 유지해 주어야 할 의무가 있으므로 수리를 해 주어야 한다.

이는 실제 상황에서 많이 발생하고 있는 상황으로 공인중개사에게 임대중개과정에서 불안했던 점을 설문한 결과 <표 3-3>에서 보는 바와 같이 임대인들의 고장 미수리가 38%로 가장 많고 다음으로 임차인들이 임대보증금의 잔금을 제때 지불하지 못하고 연기하는 경우, 임차인의 해약 요구 순으로 나타났다.

---

77) 임대인의 의무: 임대인은 목적물을 임차인에게 인도하고 계약존속 기간 중 그 사용·수익에 필요한 상태를 유지하게 할 의무를 부담한다.

이러한 때 임차인은 민법 제634조[78]에 근거하여 임대인에게 수리를 요함을 통지하고 만일 그래도 수리해 주지 않을 때는 본인이 수리하고 그 수리비를 청구할 수 있다.

실제 임대차계약을 보면 임차인이 큰 금액이 들지 않는 것은 수리하고 있으나 최근에는 이에 대한 것도 임차인이 사건으로 야기하고 있다. 이에 대한 대법원 판례를 보면 임차인이 그 수선의무를 부담하는 것은 통상 생길 수 있는 소규모의 수선에 한한다[79]고 판결한 바 있다. 그런데 실제에서는 소규모의 수선이 어디까지 볼 것인가 하는 것은 매우 애매하다.

따라서 임대인 및 임차인의 고장 수리에 관해서는 수리관계의 책임을 계약 시 명확히 할 필요가 있다.

전문 공인중개사 임대차 계약 시 수리비의 폭을 예시하여 임대인과 임차인이 합의하여 결정하도록 하고 이를 계약서에 명기함으로써 분쟁을 예방하기도 한다. 예를 들면 모 지역에서는 임대차 계약 시 임대차 기간 중 수리비에 대하여 임대인의 책임은 내용연수가 도래하여 고장 난 경우와 자연적으로 발생한 고장에 대해서는 임대인이 수리하도록 하고 추가하여 1회 수리비용이 임대료 총액의 0.1%를 초과하는 비용이 소요되는 수리는 임대인이 하도록 하고, 임차인의 고의 또는 과실로 발생한 고장 및 훼손과 1회 수리비용이 총 임대료의 0.1% 이하인 수리는 임차인이 수리하도록 합의를 유도하여 특약으로 명기하여 주고 있어 임대차 만료 시 임대인과 임차인의 관계를 화기애애하게 하고 있다.

---

78) 임차인의 통지의무: 임차물의 수리를 요하거나 임차물에 대하여 권리를 주장하는 자가 있는 때에는 임차인은 지체 없이 임대인에게 이를 통지하여야 한다. 그러나 임대인이 이미 이를 안 때에는 그러하지 아니하다.
79) 대법원 1994. 12. 9 선고 94다34692, 94다34708 판결.

3. 임대차 만료 후 안전화 방안

가. 임대인의 진위를 확인하여야 한다

부동산 거래사고 중 임차인이 임대인행세를 하고 사기 행위를 하는 위험이 있다.

이 유형을 살펴보면 임차인은 전세보증금이 많은 부동산을 찾아 임대인과 보증금을 아주 적게 하고(예: 500만 원 이하) 대신 차임(월세)을 많게 한 임대차 계약을 체결하고, 부동산을 인도받은 뒤 공사 기간을 길게 잡아 집을 수리하며 수리 기간 중에 주변에는 본인이 임대물건을 매수한 것처럼 소문을 낸다.

수리가 어느 정도 되면 임차인은 그 부동산에 대하여 잘 모르는 지역에 임대대상물을 전세(전세금이 1~3억 원)로 임대를 의뢰하거나 매매를 의뢰한다.

이때 허위 임대인은 소유자와 체결한 계약서를 가지고 소유자의 주민등록증을 본인 주민등록증과 결합한 방식으로 위조하여 공인중개사에게 확인시킨다.

새로운 임대차계약이 완료되면 임대보증금을 전부 받고 자취를 감추거나 매매의 경우는 중도금까지 받고 자취를 감추는 사기 행위이다.

이를 대비하여 임대차 계약 시에도 임대인의 진위를 확인하는 권리분석 시스템이 이루어져야 한다. 즉 임대인은 임대의뢰 시 및 임대차 계약 시에 등기권리증을 지참하도록 하고, 중개업자는 공인중개사가 평소에 잘 알고 있는 임대인이 아닌 경우는 소유자에 대한 권리조사를 실시하여 진위확인서를 임차인에게 제시한 뒤 임대차계약서를 작성하도록 하고 임대인에게 권리보험에 가입하도록 하는 방안이 필요하다.

또한 관리가 불량한 부동산은 반드시 권리보험과 에스크로우 보험에 가입하도록 하는 것도 한 방법이다.

나. 임대보증금 반환보장제도 운영을 강화하여야 한다

다음은 임대인이 임대차가 만료되었는데도 임차보증금을 반환해 주지 않는 위험이 있다. 이러한 위험은 임대목적물에 근저당이 설정되어 있는 집을 임차인이 급한 사정에 의해 임대목적물 가격에 상당하거나 경매 시 낙찰되는 가격보다 높게 입주한 임차인의 경우에 임대인은 대상 부동산에서 본인이 취할 수 있는 가치를 전부 취했으므로 임차인이 스스로 임대를 놓아 반환해 가도록 내버려 두는 위험이다.

또 임차부동산 자체에 하자가 있거나 임대차 시기가 부적정하여 임대차가 잘 안 이루어지는 경우이다.

이로 인하여 임차인은 적기에 이사를 못 하여 이중으로 임대료를 부담하게 되고, 또 이중생활로 교통비를 비롯한 각종 불필요한 경비의 추가 지불로 가정경제에 어려움을 줄 뿐만 아니라 경매가 실시될 경우에는 보증금을 제대로 회수하지 못하는 위험이 발생한다.

다음 임대인이 임대보증금을 임차인이 부동산 인도 시에 지불하지 못하는 상황에 임차인을 보호하는 것은 정부가 서민들의 주거복지차원에서 검토되어야 하고 지원되어야 한다.

현행 우리나라에 임차인의 임차보증금 보장 방안은 두 가지가 있다. 하나는 공공임대주택에 대한 임차인의 임차보증금 보장보험제도이고, 다른 하나는 서울 보증보험회사에서 운영하는 전세금보장보증보험이다.

공공임대주택 임차보증금보장보험제도는 임대주택법 제12조의 2 및 동법 시행령 제9조의 2에 의거 운영되는 보험제도로 민간건설 공공임대주택 임대사업자가 보험계약자가 되어 피보험자인 임차인이 입은 손해를 보상하는 임차보증금보장보험이다.

다음 전세금보장보험제도란 임대인이 경제적 사정에 의하여 임대차 만료 시 임차인에게 임대보증금을 제때 반환해 주지 못할 경우를 대비하여 임차인이 안전하게 받아 갈 수 있도록 임대임이 임대보증금반환 보험을 스스로 가입하는 상품을 말한다.[80]

임대보증금반환에 대하여 설문을 한 결과 <표 4-7>의 부동산거래안전제도의 참여범위의 일부참여자 중 <표 4-12>에서 보는 바와 같이 임대보증금 보증제도에 가입하겠다가 23%로 에스크로우제도 및 부동산 하자점검제도와 더불어 부동산거래 3대 관심 안전제도 중의 하나로 생각하고 있다.

임대보증금 보증제도에 대한 실행을 위하여 임대보증금 보증 기관으로는 설문결과 <표 4-16>에서 보는 바와 같이 기존 보증보험회사가 34%로 가장 선호도가 높았으나 서울보증보험회사에서 이를 운영하고 있는지에 대해서는 중개업소를 찾는 고객들에게 질문한 결과 국민들의 인지 정도가 낮은 편이다.

〈표 4-16〉 임대보증금 보증기관

구 분	계	은행	제2 금융권	기존보증 보험회사	주택 공사	무응답
응답자 수(명)	103	28	4	35	16	20
응답률(%)	100	27	4	34	16	19

---

80) 서울보증보험회사

따라서 현재 본 제도를 효율적으로 실시하기 위해서는 은행권
및 주택공사에서 임대보증기관이 되어 운영하는 방안이 있고, 또
현재 이 제도를 실시하고 있는 서울보증보험회사의 운영제도를 검
토하여 중개업소가 당해 보증보험회사의 영업소 또는 대리점 역할
을 하도록 운영하여 본 보증보험을 활성화하는 것도 한 방법이다.
　참고로 임대보증금에 대한 사회보장적 방안으로 운영하고 있는
서울보증보험회사에 운영하는 것을 간단히 소개하면 <도표 4-8>
과 같다.

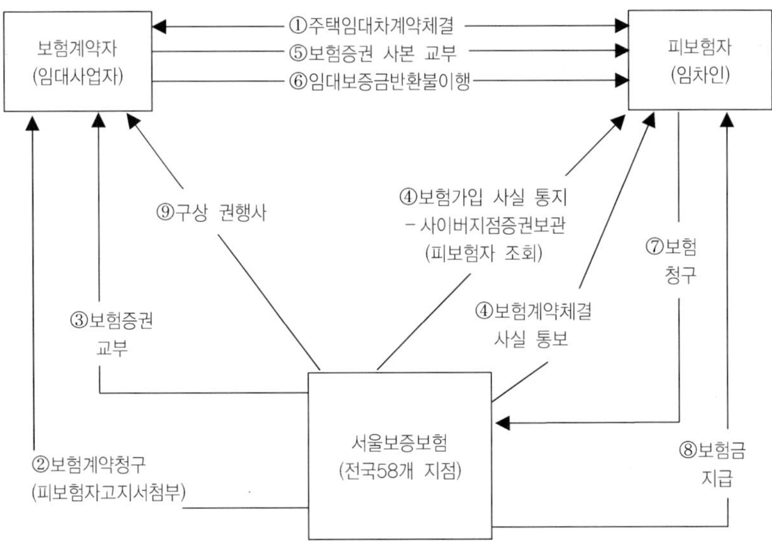

〈도표 4-8〉 임대보증금 반환보장 보험[81]

　즉 임대인과 임차인이 계약을 체결한 뒤 임대인이 서울보증보험
회사에 임대보증금반환보장계약을 청구하면 서울보증보험회사와

임대인이 보증금반환계약을 체결한다. 그러면 서울보증보험회사에서는 보험증권을 임대인에게 교부하고 이어서 임차인에게 임대인이 임대차보증보험을 가입한 사실을 통지와 임대보증금반환보험계약 체결 사실을 통보하며 한편 임대인은 보험증권 사본을 임차인에게 교부하여 준다.

그 후 임대차계약이 만료되었음에도 임대인이 임대보증금을 임차인에게 반환해 주지 아니하면 임차인은 서울보증보험회사에 증권을 가지고 보험금을 청구한다. 그러면 서울보증보험회사에서는 이 증권에 의하여 임대보증금을 지급하고 임대인에게 보증금을 반환하도록 촉구하면 만일 임대인이 제때 반환하지 아니하면 구상권을 행사하여 임대보증금을 회수하는 절차이다.

서울보증보험회사에서 현재 운영하고 있는 문제점은 임대인이 법적 아무런 제재도 받지 않고 있는데 임대보증금반환 보험을 과연 체결할 것인가 하는 문제가 있고 이를 국민들에게 홍보하는 문제들에 대하여 그 대안의 강구가 요구되고 있다.

또는 정부에서 운영하고 있는 보증보험회사로 본 제도를 확대하여 전 국민에게 쉽게 이용할 수 있도록 하는 방안도 있다.

다음은 은행 등 금융기관에서 임대보증금 보장보험제도를 금융상품으로 운영하여 임대인으로 하여금 임대차 계약 시에는 임대보증금보장증서를 현재 손해배상보험증서를 계약서에 첨부해 주는 것과 같이 첨부하는 방안도 있다.

제6절 중개업자의 거래 자질 선진화

1. 중개업자 자질향상 필요성

부동산거래 특히 부동산중개 선진화를 위해서는 거래 관련 주체인 거래당사자, 중개업자, 정부가 모두 선진화되어야 부동산거래 선진화 목표를 달성할 수 있다. 그 중에서도 특히 부동산 중개업자는 부동산거래 선진화에 가장 중요한 주체자이다.

부동산 중개업자의 선진화를 위해서는 우선 중개업자 자질이 부동산거래 선진화 업무를 수행할 수 있는 자질을 갖추어야 하고, 이어서 중개업자가 수행하는 업무가 선진화 제도에 의해 수행할 수 있도록 제도가 선진화되어야 한다.

그러나 중개업자가 수행하는 업무에 대한 제도화는 앞서 연구에서 많이 논의되었고 또 제도화도 많이 되었다. 본 연구에서는 이 중 다소 미비한 점과 특히 중개업자 자질 위주로 검토하기로 한다.

2. 공인중개사(중개업자)의 업무 및 시험제도 개선

가. 중개업제도 중 개선되어야 할 사항

먼저 중개업자에게 중개업 경험에 의해 가장 문제점이 되는 것이 무엇인지 설문을 하였다. 설문 요령은 문제점으로 그간 이야기되었던 것을 열거하고 복수로 선택하도록 하였다.

<표 4-17> 중개업제도 개선할 사항(중개업자)

구 분	계	시험제도	수수료	거래 신고	확인·설명서	교육 제도	등록 기준	협회 운영	공제 제도
응답자 수(명)	323	71	63	62	49	30	18	16	14
응답률(%)	100	22	20	19	15	9	6	5	4

　설문 결과 <표 4-17>에서 보는 바와 같이 공인중개사들은 가장 시급하게 개선되어야 할 중개업제도로는 공인중개사 시험제도를 선택하였고, 그 다음으로는 수수료, 거래신고, 확인·설명서, 교육제도, 등록기준, 협회운영, 공제제도 순으로 의견을 제시하고 있다.

　위에서 제시한 중개업자에 대한 제도개선사항들의 구체적인 내용은 다음과 같다.

　먼저 시험제도는 국민정부 및 참여정부에서 실업자 구제정책으로 활용한 공인중개사 자격시험으로 인하여 현재 약 30만 명에 가까운 공인중개사가 배출하였으나 그 중 약 8만 5천여 명만 활용되고 있을 뿐 나머지는 사장되고 있다. 그런데 공인중개사 자격증을 국민 자격증으로 하겠다는 정책에 의거하여 1년에 최소 1만여 명에서 최대 3만여 명까지 배출하고 있다. 이로 인하여 <표 3-27>에서 보는 바와 같이 중개업자들 중에 비양심적인 자들을 유발하여 중개업의 직업적 도의를 흩트리고 있는가 하면, 과다 경쟁으로 수입이 줄어들어 생계조차 곤란하므로 중개업을 폐업하고 택시 운전으로 전환하는 현상들이 유발되고 있다. 더구나 국민의 정부라고 자처한 김대중 정부는 구조조정을 통하여 국가경제를 살리겠다고 하여 선량한 국민들을 명예퇴직이라는 명목 하에 유능한 직장인을 거리로 퇴직금에 몇 푼의 명예퇴직금을 주고 내몰아 놓고 그 구제책으로 공인중개사 자격증을 남발하여 취업을 시키겠다고 정책을 펴 왔다. 이러한 퇴직자들은 정부의 정책에 순응하여 퇴직 후 열심히 공부하여 공인중개사 자격증을 취득하여 중개업을 개업했으나 지금은 다시 이들은 중개업이 생계를 유지하기 어렵게 되어 다시 한 번 눈물을 흘리게 하고 있다. 즉 수수료는 과다 경쟁으로 인한 수입의 감소 및 중개업의 특성상 수입이 일정하지 않은 문제점이 있는가 하면 <표 4-18>의 외국의 경우와 비교하여 매우 적게 책정되어 있다.

<표 4-18> 외국의 중개수수료

국가명	영국	프랑스	독일	미국	일본	중국	한국
수수료 율(%)	2~5:매도인 1.5~3:매수인	7~10: 양방	3.33: 양방	4~6: 매도인	1.5~2.5 :양방	3~5: 매도인	0.2~0.9: 양방

〈자료: 이창석 저, 부동산학개론, 형설출판사, 2007. 2. 28, p.519〉

여기에다 참여정부는 부동산 투기를 막겠다는 명목 하에 부동산 거래 실거래가 신고를 하도록 하여 부동산거래의 투명성을 높이는데 이를 공인중개사가 하도록 하였다. 부동산 거래신고는 두 가지 면에서 이야기되어 왔다. 하나는 부동산의 거래는 거래당사자의 재산에 대한 이동인데 이를 중개업자가 관여하여 신고를 하여야 하는 문제가 적법한 절차인지의 문제와 다른 하나는 중개업자들이 생계를 위해 종전보다 더 많은 고객과 상담 및 면접을 하여야 하는데 부차적인 업무를 하도록 하고 그에 대한 보수에 언급이 없다는 것에 대한 문제이다.

이 보수에 대해 일부 대리 신고를 해 주고 있는 대리인은 신고 비용으로 1건에 최고 10만 원까지 보수를 받고 있는 실정이다. 그러나 중개업자는 제도권 내의 영업자이므로 이에 대하여 보수를 받지 못하고 있다.

확인 · 설명서는 종전과 다른 점이 전혀 없는데 종이부수만 3장으로 확대한 점과 사실상 기술적 점검사항은 중개업자가 책임지기는 부담스러우며 이 문제로 현재 법정까지는 비화된 것이 적지만 고객들의 심리적 압박을 가해 오는 것에 대한 개선을 요구해 왔다.

교육제도는 두 가지다.

하나는 학원에서 교육받아 자격증을 취득하고 있는데 정부의 시험범위로 학원에서는 자격증 취득한 데 필요한 부분만을 교육하기 때문에 자격증 취득 후 실무에서 새로이 공부를 하여야 하는 문제가 있는 점과, 다른 하나는 협회 및 학교에 위탁하여 실시하고 있는 교육들이 창업을 위한 실무교육과 연수교육이 있는데 실무교육은 협회 선전과 자격증 취득 시 받았던 교육을 그대로 답습하고 있어 창업 및 실무에 별로 도움이 되지 않는 문제와 협회에서 협회 수입을 늘리기 위해 연수교육이라는 면목의 교육을 강화하여 회원들의 비용을 확충하려고 하는 데에 따른 문제들이다.

등록기준은 공인중개사 자격증을 취득하자마자 등록을 할 수 있는 현행규정을 자격 취득 후 일정 기간 연수를 하도록 한 뒤 중개업 등록을 하도록 하자는 의견이다. 왜냐하면 중개업 창업과 폐업을 보면 <표 4 - 19>에서 보는 바와 같이 폐업률이 82.99%로 10개 창업에 8~9개가 폐업하는 현상이라 이로 인한 낭비 및 중개업계에 대한 이미지 하락을 방지하자는 것이다.

<표 4-19> 중개업 신규 등록 및 폐업 현황

구 분	신규 등록	폐 업	폐업률(%)
2002년도	774	579	74.80
2003년도	999	715	71.57
2004년도	688	602	87.50
2005년도	844	603	71.14
2006년도	833	786	94.36
2007년도	619	638	103.07
평 균	788	654	82.99

〈자료: 대한공인중개사협회 대전시지부〉

협회운영은 협회가 회장의 협회비의 방만한 운영으로 회원을 위하여 활동보다는 자신의 정치적 입지 강화를 위한 활동이므로 협회의 운영을 대폭 정비하여 회장의 활동비도 대폭 축소하고 행정비용도 꼭 필요한 것이 아니면 대폭 감소하여 협회가 중개업의 특성에 맞는 회원을 위한 활동의 시스템으로 전환해야 한다는 요구였다.

공제제도는 공제는 보험이 아니기 때문에 정관에 있는 데로 가입자의 상부상조가 되도록 고의 및 중대과실이 아니면 구상권을 행사하지 않아야 하는데 국토해양부(당시 건설교통부)의 공제 감사결과 구상권을 행사할 대상자에 대해 구상권을 하지 않았다는 지적을 모든 회원에게 구상권을 행사하지 않은 것으로 임의 해석하여 공제약관에 고의 및 중대과실을 삭제한 공제약관을 만들어 실제 구상권을 행사함으로써 회원들의 불만이 커지고 있음을 반영한 의견이다.

나. 중개업자(공인중개사)의 업무

중개업자의 자질 선진화 필요성을 위해서는 먼저 중개업자가 하여야 할 임무 및 업무내용을 검토해 보아야 한다. 공인중개사의 업

무 및 부동산거래 신고에 관한 법률에 의하면 공인중개사가 수행
할 수 있는 업무는 <도표 4-9>와 같다.

<도표 4-9> 중개업자의 업무

1. 부동산 중개
2. 상업용 건축물 및 주택의 임대관리 등 부동산의 관리대행
3. 부동산의 이용·개발 및 거래에 관한 상담
4. 중개업자를 대상으로 한 중개업의 경영기법 및 경영정보의 제공
5. 대통령령이 정하는 주택 및 상가의 분양대행
6. 그 밖에 중개업에 부수되는 업무로서 대통령령이 정하는 업무
7. 경매대리

〈자료: 공인중개사의 업무 및 부동산거래 신고에 관한 법률. 제14조 제1항 및 제2항〉

부동산중개업자가 부동산 중개업을 하기 위하여 먼저 직업과 연
관된 필요한 지식을 습득하여야 하는데 그 내용을 보면 학문적으
로는 부동산학의 전반 내용을 전공하여야 하고, 법률로는 민법 총
칙 중 법률행위와 물권법(질권 제외) 및 계약법 중 총칙·매매·교
환·임대차와 민사특별법 중 부동산 중개와 관련된 주택임대차보
호법 및 상가임대차 보호법·집합건물의 소유 및 관리에 관한 법
률·가등기담보 등에 관한 법률·약관의 규제에 관한 법률·부동
산 실권리자 명의등기에 관한 법률, 공인중개사의 업무 및 부동산
거래 신고에 관한 법률, 부동산 등기법, 지적법, 국세 및 지방세법,
그리고 부동산 공법으로 국토의 계획 및 이용에 관한 법률·건축
법·도시개발 법·도시 및 주거환경 정비 법·주택법·농지법 등
18개의 법률을 최소한 소화하여야 한다.[82]

위에 열거한 법률은 자격증을 취득하기 위하여 법률적으로 명시
된 법률들이며 실무에서는 이 18개의 기본법만 가지고 업무를 수

---

[82] 공인중개사의 업무 및 부동산거래 신고에 관한 법률, 시행령, 별표#1(제6조 관련).

행할 수 없다.

우리나라는 부동산중개업을 소개업에서부터 느꼈던 관념으로 아직도 부동산을 판매하는 직능 분야로 분류하여 직능단체 자격증으로 분류하고 있으며, 지금도 이렇게 자격증 시험을 실시하고 있다.

물론 이러한 면도 없지는 않다. 부동산중개 중에는 아파트 매매나 임대와 같은 극히 단순한 부분의 활동도 있으나 부동산은 움직이지 않는 물체로만의 성질을 가지고 있는 것이 아니라 경제적, 재정적 재화로서 최유효 이용되어야 하는 중요성과 부동산을 어떤 용도 및 방법으로 투자하여야 효율적인 투자가 될 것인가를 연구하는 재테크 수단이기도 하다.

따라서 앞서 열거한 법규들을 자격증 시험 볼 때는 이런 법 규정이 있구나 하는 내용으로 현재는 취득하고 있으나 실무에서는 어떤 법 규정이 있느냐 하는 것만으로는 실무를 하기 어렵고 그 법규의 법리를 잘 알아야 하기 때문에 상당한 연구와 지식이 필요하다.

또한 부동산 중개업자는 부동산중개업을 한다고 하여 단순하게 물건만을 소개하는 것이 아니라 앞서 중개업자의 업무에서 본 것처럼 관리대행이라든지 이용·개발·거래에 대한 상담을 하여야 하므로 전문가가 되지 않고는 상담을 할 수 없고, 중개업자들에게 경영기법 및 경영정보를 제공하려면 이에 알맞은 지식과 능력을 겸비하여야 한다.

따라서 공인중개사는 직능단체의 자격사로 취급하는 것을 검토하여 전문자격사 단체로 편성하고 이에 알맞은 시험 등 공인중개사를 전문가로 만들 필요성이 대두되고 있다.

다. 공인중개사 시험제도 개선

1) 응시자 자격

현재「공인중개사 시험은 공인중개사의 업무 및 부동산거래 신고에 관한 법률」에 의거하여 실시되고 있는데 이는 공인중개사의 업무를 수행할 능력에 대한 측정도 되지 못하고 단지 매년 의례적으로 실시하는 시험에 불과하다.

「공인중개사의 업무 및 부동산거래 신고에 관한 법률」에서 공인중개사들에게 매우 전문적인 업무를 수행하도록 부여하고 실제 시험은 자격증을 취득하고도 아파트 중개조차도 힘들어 최소 2~3년 이상 유경험자 또는 전문가에게 계속 묻거나 확인받아 업무를 수행하도록 하고 있는 실태이다.

그래서 현재처럼 실시하는 시험은 중개보조원 업무를 수행하는 능력의 시험수준이며,「공인중개사의 업무 및 부동산거래 신고에 관한 법률」에서의 업무를 수행하도록 하기 위해서는 응시자 수준부터 근본적으로 적임자들이 응시를 할 수 있도록 강화되어야 한다.

그래서 응시자 자격은 가급적 대학에서 부동산학을 전공한 자로서 최소한 실무를 2년 이상 경험한 자로 획기적으로 강화되어야 한다.

2) 시험 방법

현재 1차 및 2차 시험을 동시에 실시하는데 이처럼 동시에 실시하려면 1차와 2차를 구분할 필요가 없으며, 동시에 실시하는 것 자체가 1차와 2차를 구분한 근본 취지에 맞지 않다.

따라서 1차 부동산학 개론과 민법을 실시하되 교재 범주 내에서 출제하되 실무에서 발생하고 있는 내용을 출제하여야 자격증을 취득 후 공인 자격증의 취지를 살려 즉각 실무를 할 수 있다.

2차 시험은 공인중개사의 업무 및 부동산거래 신고에 관한 법률, 부동산 공시법, 부동산 공법을 시험하되, 실무 또는 중개사고 발생 건에 대해 실습으로 논술형으로 해결하는 내용으로 시험을 실시하여야 한다.

그리고 중개업자들에게 책임감 있는 중개활동을 실시하고 국민들의 재산을 보호하며, 국민들이 정부의 부동산 거래체제나 정책들을 홍보할 수 있도록 시험 내용이 출제되어야 하며, 보고서 형태로 답을 적도록 논술식 시험이 되어야 한다.

3) 자격증 구분과 시험제도

시험범위를 자격증제도와 연계하여 자격증별로 시험범위가 달라야 한다.

현행 공인중개사 자격 제도가 획일화 또는 단일화되어 있은 것은 중개업자들의 자질을 전혀 고려하지 않은 제도이다. 부동산 중개업자의 자질을 계속적으로 향상시켜야 선진화된 중개로 국민들에게 충분한 서비스를 제공하면서 좁은 국토를 효율적으로 이용할 수 있게 된다.

그런데 공인중개사 하나만으로 연령제한이 없는 중개업을 20년 이상 하도록 하는 것은 중개업자들의 자질향상 노력을 스스로 포기하도록 하는 것이다. 따가서 중개업자의 자격을 수준별로 구분하여 계속 새로운 도전을 하면서 학습을 시켜 자질이 향상되어야 부동산 중개업도 사고가 없는 혜택을 국민들에 줄 수 있는 직업군이 될 수 있다.

선진화된 외국의 경우 자격증은 대체적으로 3구분하고 있다. 미국의 경우에도 우리나라의 중개보조원격인 Sales – Persons가 있고, 우리나라의 공인중개사 같은 Brokers가 있으며, 부동산 중개 외에 리모델링, 재개발 및 재건축, 수익성 컨설팅 등까지 업무를 수행하는 Realtors가 있다.

일본의 경우는 우리나라가 1984년도 중개업법을 제정할 당시 일본의 택건법을 기초로 중개업 제도를 도입하였으므로 우리나라와 비슷한 형태이다.

우리나라도 자격증을 업무 범위에 따라 중개보조원, 공인중개사, 국인중개사(약칭 중개사) 등의 명칭으로 3구분하고 이들에게 각각 취급 업무범위 및 지역을 <도표 4 – 10>에서와 같이 한정하여 생계형 및 전문가 집단화하여야 국민들이 만족할 만한 서비스를 제공받을 수 있다.

〈도표 4 – 10〉 중개업자별 업무범위(안)

구 분	주거	점포	상업용 빌딩	토지	경매	공장	상담업	개발 / 재개발
중개보조원	O	O						
공인중개사	O	O	O	O	O			
국인중개사	O	O	O	O	O	O	O	O

외국의 중개업 업무 영역을 보면 <도표 4 – 11>과 같다.

따라서 이들의 업무 범위에 적합하도록 시험 범위도 책정되어야 한다. 시험범위는 중개업의 업무 영역과 밀접한 관계가 있다. 따라서 현행법을 기준하여 이들의 업무 범위를 산정하면 대략 다음과 같이 고려해 볼 수 있다. 시험 구분도 중개보조원은 직능시험으로, 공인중개사 및 중개사는 전문단체 시험으로 구분하여 실시하고, 시험 기관도 중개보조원은 공인중개사협회 및 산업인력공단에서, 공인중개사는 광역지방자치단체에서, 국인중개사는 국가에서 각각 실시한다.

시험주기는 국가의 소요에 따라 결정하되 매년 실시부터 5년 이내 1회 실시하는 방법 등을 고려해 볼 수 있다.

<도표 4-11> 외국 중개업 업무범위 비교

구 분	한국	미국	영국	프랑스	독일	일본	중국
알선중개	O	O	O	O	O	O	O
매매업		O	O			O	O
교환업		O				O	
계약대리	O	O	O		O	O	O
임대수납	O	O					
융자알선	O	O					
어음교환		O					
국공유자 매입 및 임대		O					
임대	O	O	O				O
경매	O		O				
관리	O	O	O	O	O	O	
개발	O	O	O	O			
컨설팅	O	O	O				
감정평가		O	O				

<자료: 이창석 저, 부동산학개론, 형설출판사, 2007. 2. 28, p.519>

3. 중개업의 생계형 직업화(수수료 제도 개선)

가. 현 실태 및 문제점

1) 부동산거래 신고 현황

부동산 실거래가 신고제도는 2006년도 2월 1일부터 실시되었다. 그래서 부동산 실거래가격이 100% 신고되기 때문에 실거래가격의 신고현황은 매우 민감하다. 그래서 실거래가격의 신고현황은 별도로 행정관서에 민원으로 획득할 정도로 공개되지 않고 있다. 다만 2006년도 상반기 서울시에서 <표 4-20>과 같이 실태를 공개한 바 있다. 따라서 이를 기준으로 중개업소 수익률을 유추해 보기로 했다.

〈표 4-20〉 2006년도 상반기 부동산 거래신고 현황

구분	총계	부동산실거래가 신고								검인	주택거래신고
		계	인터넷신고			방문신고					
			계	중개업자	당사자	계	당사자	중개업자	대리인		
건수	196,772	102,254	59,807	59,614	193	42,447	6,285	19,266	16,896	80,971	13,547
비율 (%)	100	51.97	30.39	30.30	0.09	21.57	3.19	9.79	8.59	41.15	6.88
		100	58.49	58.30	0.19	41.51	6.14	18.94	16.52		
			100	99.68	0.32	100	14.81	45.39	38.80		

〈자료: 2006년도 상반기 부동산 거래신고 현황. 서울특별시〉

<표 4-20>의 부동산거래 신고현황에서 살펴보면 부동산실거래가 신고는 인터넷 신고와 방문신고 두 가지 방법으로 신고하고 있다. 신고 요원은 인터넷은 중개업자와 거래당사자가 신고하며, 방문신고는 거래당사자, 중개업자, 대리인에 의해 신고하고 있다. 따라서 부동산거래 신고는 대리인에 의한 신고가 49.74%로 아직도 대리인에 의한 신고가 가장 많고, 다음으로 중개업자가 46.97%, 거래당사자 신고가 3.28%로 나타나고 있다. 특히 부동산실거래가 신고 중 인터넷 신고는 중개업자가 99.68%로 중개업자에 의한 인터넷 신고는 정착되었음을 알 수 있다.

문제는 대리인 신고 16.52%와 검인 신고 41.15%는 실거래가격 신고가 이루어지지 않을 가능성이 높아짐으로 부동산 실거래 신고 제도가 유명무실화될 가능성이 높다는 데 있다(현장에서 경매를 낙

찰 받은 자가 중개업소에 물건을 내놓으면서 거래가격을 낮추어 주는 조건으로 물건을 의뢰하는가 하면, 거래성사가 되어 거래계약서를 작성할 때 이중계약서를 별도로 요구하는 경우가 있다. 이때 중개업소에서 이중계약서를 거절하면 불가불 대리인에 의한 신고를 하고 있다).

대리인에 의한 부동산 실거래가 신고와 검인계약서 신고를 합한 47.67% 중 46.97%를 중개업자를 대리인이 신고한 것으로 간주할 때 전체 거래건수의 70%가 공인중개사에 의해 거래되고 있다고 판단된다.

2) 설문결과

먼저 전국 공인중개사들에게 현재 직업에 대한 만족도를 설문하였다.

〈표 4-21〉 중개업자의 중개업 전 직업분포

나이	계	공직	연구직	대기업 임원	회사 직원	자영업	주부	기타	무응답
응답자 수(명)	116	10	1	19	42	32	5	3	4
응답률(%)	100	9	1	16	36	28	4	3	3

설문은 전국 각지에서 고른 의견을 수렴할 수 있도록 인구집중도가 높은 서울과 경기도는 일반인 및 중개업자 50명씩을, 광역시는 20명씩을, 도 지역은 10명씩을 선발 총 300명에 대해 설문을 받았다. 이 중 116명이 응답해 왔다.

직업 만족도 설문에 앞서 현 공인중개사들의 자질을 검토하기 위해 연령대와 학력, 중개업 이전의 직업을 물은 결과 <표 4-

21>에서 보는 바와 같이 각 분야에서 종사하시는 분이 고루 참석
하였으며 이 중 회사원, 자영업자, 기업체 임원, 공직자, 가정주부
들이 많이 참여해 주었다.

현재 중개업에 종사하고 있는 중개업자(보조원 및 소속공인중개
사 제외)는 <표 4-22>에서 보는 바와 같이 41세에서 60세 사이
가 71%로 주류를 이루고 있으며, 자녀 교육비 및 생활비가 가장
많이 소요되는 연령층이 중개업을 영위하고 있다.

〈표 4-22〉 공인중개사 연령분포

나이	계	20~30	31~40	41~50	51~60	61이상	무응답
응답자 수(명)	116	1	9	28	54	3	21
응답률(%)	100	1	8	24	47	3	18

중개업에 종사하고 있는 공인중개사 중 본 연구의 설문에 응답
하신 분의 학력을 살펴보면 <표 4-23>에서 보는 바와 같이 대
학교 이상 학력 소지자가 69%를 이루고 있고, 중개업 전 직업은
62%가 조직생활을 한 경험이 있는 것으로 나타나 자질은 우수한
편으로 판단된다.

〈표 4-23〉 공인중개사 학력분포

나이	계	박사	석사	대졸	고졸이하	무응답
응답자 수(명)	116	2	15	63	19	17
응답률(%)	100	2	13	54	16	15

다음으로 중개업자의 소득을 유추해 보기 위해 2006년도 거래량

을 기준으로 판단해 보았다.

2006년도 2월 1일부터 부동산 실거래가 신고제도가 실시되었으므로 부동산 거래세로 실거래 금액을 유추해 보면 등록세의 경우 토지·건물·주택을 합한 부동산으로 확보된 취득세 총액이 6조 1,233억 원이다.

이를 취득세율로 환산하면 토지는 취득세율이 2%이므로 거래금액은 111조 9,350억 원이고, 건물은 거래금액이 71조 7,500억 원, 주택은 당사자 간의 거래로 보고 취득세율 1%를 적용하면 거래금액이 244조 9,600억 원으로 총 부동산 거래금액은 총 428조 6,450억 원이 된다.

이를 중개업자의 수입으로 환산하면 평균 0.5%로 간주할 때 중개수수료는 총 2조 1,432억 2,500만 원이 산출된다. 이를 다시 1개 중개업소당 소득으로 환산하면 2006년도 말 중개업소 수는 78,611개이므로 연간 평균 수입이 2,726만 원으로 유추되고 1개월에는 227만 원으로 해석될 수 있다.

그러나 여기에는 거래 당사자 간에 거래된 금액과 중개업자가 아닌 중개인에 의해 거래된 금액이 포함되었으므로 중개업자 수입은 이보다 훨씬 낮은 수입으로 판단된다.

참고로 중개업소의 월 지출금액을 알아보기 위하여 모 광역시 지역의 상권이 번화한 지역과 일반주거 지역, 일반주거 지역 중 외곽 지역의 중개업소의 지출내역을 조사해 본 결과 <표 4-24>와 같았다.

<표 4-24> 월평균 지불내역(중개업 사무소)

순위	내역		월 지출금액	비고
1	임대료		30~210만 원	
2	전화료	인터넷전화	1만 2천 원~2만 원	전화기 1대당(인터넷, 기본전화)
3		인터넷전화 무	6~8만 원	
4		휴대폰	5~10만 원	사장, 직원 1
5	복사기 잉크		1만 원	
6	복사지 및 화이트		8천 원	
7	볼펜 및 접수대장		2천 원	
8	계약서 및 확인설명서		6천 원	
9	화재보험료		5만 원	
10	관리비	단지 내 상가	2만 5천 원~3만 원	
11		쇼핑몰 상가	3만 원	3.3㎡당 4,000원
12	광고비		5~30만 원	거래정보망 5만 원, 정보지 20건 30만 원
13	차량연료비		68만 원	사장 50만 원, 직원 18만 원
14	사무실 접대 음료비		2만 원	
15	냉·난방비		5~10만 원	냉방비 5만 원, 난방비(기름) 10만 원
16	종합소득세		7천 원~1만 원	
계			129만 원~342만 원	

<자료: 2008년 1월~11월, 중개업소 사무실 지출내역 조사결과>

여기에는 중개업자와 직원의 생계비는 포함되지 않은 금액이다.

따라서 위 소득 추정과 중개업소 사무실 내역을 연계시켜 보면 사무실 유지비를 최대로 절약하여도 등록자 생계도 어려웠다.

그래서 중개업자들에게 직업 만족도를 조사해 보았다.

설문결과 <표 4-25>에서 보는 바와 같이 50%는 불만족하고 45%는 만족하다고 나타냈다.

〈표 4-25〉 중개업자 직업 만족도

구 분	계	불만	만족	무응답
응답자 수(명)	111	56	50	5
응답률(%)	100	50	45	5

다시 만족하지 않은 이유를 설문하였다.

〈표 4-26〉 중개업 직무 불만족 사유

구분	계	수입 불만	수입 불규칙	나쁜 인식	업무 난해	의뢰인 번복	무등록자
응답자 수(명)	60	24	13	8	7	2	6
응답률(%)	100	40	22	13	12	3	10

직업에 불만족한 이유는 <표 4-26>에서 보는 바와 같이 수입과 관련한 불만이 62%로 가장 불만이 높았다. 이 중 수입액에 대한 불만이 40%로 부동산중개업의 실정을 잘 말해 주고 있으며, 다음으로 부동산중개업의 특성인 1년 내에서도 성수기 및 비수기에 따라 수입 차이가 크고 월별로 예측이 곤란한 특성이 있다.

그 외에 업무의 난해와 국민들의 중개업자에 대한 나쁜 인식, 무등록자가 많아 직무수행에 방해가 되는 순으로 불만을 나타내고 있다. 이러한 인식은 중개업제도에 대한 공인중개사들의 설문에서도 잘 나타나고 있다.

먼저 중개업제도에 대한 만족도를 설문한 결과 <표 4-27>에서 보는 바와 같이 중개업자들의 94%가 불만을 표시하고 있었다.

〈표 4-27〉 중개업 제도 만족도

구 분	계	불만족	만족	무응답
응답자 수(명)	116	109	2	5
응답률(%)	100	94	2	4

다음 중개업제도에 대하여 불만족한 이유를 설문한 결과 <표 4
-28>에서 보는 바와 같이 수수료제도에 대한 불만이 41%로 가
장 높았으며, 제도의 잘못으로 같은 회원끼리 비양심적인 행동을
할 수 있도록 한 제도, 중개업무의 영역 제한, 그리고 중개업제도
상 중개사고가 발생할 위험성이 높은 제도 순으로 불만이 많았다.

〈표 4-28〉 중개업 제도 불만족 사유

구 분	계	수수료	사고 위험	비양심	수치감	영역 제한	협회 횡포	기타
응답자수(명)	116	48	13	22	10	14	3	6
응답률(%)	100	41	11	19	9	12	3	5

따라서 중개업자들의 우수한 자질을 중개업 선진화로 연계하기
위해서는 중개수수료에 대한 제도를 보완할 필요가 있다. 그러나
중개수수료는 거래 빈도가 높지 않기 때문에 사실상 서민생활에
직접적으로 큰 영향을 미치지 않으나 중요한 것은 그 인식이다.

중개수수료에 대한 국민들의 인식을 설문한 결과 <표 4-29>
에서 보는 바와 같이 대부분 적당한 것으로 인식하고 있으므로 이
를 조정한다는 것은 매우 어려운 일이고 다른 방법으로 중개업자
의 수입을 늘릴 수 있도록 하여야 한다.

〈표 4-29〉 중개수수료(일반국민)

구 분	계	많다	적당하다	적다	무응답
응답자 수(명)	99	22	66	10	1
응답률(%)	100	22	67	10	1

그 방법으로는 중개업의 영역을 확대해 주는 방안이 있고, 또는

부동산거래 안전제도의 활동체계를 제도화하여 그 보수를 늘려주는 방안이 있을 수 있다.

나. 부동산중개업소 수입 판단

또 2006년도 2월 1일부터 부동산 실거래가 신고제도가 실시되었다. 실거래가 신고에 의해 1년간 부동산 거래대금의 유추가 가능하다. 2006년도 지방세 현황을 보면 <표 4-30>과 같다. 2006년도 지방세 수입 총액은 35조 9,774억 원이다. 이 세액 중 취득세의 비율이 18.5%이므로 취득세로는 6조 6,558억 원이 거출되었다. 또 <표 4-31>에서 토지·건물·주택을 합한 부동산으로 거두어들인 취득세 총액이 6조 1,233억이다.

<표 4-30> 지방세 분포 현황(2006년도)

(연간 지방세 총액 359,774억 원)

구분	총계	취득세	등록세	주민세	교육세	재산세	담배 소비세	자동 차세	주행세	기타
비율	100	18.5	18.9	15.3	10.7	7.2	6.8	5.3	6.4	10.9

<자료: 국토해양부, 온나라 부동산정보>

부동산으로 거두어들인 취득세액을 기준하여 <표 4-31>에서 취득세율이 2%인 토지와 건물의 실제 거래 금액은 183조 6,850억 원이고 주택은 취득세율이 1%이므로 주택으로는 244조 9,600억 원이 된다. 따라서 부동산으로 거래된 총 428조 6,450억 원으로 산출된다.

<표 4-31> 취득세 분포(2006년도)

구분	총액	토지	건물	주택	차량	기타
금액(억 원)	68,667	22,387	14,350	24,496	5,489	1,945
비율(%)	100	32.6	20.9	35.7	8.0	2.8

<자료: 국토해양부, 온나라 부동산정보>

이를 중개업자의 수입으로 환산하면 중개수수료 율이 매매의 경우 0.2%~0.9%까지이나 평균 0.5%로 간주할 때 중개수수료는 총 2조 1,432억 2,500만 원으로 산출된다.

이를 1개 중개업소로 환산하면 2006년도 말 중개업소 수는 78,611개이므로 1개 중개업소당 연간 평균 수입이 2,726만 원으로 유추되고, 1개월에는 227만 원으로 해석될 수 있다. 그러나 여기에는 거래 당사자 간에 거래된 금액과 중개업자가 아닌 중개인에 의해 거래된 금액이 포함되었으므로 중개업자 수입은 이보다 훨씬 낮은 수입으로 판단된다.

다. 개선방안

1) 부동산거래 안전제도의 활동 일부를 중개업자에게 부여하는 방안

중개업과 연관된 업무내용을 살펴보면 토지 및 건물의 효율적 이용을 위한 상담, 금융기관의 대출문제, 권리보험에서 권리의 확인문제, 에스크로우기관 알선문제, 부동산자체 하자점검기관 알선문제, 임대보증금 알선문제, 이사와 관련된 이사 업체 및 인테리어 업체와 청소 및 방역업체와의 연계, 소유권 이전을 위한 법무사와 연계문제 등이 있다.

부동산중개와 관련하여 많은 상담을 중개의뢰와 관계없이 실시하고 있는데 이에 대한 상담료 문제를 협회와 정부는 검토하여 표준 상담료를 책정하여 중개업자들도 상담료를 받을 수 있도록 하여야 한다.

이러한 업무대행에 대한 규정 제정과 보수관계의 정립으로 중개업자의 보수를 증액할 수 있는 방안을 협회 및 정부는 강구해 주어야 한다.

2) 수수료 제도 개선방안

가) 수수료 체제를 단일화

부동산중개수수료의 개선은 우선 중개수수료의 타당성을 면밀히 분석할 필요가 있다.

먼저 현행 수수료체제는 부자는 수수료를 적게 내고 가난한 자는 수수료를 더 많이 내는 수수료 지불체제이다. 즉 거래가격에 따라 차등 수수료를 지불하는 체제가 거래가격이 낮을수록 높은 율의 수수료를 지불하고 거래가격이 낮을수록 낮은 수수를 지불하는 체제로 구성되어 있다.

또한 수수료 한도액 제도를 실시하고 있어 같은 수수료 율 범주 내에 있으면서 한도액을 초과하는 범주 내에 있는 자는 사실상 낮은 율의 수수료를 지불하는 이중 체제를 가지고 있다.

따라서 수수료 체제를 단일화하여 국민들의 생활에 편리성을 제공하고 수수료를 거래가격이 높으면 더 지불하는 방안이 형평성을 유지할 수 있다.

그 범위는 부동산중개업을 생계형 업소로 하기 위해서는 최소 현재의 0.2~0.9%를 1%로 조정되어야 한다.

나) 용역비 제도를 두어야 한다

부동산중개 수수료에는 부동산 관련 상담과 부동산중개활동에 대한 용역비가 포함되어 있다.[83]

따라서 부동산 중개수수료에는 상담비용, 사무실개설비용, 부동산 분석비용, 광고비 및 설명자료 준비 비용, 계약서 작성비용, 사후관리비가 포함되어 있다.

상담비용은 부동산중개업소에서 영업을 위해 입수하고 분석한 정보 중에서 그 일부를 고객은 상담을 통하여 획득하게 되고, 이 상담의 고객에게 충분성 정도에 의해 그 중개소를 이용하기 때문에 중개수수료와 연관이 있다.

사무실 개설비용은 중개업소를 공인중개사가 개설하기 위해서는 최소 1년 6개월이라는 자격증 취득 기간을 소비하고 또 중개사무소 개설을 위해 비용을 들여 사무실을 개설하기 때문에 중개사무소가 설치됨으로써 수수료가 발생하므로 수수료에는 사무실 개설비가 포함되어 있다는 것이다.

부동산 분석비용은 권리 및 부동산 자체의 분석은 물론 경제성 분석을 위해 필요한 프로그램을 제작하거나 구입하여 검토하고, 현지를 방문하여 확인해야 하므로 프로그램 구입 및 현지 활동비가 수수료에 포함되어 있다.

광고비는 광고에 실질적으로 투입된 비용을 말하며, 설명자료 준비비용은 확인·설명을 위한 행정서류 발급비용을 포함한 각 사무소 자체 프로그램 개발에 투입된 비용을 말한다.

계약서 작성비용은 계약서를 작성해 주는 행정비용을 말하며, 사후관리비는 부동산거래 신고, 이사 후 물건 재확인 활동, 거래대금

---

83) 진영섭, 부동산창업 및 중개컨설팅, 서진출판사, 2007, p.201.

정산절차, 집수리 및 인터리어 내용 확인활동, 등기권리증 보관 활동 등에 대한 비용을 말한다.

<표 4-32> 중개수수료의 내부요인 비중도[84]

구 분	비중도	비 고
상담 비용	10	상담사 상담
사무실 개설비용	15	등록업자 비용
물건 분석비용	20	분석 프로그램 구입, 현지 활동비용
광고 및 설명비용	25	행정서류 발급비용 및 자체 프로그램 개발비
계약서 작성비용	25	계약서 작성 대서, 특약조건 합의
사후관리비용	5	거래신고, 물건 확인, 등기권리증 보관 등
계	100	

이와 같은 활동 내용을 수수료에 차지하는 비중은 물건의 상태 및 상황에 따라 다를 수 있으나 2006년도 대전 지역 공인중개사들의 가중치 설정한 결과를 보면 <표 4-32>에서 보는 바와 같이 나타났다.

외국의 중개수수료는 <표 4-18>에서 보는 바와 같으며, 우리나라와 비교할 때 우리나라의 2배 이상이 높다. 그리고 앞서 연간 부동산거래 대금에 대한 중개수수료 금액과 중개업소의 사무실 지출비용을 볼 때 중개수수료는 다소 조정이 필요하다.

4. 부동산 교육제도 개선

부동산 자질향상 면에서 부동산 교육은 세 가지로 구분해 볼 수 있다.

---

84) 진영섭, 상게서, p.201.

하나는 학교교육이고, 하나는 자격증 취득을 위한 학원교육, 하나는 실무 위탁교육으로 구분해 볼 수 있다.

가. 학교 교육 개선

대학교 부동산학과 교육과정은 학사학위 과정, 석사학위 과정, 박사학위 과정으로 구분하여 개설되어 있으며, 학사학위 과정은 일반대학에서는 정규과정과 사이버대과정이 있으며, 전문대에서는 정규과정과 야간과정이 개설되어 있다. 석사과정은 일반대학원 과정과 산업정보대학원으로 구분하여 개설되어 있고, 박사학위 과정은 전국에 목원대를 포함하여 3~4개 대학에 개설되어 있다.

일반대학과정에서 교육과정 중에 감정평가사, 공인중개사, 주택관리사, 환지사, 지적 기사 등의 자격증을 취득하고, 졸업 후에는 한국토지공사, 한국주택공사, 지적 공사, 한국부동산신탁, 대한부동산신탁, 한국감정원 등 부동산 관련 공기업에 취업할 수 있다.

일반대학 부동산학과 졸업자는 그 밖에 은행, 생명보험회사, 연기금공단, 증권회사와 같은 유관회사와 감정평가원, 부동산관리회사, 부동산중개회사 및 사무소, 주택관리회사, 건설회사, 토목공사회사, 부동산 컨설팅회사 등에 취업할 수 있다. 일반대학에 부동산학과를 정규과정으로 개설한 대학은 30여 개 대학으로 추정되며, 전문대 및 사이버대학까지 포함하면 약 50개로 추정하고 있다.

부동산학과를 설치한 일반대학 및 전문대학은 부동산협회 및 공인중개사사무소와 협약하여 공인중개사 자격증을 취득한 자는 소속공인중개사로, 자격증을 취득하지 아니한 학생은 보조원으로 취업할 수 있는 자격을 부여하여 중개보조원의 자질을 향상하도록 할 필요가 있다.

나. 자격증 취득 교육 개선

1) 자격증 제도의 개선

현재 우리나라의 부동산거래 자격증은 공인중개사제도로 단일화되어 있다. 이 공인중개사제도를 보면 공인중개사의 업무활동 영역이 거래계약을 체결하는 데까지며, 수수료 지불제도만 시·도 조례로 잔금 지불할 때까지로 연장하고 있다.

따라서 부동산 전 거래과정을 상담하고 지원하는 체제가 되지 못하고 있으며, 현행 공인중개사제도도 업무 영역에 따라 활동할 수 있는 제도가 미비하다.

부동산거래사 자격증 제도를 신설하여 거래당사자의 거래계획 수립부터 잔금 지불 후 하자처리과정까지 상담 및 지원할 수 있도록 하여야 한다.

또는 현재의 공인중개사제도를 보완하여 중개보조원, 공인중개사, 거래과정을 전반적으로 취급할 수 있는 국인중개사(부동산거래사)제도를 두는 방안이 있다.

2) 교육제도 개선

우리나라의 중개업자는 중개법인, 공인중개사, 중개인이 있으며, 특수법인으로 농협과 신협 등이 있다. 이 외에도 우리나라는 다른 나라와 달리 무등록 중개업자가 대단히 많다.

또 이와 같은 중개업자의 공인중개사 자격증 취득을 위한 교육기관으로는 공인중개사 자격증 취득 전담 학원과 부동산학과를 설치한 대학 그리고 텔레비전과 일반 사설 교육기관이 있다.

공인중개사 자격증 취득을 위해 수강생은 주로 전 직장에서 퇴직 및 명예퇴직을 한 자이거나 자영업을 하였던 자 그리고 주부들이며, 모 협회 및 기관에서는 학원비 및 교재비를 지원하여 모 특수단체 요원들이다. 공인중개사 자격증 취득과정을 보면 자습에 의해 취득한 자도 있고, 학원을 통하여 불과 3개월로부터 평균 1년 6개월 공부를 하여 취득하는 자도 있으며, 각 대학에서 4년 교육을 이수하고 취득하는 등 다양하다.

공인중개사의 자격취득 양성 학원의 교육내용을 살펴보면 크게 5개 과목으로 구분되는 데 이를 열거하면, 1차 시험과목으로 부동산학 개론과 민법 및 민사특별법, 2차 과목으로 공인중개사의 업무 및 부동산거래 신고에 관한 법률과 부동산공법 그리고 부동산공시법을 교육하고 있다.

이 중 부동산 공법에서는 국토의 계획 및 이용에 관한 법률, 도시계획법, 도시개발법, 주거 및 도시환경 정비에 관한 법률, 부동산공시법에서는 부동산 등기에 관한 법률과 부동산 세법, 지적법 등을 교육하고 있으며, 부동산 세법에서는 국세법 중 양도소득세와, 상속세, 부동산종합소득세, 지방세 중에서는 취득세, 등록세, 재산세 등을 교육하고 있어 과목에 비하여 3개월도 안 되는 기간에 너무나 많은 과목과 내용을 교육하고 있어 자격증 취득 시험만 겨우 이해할 수 있는 실정이며, 실전에 나와서는 선배 공인중개사나 법무사, 변호사, 세무사 등에게 문의하면서 실무를 하고 있다. 또한 부동산중개업을 하려면 개인 사무소를 운영하여도 당장 업무와 연계되는 부가가치세에 대한 내용과 종합소득세에 대한 내용이 누락되어 있으며, 법인인 경우 법인세를 취급하여야 하는데 세법에서 누락되어 있다.

또 고객들의 상담내용을 보면 취득세 및 등록세에 대한 내용도 종종 상담이나 문의를 하기도 하지만 상속세 및 증여세에 대한 문의가 많은 편이며, 경매 업무를 할 수 있도록 규정하였으면 경매에 대한 국민들에게 충분한 서비스를 할 수 있도록 민사소송법 및 민사집행법, 대법원의 규칙인 공인중개사이 경매 대리에 관한 규칙 등이 업무에 포함되어 함에도 이런 내용을 교육과목에서 누락되어 있고, 특히 세계적으로 변화하고 있는 개방화 물결에 의하여 외국인들이 부동산을 취득하는 양이 점차 증가하고 있는 추세로 보아 국제 표준어인 영어에 대한 내용도 누락되어 있다고 볼 수 있다. 특히 중개업은 부동산을 최유효 이용을 위해 활동함을 요구하는 국민들의 요구에 충족하기 위해서는 사업성 분석을 비롯한 경영분석요령 및 기법에 대하여 교육이 절실한 실정이다.

〈도표 4-12〉 자격증별 시험제도 요약

자격증구분	중개보조원	공인중개사	국인중개사 (부동산거래사)
시험기관	협회	광역지자체	국토해양부
시험범위	부동학개론 민법 중개업법 설득심리학	현행 농지 및 산지관리법 부가가치세법 종합소득세법 민사소송법 민사집행법 대법원규칙(경매대리)	공인중개사 과목 감정평가(토지평가론) 도시개발 및 재개발 투자분석론 부동산 상담론 경영학개론 부동산 관리론
시험주기	매년	매년~격년제	매년~5년 이하

이처럼 현재의 부동산중개 교육 실태로는 중개업자를 부동산 전문가 집단으로 양성하는 데는 매우 미흡한 실정이다.

부동산중개과정 자격증은 보다 세분화하여 공인중개사 스스로 자질을 향상할 수 있도록 하여야 한다. 이를 위해 부동산중개과정 자격증은 중개보조원, 공인중개사, 국인중개사로 구분하고 이에 맞도록 자격증 취득 교육내용도 <도표 4 - 12>와 같이 분리하여 중개보조원은 부동산학개론과 민법 그리고 중개업법과 설득심리학을 교육하고, 공인중개사는 현행 공인중개사의 업무 및 부동산거래 신고에 관한 법률에 규정된 내용에 부가가치세법과 종합소득세법, 그리고 민사소송법 및 민사집행법, 대법원 규칙인 공인중개사의 경매대리에 관한 규칙이 포함하여 교육이 실시되어야 한다.

국인중개사(부동산거래사)는 공인중개사 시험범위 과목을 포함하되 각 과목의 공인중개사 시험범위에서 제외된 부분을 포함하고 부동산컨설팅을 포함하여 농지법, 산지관리법, 경영학의 투자 분석론, 경영분석법, 감정평가법 등을 이론과 실습으로 구분하여 실시한다. 교육기관으로는 현행과 같다. 시험 기간은 중개보조원은 1차 과목을 4시간 실시하고 2차 과목은 실습으로 2시간 실시한다. 공인중개사 및 국인중개사(부동산거래사)는 1차 과목으로 6~8시간 실시하고, 1차 과목 합격자에 한하여 별도로 일자를 선정하여 2차 과목을 4~6시간 실시한다.

다. 위탁교육 개선

위탁교육은 실무교육과 연수교육이 있다.

실무교육은 창업자를 위한 교육으로 창업 전에 창업하여 실무를 할 경우 효율적으로 업무를 수행할 능력을 키우기 위하여 실시하는 교육이다. 연수교육은 규정에는 명시되어 있으나 교육자체가 임의 규정으로 실제는 실시하지 않고 있다. 다만 각 지부 및 지회별로 세무교육이나 재개발 및 재건축교육 등 필요한 교육을 실시하고 있다.

1) 실무교육 강화

실무교육은 창업자가 창업을 함에 있어 실무에서 실행할 행동에 대해 교육하도록 하여야 하나 지부장들이 자신의 영업과 관련 있던 자들을 전담교수로 임명하고 있어 사실상 교육내용을 제대로 검토하지 못한 상태로 교육하다 보니 창업자에 필요한 교육이 아니라 법규를 다시 알려주는 형태이거나 담당전문요원을 위한 교육이 되고 있다. 더구나 최근 국민들이 부동산거래를 하는 목적이 실제 어떻게 이용할 것인가 하는 부분보다 남는 돈으로 투자하여 이익을 획득할 것인가의 투자목적이 많아지자 실무교육 자체를 이런 방향으로 하고 있는 실정이다.

따라서 실무교육은 창업자의 창업 절차에 맞추어 교육프로그램을 구성하고 그 구성내용이 창업자의 창업에 기여될 수 있도록 편성되어야 한다. 이를 위해 교육기관장은 매년 실무교육 1개월 전까지는 교재검토를 완료하고, 교육내용은 1차 교육 시 직접 참여하여 검토하여 수정 보완해야 한다. 또한 교재도 협회에서 일괄 제작하는 것보다는 교육장별로 제작하는 것이 실질적인 교육이 될 수 있다.

실무교육에서 강화되어야 할 부분이 있다. 먼저 공인중개사를 부동산의 전문자격사로 국가가 인정하여 양성하였다면 자격증 취득은 누구나 할 수 있도록 하되 자격증 취득 후 창업을 하여 실무에 임할 때는 전문가로서 창업을 하도록 함으로써 국민의 재산을 보호할 수 있다. 따라서 자격증 취득 후 창업을 하고자 할 경우 창업하고자 하는 자는 부동산학과가 있는 대학에서 2년 이상 부동산학

을 전공하거나 사이버대를 통해서 2년 이상 공부를 하여 부동산에
대한 전문적인 지식을 습득한 자에 대하여 창업을 하도록 하는 제
도가 필요하다. 만일 공인중개사협회에서 부동산전공과정을 교육하
고자 한다면 연수교육을 전공과정으로 하되 2년 이상 교육 기간과
부동산 관련 석·박사 소지자를 확보하여 실시할 수 있도록 기준
을 설정하는 방안도 있다.

2) 연수교육 개선

연수교육은 두 가지 방향으로 발전되어야 한다. 하나는 앞서 실
무교육에서 말씀드린 바와 같이 자격증 취득자로 하여금 창업 전
에 부동산학과가 있는 대학이나 사이버 대학 등에서 2년 이상 부
동산 전공과정을 이수토록 하거나 또는 협회에서 부동산학 전공과
정을 두어 이를 연수교육으로 2년 이상 수업을 받아 부동산전공
학사로 양성한 뒤 창업을 하도록 하는 방향이 필요하며, 다른 하나
는 중개업자나 중개보조원의 자질향상을 위해 중개업자나 보조원
이 스스로 교육에 참석토록 교육내용을 구성하여야 한다. 이를 위
해 테마별로 동영상을 제작하여 중개업들이 수시로 또는 필요시
교육비를 지불하고 동영상 강의를 청취할 수 시스템을 구비할 필
요가 있다. 그 외에 주기적으로 달라지는 제도 및 법규에 대해서는
동영상 교육이나 순회교육을 실시하는데 중개업자가 실무에서 적
용할 수 있도록 면밀한 내용검토가 필요하다. 순회교육 시 참석 비
용은 3만 원 이내로 하고 강사는 부동산 중개업자 중 전문가를 활
용하거나 타 분야 요원의 해당 분야 전문가를 이용하여 교육하는
방안을 강구한다. 이때 교육 장소는 각 구청 회의실 또는 협회 교
육장을 활용하여 많은 인원이 교육받을 수 있도록 한다.

3) 위탁교육기관 확대

현재 부동산중개를 위한 위탁교육 중 실무교육은 광역자치단체장의 승인을 받아 공인중개사협회 및 각 시도지부 및 일부 대학에서 실시하고 있다. 그러나 공인중개사협회에서 거의 독점적으로 실시하고 있어 교육준비 및 그 내용이 창업자에 적합한 교육이 되지 못하고 있어 미흡한 실정이다. 따라서 부동산중개 위탁교육기관은 부동산학과를 두고 있는 대학이면 신고를 하고 실시할 수 있도록 확대하여야 한다.

이렇게 함으로써 경쟁을 통한 교육내용의 실질화와 교육의 질을 향상할 수 있다. 단, 이를 위하여 국토해양부는 실무교육에 대하여 기준을 설정하고 이를 규정화할 필요가 있다.

5. 등록기준 강화

부동산거래의 선진화를 위해서는 부동산중개업자 및 사용인이 선진화된 중개능력을 구비하여야 한다. 그러나 현행법에서는 중개조원의 경우 중개업자의 배우자가 많으며, 누구나 하고 싶다면 채용되는 실정이고, 중개업자는 공인중개사 자격증만 취득하면 실무교육을 이수한 후에는 이수한 날로부터 1년 이내에 언제든지 개업이 가능하다.

이로 인한 문제점은 중개보조원의 경우 수입에 관계없이 아무 때나 그 중개사무소를 그만둠으로써 중개업자는 수시로 중개보조원을 채용하는 데 많은 시간을 낭비하고 있다.

또 다른 중개업소에서 수입을 늘려 주겠다고 하면 언제든지 옮겨 감으로 인하여 부동산중개업의 도의가 무너지고 중개업소간 반목이 비등하는가 하면 비양심적인 행동까지 하고 있는 실태이다.

그런가 하면 옮겨 간 중개보조원이 물건 정보와 고객 정보까지 가지고 감으로 인하여 새로운 중개보조원이 어느 정도 임무 수행 능력이 구비될 때까지는 수입에 막대한 피해를 주고 있다.

뿐만 아니라 중개보조원은 직업의식보다는 수입에 더 관심이 집중되어 타 중개업소나 또는 떠돌아다니며 소속된 중개업소를 배제하고 있어 수수료를 부당 취득하고 있다. 또한 중개보조원들이 수입에 너무 많은 관심을 갖다 보니 횡령 등 중개사고도 빈번히 발생하고 있으며, 더 중요한 것은 중개 사고를 일으키고도 전혀 죄책감을 못 느끼고 있으며, 더 조심하여 책임감 있게 중개를 하려고 하여야 하는데 오히려 순가중개 등을 서슴없이 자행하고 있다.

자격증 취득과 동시에 중개업등록을 하고 사무소를 개설한 중개업자의 경우에도 부동산의 거래는 큰 금액을 지불 및 수령하기 때문에 사기사건 등 중개사고가 발생할 확률이 높으므로 이에 대한 선배들의 업무처리 요령을 알아야 하는데 이를 모르고 중개하다가 중개사고가 발생하여 개업하자마자 큰 손해를 입는 경우도 있다. 또 실제 업무를 수행하면서 개업 후 최대 3년까지 실무진행하는 것에 대한 자신이 없어 매 특별한 사정이 발생할 때마다 선배들에게 문의하며 처리하는가 하면 어느 경우에는 아예 서류를 들고 와서 상담을 하고 가는 경우도 있다.

가. 중개업 창업자와 중개보조원의 자격 강화

먼저 외국의 부동산중개 자격증 획득 조건을 살펴보면 <도표 4

- 13>과 같다.

<도표 4-13> 각국 자격증 취득 요건

구 분	미 국	영 국	프랑스	독 일	일 본	중 국	한 국
연령제한	35세 이상	30세 이상	25세 이상	세습제			
필기시험	요구	요구		세습제	요구	요구	요구
부동산전공	요구	요구		세습제			
실무경험	1~5년	4~12년		세습제	2년	1~3년	

<도표 4-13>에서 보는 바와 같이 선진국에서는 중개업 자격증을 상당히 강화하고 있다. 따라서 우리나라도 공인중개사의 창업이나 중개보조원의 자질에 대하여서는 그 자격제도 강화가 요구되고 있다. 따라서 공인중개사로서 창업하고자 하는 자는 최소 2년 이상 실무경력이 있는 자로 창업할 수 있도록 강화하고, 중개보조원은 대학에서 부동산학을 전공한 자이거나 연수로 부동산학을 전공으로 이수한 자로 강화하여야 한다. 또한 중개보조원도 중개보조원 자격증 제도를 두어 배우자라도 중개보조원 자격증이 없으면 보조원 등록을 할 수 없도록 하여야 한다.

그리고 연령도 제한을 두어 중개보조원은 23세 이상으로 하고 공인중개사와 국인중개사는 35세 이상으로 하여 사회적 경험과 부동산과 인간생활 간의 관계를 어느 정도 알 수 있어야 고객들과 대화가 가능하다.

나. 중개업자 부동산전문지식 및 실무경험 강화

최근 부동산 매수자의 성향은 중개업자가 정확하고 서류화된 자료와 분석결과를 선호하고 있다. 이는 부동산중개업자에게 전문화를 요구하고 있는 것이다. 따라서 중개업자의 부동산학 전문화를 위해서는 공인중개사와 국인중개사(부동산거래사)는 부동산학을 전 공한 자로 일정 기간 유경험자를 시험 자격자로 부여하여야 하며, 중개보조원은 부동산학을 전공한 자를 우선적으로 채용하고 부동 산학을 전공하지 아니한 자는 공인중개사 자격증을 획득하려면 추 가적으로 부동산학을 공부를 하게 한다.

그리고 실무경험은 중개보조원의 경우는 최소 6개월의 연수 기간 을 거친 이후에 보조원으로 등록하여야 하며 공인중개사가 개업을 하려면 실무경험이 2년 이상 갖도록 하고 국인중개사(부동산거래사) 가 개업을 하려면 3년 이상의 실무경험을 획득하도록 하여야 한다.

실무경험의 기간 산정은 중개업소에서 보조원으로 행정관서에 등록된 기간을 해당 신고접수기관에서 확인해 주도록 하면 실무경 험 기간 산정이 가능하다.

다. 중개업자 재산등록 강화

또한 중개 사고를 방지하기 위해서는 중개업자로 등록하고자 하 는 자는 손해배상 한계금액 이상의 재산이 본인 명의로 보유하고 있는 자로 강화하여야 한다. 그래서 중개사고가 발생하면 피해받은 국민도 안전한 피해배상을 받을 수 있도록 보장하고 협회나 보험 기관이 구상권을 행사할 수 있도록 함으로써 중개업자들의 고의 및 안일한 행위로 인한 중개사고 관련 행위를 방지할 수 있으며, 부동산거래사고를 현저히 감소시킬 수 있다. 이렇게 하여 부동산거 래가 안전하고 투명하게 거래됨으로써 부동산거래 선진화를 달성 할 수 있다.

제 V 장

결 론

우리나라는 부동산거래에 대한 오랜 역사를 가지고 있으며, 좁은 국토에서 7,000만이 넘는 국민이 공존하며 살아가야 하므로 국토의 효율적 이용은 매우 절실한 상황이다.

그런데도 부동산거래에 대하여 지금까지 누구도 관심을 갖지 않아 부동산거래 제도의 후진성을 면치 못하고 있으며, 이 후진성이 우리 국민들 및 중개업자 그리고 정부요원들까지 매우 큰 시간과 경제적 낭비를 초래해 왔다.

따라서 정부는 학계를 통하여 부동산거래 선진화를 기할 수 있는 부동산 선진화 개념을 정립하도록 하고 또 공인중개사협회는 학계와 협의하여 이를 제도화할 수 있는 연구를 담당할 부동산중개학회 등을 만들어 세계 어느 나라에도 뒤지지 않고 부끄럽지 않은 부동산 선진화 제도가 절실하다.

또한 부동산거래 선진화를 위하여 거래당사자 및 중개업자 그리고 정부 누구도 피해를 입지 않아야 하며, 거래가 안전하여야 하고 거래과정이 투명하여야 하며 거래제도가 편리하고 효율적이어야 한다.

부동산거래에 있어서 선진화할 요소는 부동산거래 당사자의 진위성 확인과 부동산자체의 안전성, 부동산 권리 및 서류의 안전화와 거래대금의 안전화 그리고 중개업자의 자질향상 등이며 또 매매 외에 임대차까지도 안전하여야 한다. 이러한 선진화 요소는 안전성과 투명성 그리고 효율성에 입각하여 선진화되어야 한다.

따라서 부동산거래 선진화를 위해서는 거래당사자 및 부동산 그리고 거래 관련 법규가 의식과 행동 그리고 제도적으로 선진화해야 할 요소를 모두 포함시킨 부동산 거래절차 선진화 법률을 정부는 먼저 제정하여야 한다.

그 내용으로는 부동산 자체의 하자를 보장하기 위하여 매도인은

매매 시 잔금지급이로부터 일정 기간 이내 기간으로 하는 하자담
보책임보증보험에 가입하고, 그 증서를 행정기관이나 매수자에게
제공한다. 또한 매수자는 계약 후 잔금지급일 이전까지 하자점검
전문업체로 하여금 기술적 점검을 받도록 하고, 이를 위해 정부는
주택관리나 건설 관련 업체를 지정하여 기술적 점검을 할 수 있도
록 관련법을 제정하여 제도적인 체제를 마련해 주어야 한다.

다음 부동산 권리 및 서류의 안전화를 위하여 공제제도를 권리
보험제도로 전환하고, 거래당사자와 중개업자 간의 성실성과 책임
감을 위해 중개계약서를 가급적 서면으로 작성하도록 권장하며 중
개업자는 이를 3년간 보관하도록 한다. 그리고 국토해양부는 중개
계약서와 물건접수대장을 겸할 수 있도록 양식을 개선하여 이를
표준중개계약서로 중개업자에게 제공하여야 한다. 그리고 부동산계
약 시 매도인은 등기권리증을 지참하여 계약에 임하도록 하여 거
래당사자의 진위성을 확인할 수 있도록 하고, 중개업자는 에스크로
우 기관의 권리조사 책임요원으로 하여 거래당사자 진위와 권리의
진위 등 권리조사를 하는 제도를 구축하여 중개업자의 현 손해배
상제도를 권리보험으로 전환하는 것이다.

이때 중개업자의 권리조사를 할 수 있도록 지자체는 중개업자가
개설등록증 사본과 계약서 사본을 제출하면 매도인 및 세입자 세
대열람을 할 수 있도록 하고, 중개업자는 권리조사보고서에 전 주
인 및 현 소유자의 진위 확인을 적극 지원하도록 한다. 또한 현 등
기부등본상의 권리를 조사할 수 있도록 금융기관에서는 금융기관
관련 권리에 대해서 확인을, 법원에서는 등기부등본상 권리에 대한
서류 열람할 수 있도록 지원 규정이 있어야 한다. 또 등기권리증이
없거나 상속 및 권리가 복잡한 경우에도 권리보험이 절대 필요하

므로 권리보험에 가입하도록 하여야 한다.

거래대금의 선진화를 위해서도 거래대금이 모든 권리에 진위성이 확인되지 않을 경우 매도인에게 지불되지 않도록 하고, 에스크로우제도를 실용화하되 우리나라 국민성을 감안하여 전체를 일시에 적용하지 말고 단계적으로 실시하는 방법을 강구하여야 한다. 그래서 먼저 불안전한 관리 대상인 부동산부터 적용하는 것도 한 방법이다. 불안전한 관리대상 부동산은 ① 10년 이상 장기 해외 거주자 및 이민자의 부동산, ② 6·25에 의해서 소유자가 행방불명되었거나 ③ 상속등기가 되어 있지 않은 상속부동산 또는 ④ 상속인이 없는 부동산, ⑤ 국·공유지 부동산, ⑥ 등기권리증이 없는 부동산을 우선 선정해 적용하고 일정 기간이 경과하며 전체적으로 확대하는 절차를 적용하는 것이다. 에스크로우 기관으로는 토지공사 및 공인중개사협회 등의 부동산 관련 기관을 에스크로우 기관으로 운영하고 각 시·도지부는 에스크로우 업무담당처리기관으로 활동하며, 중개업소는 에스크로우 의뢰요청기관이면서 권리조사활동기관으로 업무를 수행한다. 이를 위해 시·도지부는 법무사 자격증 소지자를 직원으로 확보하고 협력 세무사를 확보하여 대행 업무를 완결할 수 있도록 준비하여야 한다.

다음 임대차 선진화 방안으로는 점유개정으로 인한 임차인의 피해를 방지하기 위하여 에스크로우 가입의 의무화는 물론 민법 또는 등기법을 개정하여 "점유개정으로 인한 경우 기준시가 9억 이하 주택에 한하여 같은 날 등기된 전세권 또는 임차권은 선순위 권리와 동순위로 본다"라는 규정을 개정하여 임차인을 보호하는 방법을 강구하여야 한다.

그리고 임대차에서 임대차 전에 임대인은 임차인이 임대차 기간 중 사용하는 데 지장이 없도록 임대부동산을 수리하여 임대차 하고, 임대차 기간 중에 발생한 수리는 일정 수리비 이하인 경우는 임차인이 수리하면서 사용하고 그 외는 임대인이 수리하도록 하는 방안이 검토되어야 하며, 중개업자들에게는 적정한 임대보증금 산출요령을 교육하여 당해 부동산별 상황에 따라 적정한 임대보증금을 적용할 수 있도록 상담해 주도록 한다.

뿐만 아니라 임대차 종료 후 임차인을 보호할 수 있도록 성부에서 임대인을 상대로 임대보증금 보장 보증보험 제도를 운영하여 단기간 임대보증금 대환할 수 있도록 하는 제도 운영이 시급하다.

끝으로 부동산거래 선진화 활동을 성공하기 위해서는 이 선진화 활동을 주도하는 공인중개사들의 자질이 뒷받침되어야 한다.

따라서 공인중개사 자격제도를 3단계로 구분하고, 응시자격을 대학에서 부동산전공 또는 유경험자만 응시할 수 있도록 시험수준을 강화하여야 하며, 수수료 또한 이러한 전문가 수준에 맞도록 재검토되어야 한다.

뿐만 아니라 중개업자들이 중개업을 생업으로 할 수 있도록 현 수수료 수준을 외국과 비교하여 1~1.5%로 조정함으로써 생계를 유지할 수 있도록 해 주어야 하며, 업무 영역 또한 부동산 관련 산업으로 확대하여 수익을 증대할 수 있는 대책을 만들어 주어야 한다.

중개업자에 대한 교육 제도도 개선되어야 한다.

정규 대학교육은 부동산 관련 자격증을 취득하고 현장에서 보조원으로 채용될 수 있도록 강화하며, 협회 및 대학에 위탁하고 있는 위탁교육 중 실무교육은 그 시간을 연장해서라도 창업자가 창업하는 데 필요한 교육이 될 수 있도록 교육내용을 수정되어야 한다.

연수교육은 중개업자들에게 매년 달라지는 정부의 정책과 각종

법규 내용을 심층 연구하여 중개업자들이 실무에서 활용할 수 있
도록 연수계획을 수립하고 교육에 직접 참여하지 못하는 자를 위
한 동영상 교육제도를 운영하는 연수교육 개선이 요구된다. 또한
정부는 중개업자들의 난립과 이로 인한 각종 많은 병폐를 일소하
기 위해서는 공인중개사들의 부동산중개업 등록 기준을 강화하여
야 한다.

즉 부동산 자격제도를 3단계로 전환하고 중개보조원을 포함하여
중개업에 종사하고자 하는 자는 최소 2년으로부터 5년까지 연수
기간을 부여하여 부동산거래 사고를 방지할 수 있도록 함과 동시
에 부동산 중개업자를 부동산전문가로의 양성이 필요하다. 또한 중
개업에 종사하고자 하는 자는 공제금 이상의 재산보유자로 등록기
준을 강화하여 중개업자들에게 책임감을 강화할 필요가 있다.

참고문헌

〈서적〉

Robert C. Kyle, 신창득 외 3인 공역, 자산관리, 부영사, 2005.
김준호, 민법강의(이해와 사례), 법문사, 2000.
박병호, 한국의 법, 세종대왕기념사업회, 1974.
오문석, 미국 부동산 알고 투자하자, 메트로 워싱톤 뉴스타부동산, 2006.
이창석, 부동산학개론, 형설출판사, 2007.
이태교, 부동산중개론, 부연사, 1999.
조상원, 소법전, 현암사, 2006.
진영섭, 부동산중개 창업과 중개컨설팅, 서진출판사, 2007. 3. 20.

〈단행본 및 학술지〉

구동회 외 2인, 공제제도 개선을 통한 부동산거래의 안전성 제고 방안, 2002.
김훈, 부동산중개 서비스 소비자평가 측정도구개발, 부동산학회보 제30
　　　집, 2007.
박필·고덕균, 부동산컨설팅의 방법론에 관한 연구, 부동산학회보 제33
　　　집, 2008.
랜드윈 부동산교육 전문연구소, 공인중개사법령 및 중개실무, 랜드윈, 2009.
부동산 대법전, 대한공인중개사협회, 2004.
부동산실무 대백과, 대한공인중개사협회, 2003.
부동산중개실무 상담사례 및 판례, 한국공인중개사협회, 2008.
손경환 외 7인, 부동산시장의 선진화를 위한 기반정비 연구, 국토연구
　　　원, 2004.
송준호 외 2인, 부동산 거래신고제도 실태분석 및 실효성 제고방안에

관한 연구.

정신교, 부동산거래사기죄의 형사적 고찰, 부동산학회보 제34집, 2008.

조재영, 부동산거래의 안전성 보장을 위한 방안, 부동산학회보 제32집, 2008.

황현, 부동산권리보험에 대한 소비자 의식에 관한 연구, 부동산학회보 제31집.

한국형사정책연구원, 부동산서비스와 거래의 선진화 방안, 건설교통부, 2001.

한국감정평가연구원, 공제제도 개선을 통한 부동산거래의 안전성 제고 방안, 건설교통부, 2002.

한국공인중개사협회 부동산정책연구소, 2008 최신부동산중개사고 사례 연구. 2008.

〈관련 법률 및 자료〉

공인중개사업무 및 부동산 거래신고에 관한 법률(2007. 8. 3) 법률 제8635호.

대한공인중개사협회 신문, 2007. 7. 16.

대한공인중개사협회 신문, 2007. 5. 15, 공인중개사협회보 제111호.

부동산등기법(2007. 5. 17) 법률 제8435호.

부동산실권리자명의 등기에 관한 법률(2007. 8. 3) 법률 제8635호.

표시·광고의 공정화에 관한 법률(2008. 2. 29) 제8863호.

〈학위논문〉

구자춘, 권원보험과 에스크로우 제도의 비즈니스 모델에 관한 연구, 건국대학교 대학원, 2005.

주진헌, 전세중개제도 법제화, 목원대학교 산업정보대학원, 2007.

별지 # 1 [건축물 상태 목록표]

건축물 상태 점검 및 목록표

소재지:　　　시 / 도　　　시 / 군 / 구　　　면 / 읍 / 동　　　리　　　번지

건물명:　　　　　동:　　　　호수 :

구 분		부 분	수선 / 설치 시기	상 태	비 고
외부	지붕	방수시설		☐누수 ☐양호	누수부분:
		청소상태		☐깨끗함 ☐쓰레기 있음	
		빨래건조시설		☐수리해야 함 ☐양호함	
		전선 및 통신선로		☐정리해야 함. ☐잘 정리됨	
		물탱크		☐청결함 ☐청소해야 함	청소시기기록
		배수구		☐막힘 ☐파손됨 ☐누수 가능성 있음 ☐양호	
		기타 시설		☐양호 ☐사용곤란	시설별로 작성
	외벽	균열		☐있음 ☐없음	균열부분을　동서남 북 벽으로 구분 기록
		페인트(칠 포함)		☐도색필요 ☐양호	
		마감장치		☐파손됨 ☐양호	
	외벽창문	페인트(칠 포함)		☐도색필요 ☐양호	
		유리		☐파손 있음 ☐파손 없음	
		잠김 장치		☐잘됨. ☐불량 및 없음	
		방범망 설치		☐설치됨 ☐양호 ☐파손됨 ☐설치 안 됨	
		새시(창문)		☐방충망이 없거나 찢어짐 ☐문 개폐가 어려움 ☐코킹이 파열됨 ☐양호	
	기타	울타리		☐파손부분 있음 ☐도색이 낡음 ☐양호	
		출입문		☐벽과 연결부분 내려앉음 ☐시건장치 고장 ☐문 파손 ☐정상	
		낙수구		☐없어졌거나 파손됨 ☐낡아 수리가 요구됨 ☐양호	

구 분		부 분	수선 / 설치 시기	상 태	비 고
외부	계단	안전벽		☐안전벽높이 1.5m 미만 ☐도색필요 ☐양호	
		계단		☐방수 미설치 ☐미끄럼 방지 미설치 ☐양호	
	부수시설	창고		☐누수됨 ☐균열이 있음(위치:) ☐전기 미작동 ☐도색이 필요함 ☐양호	
		화장실		☐누수 됨 ☐균열이 있음(위치:) ☐전기 미작동 ☐도색이 필요함 ☐양호	
내부	현관	신발장 문		☐없거나 파손 ☐페인트 칠해야 함 ☐양호	
		현관문		☐개폐가 힘듦 ☐파손 및 유리 깨짐 ☐양호함	없으면 공란
		페인트		☐도색해야 함 ☐깨끗함	
	보일러실	보일러 작동		☐고장 남 ☐오래됨 ☐물이 샘 ☐양호	
		환풍시설		☐환풍기 고장 남 ☐가스 배출이 잘 안 됨 ☐인화물질이 있음 ☐양호함	

구 분		부 분	수선 / 설치 시기	상 태	비 고
내 부	화 장 실	욕조		☐욕조 통 파손 또는 샘 ☐샤워 및 수도 샘 ☐코킹부분이 터짐 ☐양호	별지
		세면기		☐수도꼭지 샘 ☐세면기 파손됨 ☐유리 없거나 파손됨 ☐양호	
		변기		☐바닥과 연결부분 파손☐변기 막힘 및 안 내림 ☐저수조가 샘 ☐양호	
		바닥		☐아래층에서 샌다 함 ☐미끄럼 타일임 ☐양호	
		벽 및 천정		☐페인트칠해야 함 ☐균열 및 누수 있음 ☐환풍기 고장 남 ☐양호	
	주 방	싱크대 및 찬장		☐수도 파손 및 샘 ☐문이 파손 및 이완됨 ☐양호	
		후드		☐작동이 안 됨 ☐없거나 파손됨 ☐양호	
		식기건조대		☐작동이 안 됨 ☐없거나 훼손됨 ☐양호	
		식탁		☐없거나 파손됨 ☐수리해야 함 ☐양호	
		전기설치		☐전기플러그 덮개 없음 ☐플러그가 벽과 분리됨 ☐양호	

구 분		부 분	수선 / 설치 시기	상 태	비 고
내부	거실	바닥		☐장판 교체해야 함 ☐장판 갈라짐 ☐콘크리트 파손됨 ☐양호	장판 6년
		벽 및 천정		☐도배해야 함 ☐못 구멍 수(개) ☐TV 받침대 없음 ☐전기 누전됨 ☐양호	
		거실 문		☐도색이 필요함 ☐개폐가 어려움 ☐유리가 깨짐 ☐양호	
	안방	출입문		☐손잡이가 고장 남 ☐도색이 필요함 ☐문이 훼손됨 ☐양호	
		전면 벽		☐누수흔적이 있음 ☐곰팡이가 있음 ☐도배가 필요함 ☐양호	입구기준
		좌측 벽		☐누수흔적이 있음 ☐곰팡이가 있음 ☐도배가 필요함 ☐전기 스위치 고장 ☐전기플러그 훼손 ☐못구멍 ( )개 있음	
		후면벽		☐누수흔적이 있음 ☐곰팡이가 있음 ☐도배가 필요함 ☐전기 스위치 고장 ☐전기플러그 훼손 ☐못구멍 ( )개 있음	

구 분		부 분	수선 / 설치 시기	상 태	비 고
내 부	화 장 실 옆 방	출입문		☐손잡이가 고장 남 ☐도색이 필요함 ☐문이 훼손됨 ☐양호	
		전면 벽		☐누수흔적이 있음 ☐곰팡이가 있음 ☐도배가 필요함 ☐양호	입구기준
		좌측 벽		☐누수흔적이 있음 ☐곰팡이가 있음 ☐도배가 필요함 ☐전기 스위치 고장 ☐전기플러그 훼손 ☐못구멍 ( )개 있음	
		우측 벽		☐누수흔적이 있음 ☐곰팡이가 있음 ☐도배가 필요함 ☐전기 스위치 고장 ☐전기플러그 훼손 ☐못구멍 ( )개 있음	
		후면 벽		☐누수흔적이 있음 ☐곰팡이가 있음 ☐도배가 필요함 ☐전기 스위치 고장 ☐전기플러그 훼손 ☐못구멍 ( )개 있음	
	작 은 방	출입문		☐손잡이가 고장 남 ☐도색이 필요함 ☐문이 훼손됨 ☐양호	
		전면 벽		☐누수흔적이 있음 ☐곰팡이가 있음 ☐도배가 필요함 ☐양호	입구기준

구 분		부 분	수선 / 설치 시기	상 태	비 고
내 부	작 은 방	좌측 벽		☐누수흔적이 있음 ☐곰팡이가 있음 ☐도배가 필요함 ☐전기 스위치 고장 ☐전기플러그 훼손 ☐못구멍 ( )개 있음	
		우측 벽		☐누수흔적이 있음 ☐곰팡이가 있음 ☐도배가 필요함 ☐전기 스위치 고장 ☐전기플러그 훼손 ☐못구멍 ( )개 있음	
		후면 벽		☐누수흔적이 있음 ☐곰팡이가 있음 ☐도배가 필요함 ☐전기 스위치 고장 ☐전기플러그 훼손 ☐못구멍 ( )개 있음	
	앞 베 란 다	바닥		☐아래층에서 샌다 함 ☐미끄럼 타일 임 ☐양호	
		벽 및 천정		☐균열 및 누수 있음 ☐페인트칠해야 함 ☐수도 샘 ☐전기가 안 들어옴 ☐창고문이 없거나 파손 ☐양호	
		창고 시설		☐문이 파손 및 없음 ☐칸막이 없음 ☐페인트칠해야 함 ☐양호	
		기타 시설		☐건조대 고장 남 ☐배수구 걸림통 파손 ☐양호	

구　분		부　분	수선 / 설치 시기	상　태	비　고
내 부	뒤 베 란 다	바닥		☐아래층에서 샌다 함 ☐미끄럼 타일임 ☐양호	
		벽 및 천정		☐균열 및 누수 있음 ☐페인트칠해야 함 ☐수도 샘 ☐전기가 안 들어옴 ☐창고문이 없거나 파손☐양호	
		창고 시설		☐문이 파손 및 없음 ☐칸막이 없음 ☐페인트 칠 해야 함 ☐양호	
		기타 시설		☐건조대 고장 남 ☐배수구 걸림통 파손 ☐배수구 역류함 ☐양호	
	기 타	인터폰		☐화상이 안 나옴 ☐외부 수위치가 없음 ☐소리가 안 남 ☐양호	

　　위 건물의 상태 점검표는 배관 및 전기 등 전문적 하자 부분에 대하여는 누락되어 있으며 그 외 점검표의 점검 내용은 현재 상태로 틀림없음을 증명함.

200　　.　　　.　　　.

작성자: 매도(임대)인　성명:　　　　　　　　　　　(날인 또는 서명)

　　　　　　주민등록번호:

　　　　　　주소:

　　　　　　전화번호:

부록# 1 일반국민 부동산거래 안전에 대한 설문서

설 문 지

설문 취지문

안녕하십니까?

본 설문은 목원대학교 산업정보대학원 부동산학과 석사학위 청구논문의 기초 자료로 사용하기 위하여 귀하께서 부동산 매매 및 임대 등 거래를 함에 있어서 평소에 경험했거나 느끼신 바를 논문에 반영하고 국가 정책에 반영될 수 있도록 건의하기 위하여 작성하고자 합니다.

부동산은 국민들의 가장 기본적이고 제일 큰 재산입니다. 그런데 이 재산을 거래하면서 사기 등 많은 불안전하게 거래되어 재산상 큰 손실을 입거나 폐가망신을 당하는 경우가 있어 아직도 후진성을 면치 못하고 있습니다.

그래서 부동산거래의 전반적인 사항과 그 내용을 자세히 파악하고 분석하여 안전하고 손해를 아예 없앨 수 있는 제도 및 대책을 강구하고자 하며, 여러분이 작성하신 내용은 학문적 연구목적에만 사용되며 연구결과는 석사학위논문 제출과 제도적 개선사항은 정부에 건의하고자 하는 데 있습니다.

귀하의 과거 경험과 부동산거래에 있어 좋은 의견을 부탁드립니다.

항상 귀하의 건강과 하시고자 하는 사업이 날로 번창하시기를 빌면서 귀중한 시간을 할애해 주셔서 감사합니다.

2008년 10월

목원대학교 산업정보대학원 부동산학과 석사과정 부동산전공
지도교수: 정재호 경제학박사
연구자: 진영섭
연락처: H/P 010 - 6772 - 1753

본 설문지는 익명으로 처리되며, 학술적인 연구 자료만 활용되며, 연구결과는 전문법제화 기관에 의뢰하여 정책자료로 활용할 계획입니다.

본 설문지는 설문자의 인적 사항 등 기초적인 사항과 부동산에 대한 문제의식조사 내용으로 구성되었습니다. 각 문항을 잘 읽고 귀하께서 평소에 느끼신 바와 생각을 √로 체크하여 주시거나 성실하고 구체적으로 기재하여 주시기 바랍니다.

귀하의 인적 사항을 √ 표시로 기재해 주시기 바랍니다.

① 성별: 남성(   ), 여성(   )

② 귀하의 학력은
　 대학원 이상(   ),　　 대졸(   ),　　 고졸 이하(   )

③ 결혼 여부
　 결혼(   ),　　 미혼(   )

④ 귀하의 현재 하시는 직업은
　 공무원(   ) 직업군인(   ) 회사임원(   ) 회사직원(   )
　 근로자(   ) 자영업자(   ) 가정주부(   ) 연구직(   )
　 기타(   )

⑤ 과거 귀하는 부동산을 매매하거나 임대차 거래를 하신 적이
　 있습니까?
　 있다(   ),　　 없다(   )

⑥ 부동산 보유 여부
　 자가(   ), 임대(   ), 상가(   ), 토지 / 나대지(   )

⑦ 과거 부동산거래를 해 본 지역은?(다수선택 시 순위로 표시)
　 서울(   ) 부산(   ) 대구(   ) 인천(   )

광주(   )   대전(   )   울산(   )   경기(   )

강원(   )   충남(   )   충북(   )   전북(   )

전남(   )   경북(   )   경남(   )   제주(   )

귀하의 과거 부동산거래 경험에 대한 질문입니다.

1. 아래 어느 경우에 부동산거래 경험을 하셨습니까?

    ① 부동산을 살려고(   )   ② 부동산을 팔려고(   )

    ③ 부동산을 사고 팔 때(   )   ④ 전세 및 월세를 구하려고(   )

2. 거래한 경험이 있다면 부동산을 누구의 소개를 받아 거래하셨습니까?

    (다수 선택 시 많이 소개받은 사람 수별로 순위로 표시)

    ① 본인이 직접 거래(   )   ② 친척(   )

    ③ 이장 / 통 · 반장, 동네사람(   )   ④ 친구(   )

    ⑤ 건축설계사(   )   ⑥ 변호사(   )

    ⑦ 은행임 · 직원(   )   ⑧ 부동산중개업자(   )

3. 과거 매매 및 임대 등 부동산을 거래할 때 마음으로 느꼈던 점은?

    ① 불안했다. (   )   ☞ 4번

    ② 걱정은 있으나 믿고 거래했다. (   ) ☞ 4번

    ③ 안전했다. (   )   ☞ 5번

4. 어느 부분이 불안했었습니까?(다수선택 시 불안이 컸던 순위

로 표시)

① 거래대금을 정상적으로 받을 수 있는지 불안했다. (   )

② 매수자가 가격을 이유로 계약을 해제할지 불안했다. (   )

③ 해당 부동산이 재해 등으로 소멸하지 않을까? (   )

④ 시기적으로 내가 좀 쌀 때 파는 것은 아닌가. (   )

⑤ 중개업자가 잘 모르는 것 같아 불안했다. (   )

5. 중개 수수료의 정도는 어떻게 생각하십니까?

① 많다(   )   ② 적당하다(   )   ③ 적다(   )

6. 귀하가 지불하신 중개수수료에 비해 중개소 서비스수준은 만족하셨습니까?

① 만족스럽다(   )   ② 보통이다(   )   ③ 불만족스럽다(   )

7. 귀하가 부동산거래 시 방문하는 중개업소의 수는?

① 1개 업소(   )   ② 2~3개 업소(   )

③ 4~5개 업소(   )   ④ 6~7개 업소(   )

⑤ 8~9개 업소(   )   ⑥ 10개 업소 이상(   )

8. 귀하가 방문할 중개업소를 결정할 때 고려하는 사항은?(단수선택)

① 지리적으로 가까운 곳(   )   ② 평소에 알던 부동산(   )

③ 공인중개사자격이 있는 곳(   )   ④ 주위의 소개로 방문(   )

⑤ 부동산 체인점(   )   ⑥ 대형규모의 부동산(   )

9. 귀하가 부동산거래 시 중개소에서 권리분석을 해 주는 데 신

뢰하십니까?

   ① 아니다(   )   ② 그렇다(   ) ☞11번

10. 신뢰하지 않는 이유는?

   ① 설명도 안 해 줘서(   )

   ② 등기부등본은 발급해 주는데 설명은 안 해 준다(   )

   ③ 등기부등본은 발급해 주는데 엉터리로 설명해 준다(   )

   ④ 등기부등본 내용만 설명하고 현 점유자 및 소유자 신용상
      태는 안 함(   )

   ⑤ 기타 (   ) 기타 내용:

11. 귀하는 거래대금을 현행처럼 계약금, 중도금, 잔금으로 처리
   되는 것에 대해 어떻게 생각하십니까?

   ① 계약금과 잔금 2단계가 좋다(   )

   ② 현행대로가 좋다(   ) ☞ 13번

12. 거래대금을 계약금과 잔금으로 하는 것이 좋겠다고 생각한
   이유는?

   ① 중도금까지 지불하면 대부분 부동산에는 융자가 있는데
      잘못하면 거래대금 이상으로 지불하게 된다. (   )

   ② 중도금이 넘어가면 중도에 사정이 발생하여 해약 시 위약
      금 외에는 즉시 반환이 불안했다. (   )

   ③ 중도금까지 지불하면 계약만 체결했는데 거래대금이 너무
      많이 일방적으로 주는 것 같다. (   )

   ④ 기타 (   ) 기타 내용은:

13. 귀하가 부동산을 매매할 때 적당한 가격에 거래하고 있다고
    믿으십니까?
    ① 의심이 많았다(   )   ② 그저 그렇다(   )
    ③ 믿는다(   ) ☞ 15번

14. 의심이 많았다면 왜 의심이 갔습니까?
    ① 중간에 소개하는 자가 소개료를 너무 많이 갈 것 같아서(   )
    ② 적절한 부동산 가치로 가격을 흥정해 주고 있는지 몰라서(   )

15. 부동산도 재테크수단의 하나이므로 상호 손해가 없도록 거래
    하는 것이 좋다고 생각합니다. 이를 위해 감정을 하여 거래
    하는 것이 좋다고 생각하는데 귀하의 의견은?
    ① 감정하는 것이 좋다. (   )
    ② 현행처럼 주변 거래사례로 가격을 결정하는 것이 좋다. (   )
    ③ 거래 당사자 간에 알아서 하도록 하는 것이 좋다. (   )

16. 가격을 감정한다면 수수료는 누가 지불하는 것이 좋다고 생
    각하십니까?
    ① 매도인(   )   ② 매수인(   )

부동산거래 시 사고 경험에 대한 설문입니다.

17. 귀하가 다음 거래 중 어느 때 사고를 경험했나요?
    ① 매매 시(   )   ② 임대 시(   )

③ 매매 및 임대 시(   )

18. 거래 시 사고 경험이 있다면 어떤 사고였습니까?

　　① 사기를 당했다. (   ) ☞ 19번

　　② 해약을 당했다. (   ) ☞ 20번

　　③ 손해배상을 당했다. (   ) ☞21번

19. 사기당한 내용은?　　　　☞ 답한 후 22번

　　① 물건을 목적대로 사용할 수 없었다. (   )

　　② 소개한 물건이 실제 물건과 전혀 다른 것을 소개했다. (   )

　　③ 주민등록증 등을 위조하여 상대방이 거짓 주인행사를 했다. (   )

20. 귀하가 중도에 해약한 이유는?　　　　답한 후 22번

　　① 상대방이 돈을 준비 못 해서 해약했다. (   )

　　② 물건에 하자가 있어서 해약했다. (   )

　　③ 중개업자가 안내한 물건과 달라서 해약했다. (   )

21. 손해배상을 요구했던 내용은?

　　① 확인·설명 시 임대차 현황 및 등기부상 권리내용을 설명
　　　　안 해서(   )

　　② 확인·설명 시 매도인이 잘못 알려준 물건을 소개해서(   )

　　③ 물건에 하자 있는 것을 몰라서(   )

　　④ 물건을 용도대로 사용할 수 없어서(   )

다음은 중개계약에 대한 설문입니다.

22. 귀하가 중개소에 물건을 매도의뢰하거나 매수의뢰하는 것이
    중개계약임을 알고 계십니까?
    ① 알고 있다(   )   ② 몰랐다(   )

23. 중개계약에는 일반중개계약과 전속중개계약이 있는데 중개계
    약을 서면으로 작성하신 적은 있습니까?
    ① 있다(   )   ② 없다(   )

24. 귀하가 매도 또는 매수의뢰하실 때 중개업소에서 중개계약에
    대해 설명하거나 중개계약체결을 요구받으신 적이 있습니까?
    ① 있다(   )   ② 없다(   )

25. 부동산거래사고가 발생하지 않기 위해서는 중개업자나 의뢰
    인 공히 신뢰를 가지고 부동산거래를 하여야 하는데, 이를
    위해서는 서면으로 중개계약을 작성하는 것이 우선입니다.
    귀하는 중개계약을 서면으로 작성하실 의향은?
    ① 서면으로 작성하지 않겠다(   ) ☞ 26번
    ② 서면으로 작성하겠다(   ) ☞ 27번

26. 중개계약을 서면으로 작성하지 않는 이유는?
    ① 바빠서(   )
    ② 중개계약을 서면으로 하면 구속을 받는 것 같아서(   )
    ③ 필요성을 못 느껴서(   )

27. 중개업자가 중개계약을 서면으로 작성을 요구한다면 중개계

약을 작성할 의향은 있습니까?

① 작성하겠다(　　　)　　　　　　② 한번 생각해 보겠다(　　　)

③ 작성 않겠다(　　　)

다음은 부동산거래 안전제도에 대한 설문입니다.

부동산을 거래함에 있어서 위험한 경우는 부동산자체의 하자가 있는 경우와, 부동산 거래 후에 거래 시에는 몰랐던 권리가 나타나 돈으로 물어 주거나 법정에서 재판을 하는 경우가 있을 수 있으며, 부동산 거래과정에서 계약이 파기되어 거래대금을 제때 받지 못하거나 거래 대금을 다 주고도 부동산을 인수받지 못하여 낭패를 보는 경우 등이 있습니다.

이러한 부동산거래상의 위험한 요소를 해결하고 안전하게 거래하기 위해서는 부동산의 하자를 점검해 주는 **부동산전문기술기관에서 점검해 주는 제도**가 선진국에서는 실시하고 있으며, 해당 부동산을 인수 후에 인수 전에 발생된 권리로부터 피해를 보상해 주는 **권리에 대한 보험제도**와, 거래대금과 소유권 이전 서류를 소유권이 완전하게 이전될 때까지 제3자(중개업자 및 국가기관)에게 안전하게 맡기는 **에스크로우제도**가 있습니다. 이들에 대한 내용을 자세히 설명하면 아래와 같습니다.

부동산 전문기술점검제도란 2년 이상 된 건축물은 하자가 발생하기 시작하는데 부동산은 40여 종의 전문 분야가 종합된 생산물이기 때문에 전문 점검기관이나 전문가에 의하여 점검하는 제도를 말합니다. 부동산 전문기술점검기관의 점검내용은 다음과 같습니다.

   ① 난방시설　　　② 배관　　　③ 전기시설　　　④ 지붕상태

   ⑤ 해충 조사　　　⑥ 기타

권리보험제도란 권리의 하자로 인하여 계약하기 이전에 발생한 권리의 하자로부터 매수자가 입게 되는 손실을 보상하는 보험제도입니다. 따라서 권리보험기관에서는 다음과 같은 권원조사를 합니다.

   ① 공부상 권리의 하자 및 진위 조사　　　② 공법상 규제 및 허용행위

   ③ 공부상 나타나지 않은 권리 조사　　　④ 매도인의 신용정보

   ⑤ 세금의 완납 여부

   ⑥ 소유권의 이전 진위조사(전 소유자로부터 이전의 진실성)

에스크로우(이행예치)제도란 계약금을 포함한 거래대금과 소유권 이전 서류를 계약이 완료될 때까지 책임 있는 제3자에게 놓는 제도입니다. 따라서 에스크로우기관의 역할은 다음과 같습니다.

   ① 계약금 보관　　　　② 소유권 이전 서류 보관　　　③ 세금 대납

   ④ 소유권 이전 등 등기대행　　　⑤ 대행보고서 작성

임대보증금 보증보험제도란 임대차가 종료 시 임대인이 임대차 만료일에 임차인에게 보증금을 반환해 줄 수 있도록 보증보험회사가 먼저 임대보증금을 지불하고 신임차대차가 체결될 때까지 임대인은 보증보험회사가 지불한 임대보증금에 대한 이자를 보험료로 지불하는 것을 보험계약조건으로 하는 보험제도를 말합니다.

28. 위 부동산거래 안전제도에 대하여 귀하가 귀하의 부동산을 거

래할 때 이 제도에 참여한다면 그 참여 범위에 대한 귀하의
생각은?

① 참여하지 않겠다(   )   ② 일부만 참여하겠다(   )☞30번

③ 전부 참여하겠다(   )☞31번

29. 귀하가 위 부동산거래안전제도에 참여하지 않는 이유는? ☞
답한 후 31번

① 현재의 거래에 불편이 없기 때문에(   )

② 위 거래안전제도를 운영해도 현재와 별 차이가 없기 때문에(   )

③ 위 거래안전제도를 운영하면 수수료만 오르기 때문에(   )

④ 위 거래제도가 우리나라에 부적합하기 때문에(   )

   부적합한 이유는:

30. 일부만 참여한다면 어느 것에 참여하겠습니까?(다수 시 순위로)
   ☞답한 후 31번

① 권리보험제도(   )   ② 에스크로우제도(   )

③ 부동산 전문 기술점검제도(   )

④ 임대보증금 보증보험제도(   )

31. 이 권리보험제도 업무를 누가 수행하는 것이 좋다고 생각하
십니까?

① 변호사(   )   ② 법무사(   )   ③ 공인중개사(   )

④ 손해보험사(   )   ⑤ 권리보험 전담 회사(   )

32. 에스크로우제도 업무를 누가 수행하는 것이 좋겠다고 생각하

십니까?

① 변호사(　　) 　　　② 은행(　　)

③ 공인중개사(　　) 　　④ 전담회사(　　)

33. 부동산 전문기술점검 제도 업무를 누가 수행하는 것이 좋겠다고 생각하십니까?

① 아파트는 관리소, 일반건물은 주택관리업체(　　)

② 별도 전문 점검업체(　　)

③ 매도인이 작성하여 보증하는 방법(　　)

34. 임대보증금 보증보험제도를 국가에서 운영한다면 누가 이 업무를 수행하는 것이 좋겠다고 생각하십니까?

① 시중은행(　　) 　　② 농협 등 제2 및 제3금융기관(　　)

③ 기존 보증보험회사(　　) 　　④ 주택공사(　　)

위 부동산거래 안전제도에 대한 수수료에 대한 설문입니다.

미국의 경우는 권원보험의 경우는 350～500달라(35만 원～50만 원), 에스크로우의 경우는 850～1,500달라(85만 원～150만 원), 부동산 전문 기술점검 수수료는 500～1,000달라(50만 원～100만 원)를 지불하고 있습니다.

우리나라 경우는 **하나은행**에서 부동산에 대한 에스크로우 및 권원보험제도 둘을 운용하는 데 45만 원～160만 원까지 받고 있으며, **공인중개사협회**는 에스크로우 수수료만 4억 원 기준하여 4억 원 이하의 경우는 거래대금×0.05%＋20만 원, 4억 원 초과 경우는 거래대금의 0.1%를 받고 있습니다.

---

35. 수수료의 형태는 무엇이 좋다고 생각하십니까?

① 고정금액을 수수료로 한다. (　　)

② 거래금액의 양에 따라 누진제 적용이 좋다. (   ) ☞ 37번

③ 금액에 관계없이 일정 비율을 수수료로 하는 것이 좋다.

　　(   ) ☞38번

36. 수수료를 고정금액으로 한다면 어느 정도가 적절하다고 보십
　　니까?

　　① 각 제도 35만 원으로 통일(   )

　　② 각 제도 50만 원으로 통일(   )

　　③ 각 제도 85만 원으로 통일(   )

　　④ 각 제도 100만 원으로 통일(   )

37. 거래금액에 따라 누진제를 적용하는 것이 좋다면 거래대금을
　　기준하여 어느 정도가 적절하다고 보십니까?

　　(   ) ① 5,000만 원 단위로: 0.5%씩 누진

　　(   ) ② 1억 원 단위로: 0.5%씩 누진

　　(   ) ③ 2억 원 단위로: 0.5%씩 누진

　　(   ) ④ 공인중개사 협회안

38. 일정비율로 한다면 어느 정도가 적절하다고 보십니까?

　　① 0.5~0.8%(   )　　② 0.8~1%(   )　　③ 1~3%(   )

***지금까지 적극적으로 설문에 응해 주셔서 감사합니다.

부록 #2 공인중개사의 부동산거래 안전에 대한 설문서

설 문 서

설문 취지문

안녕하십니까?

본 설문은 목원대학교 산업정보대학원 부동산학과 석사학위 청구논문의 기초 자료로 사용하기 위하여 귀하께서 부동산 매매 및 임대 등 중개를 하시면서 평소에 경험했거나 느끼신 바를 본 연구에 반영하기 위하여 작성하였습니다.

부동산은 국민들의 가장 기본적이고 제일 큰 재산입니다. 그런데도 우리나라는 국민들의 이 재산을 거래하면서 사기 등 매우 불안전하게 거래되고 있어 국민들에게 재산상 큰 손실을 입히거나 폐가망신을 당하도록 하는 경우가 있어 아직도 부동산거래에 있어 후진성을 면치 못하고 있습니다.

특히 귀하는 부동산 중개업자로서 이 부동산거래가 후진성으로 인하여 영업하시는 데 많은 어려움과 두려움을 안고 있음을 많이 느끼셨을 것입니다.

따라서 귀하가 부동산 중개를 하시면서 실제로 경험하고 느끼신 바를 많이 제공해 주시기를 바라며, 본인은 본 연구를 통하여 귀하의 의견을 최대한 반영하여 부동산거래의 전반적인 사항과 그 내용을 자세히 파악하고 또 이를 면밀히 분석하여 안전하게 부동산을 중개함으로써 거래사고가 근원적으로 발생할 수 없는 제도 및 대책을 강구하여 본 석사학위논문을 작성하고자 하며 또 이를 정부에 건의하고자 합니다. 귀하의 과거 경험과 부동산거래에서 얻은 좋은 의견을 많이 부탁드립니다.

항상 귀하의 건강과 하시고자 하는 사업이 날로 번창하기를 빌면서 귀중한 시간을 할애해 주셔서 감사합니다.

2008년 10월

목원대학교 산업정보대학원 부동산학과 석사과정 부동산전공
지도교수: 정재호 경제학박사
연구자: 진영섭
연락처: H/P 010 - 6772 - 1753

본 설문지는 익명으로 처리되며, 학술적인 연구 자료만 활용되며, 연구결과는 정책자료로 활용할 수 있도록 할 계획입니다. 본 설문지는 설문자의 인적 사항 등 기초적인 사항과 부동산에 대한 문제의식조사 내용으로 구성되었습니다. 각 문항을 잘 읽고 귀하께

서 느끼신 바를 번호에 √표로 체크하시고 구체적으로 기재하여
주시기 바랍니다.

통계를 위한 기초 자료입니다.

1. 부동산 중개업을 하시고 있는 지역은?(지명을 기재하시오)
   　　　　시·도　　　　시·군·구　　　　읍·면·동

2. 성별
   남성(　　)　　　　여성(　　)

3. 연령
   20~30세(　　)　　31~40세(　　)　　41~50세(　　),
   51~60세(　　)　　61세 이상(　　)

4. 학력
   박사(　　)　　석사(　　)　　학사(　　)　　고졸 이하(　　)

5. 귀하의 중개업 하기 전 직업 또는 주요 직위
   일반공무원(　　)　　교육공무원(　　)　　직업군인(　　)
   대기업 임원(　　)　　회사직원(　　)　　회사근로자(　　)
   자영업(　　)　　　　농부(　　)　　　　가정주부(　　)
   연구직(　　)　　　　기타(　　)

6. 귀하의 중개업 종별은?

　　① 공인중개사 사무소(　　)　　　② 법인 중개사무소(　　)

　　③ 기타(　　) 기타 내용:

7. 귀하께서 운영하는 중개사무소에 종사하는 인원은 몇 명입니까?

　　① 1인(　　)　　　　　　② 2~3인(　　)

　　③ 4~5인(　　)　　　　　④ 5명 이상(　　)

8. 귀하의 중개업 경력은?

　　① 3년 미만(　　)　　② 3~5년(　　)

　　③ 6~10년(　　)　　④ 11~15년(　　)

　　⑤ 16~20년(　　)　　⑥ 21년 이상(　　)

귀하의 직업 만족에 대한 설문입니다.

1. 귀하는 중개업자로서 본 직업에 얼마나 만족하십니까?

　　① 만족하지 못하다. (　　)　　② 만족한다. (　　) ☞ 3번

2. 귀하가 귀하의 직업에 만족하지 못한 이유는?(다수 선택 시는
　　순위로 표시)

　　① 수입이 만족하지 않아서(　　)

　　② 수입이 일정하지 않아서(　　)

　　③ 국민의 인식이 나빠서(　　)

　　④ 너무 난해한 일이 많아서(　　)

⑤ 의뢰인들이 말을 번복해서(   )

⑥ 무등록자가 등록자보다 더 많아서(   )

3. 귀하는 현재 시행되고 있는 중개업제도(법)에 대하여 만족하십니까?

　① 만족하지 못한다. (   )　② 만족한다. (   )☞ 5번

4. 귀하가 중개업에 만족하지 못한 이유는?(다수선택 시는 순위로 표시)

　① 중개수수료가 낮기 때문이다. (   )

　② 중개사고의 위험이 높기 때문이다. (   )

　③ 타 중개업자들이 비양심적인 행동하기 때문이다. (   )

　④ 사회에서 중개업자를 보는 의식이 수치감이 들기 때문이다. (   )

　⑤ 중개업무 영역이 너무 제한됐다. (   )

　⑥ 협회의 횡포가 심해서이다. (   )

5. 현 중개업제도 중에서 수정 및 보완되어야 할 사항이 있다면?
　(다수 선택 시는 순위로 표시)

　① 공인중개사 시험제도(   )

　② 중개업소 개설등록 기준(   )

　③ 중개대상물 확인·설명 사항(   )

　④ 부동산거래 신고제도(   )

　⑤ 공제제도(   )

　⑥ 중개수수료 체제(   )

　⑦ 공인중개사협회에 관한 사항(   )

⑧ 중개업자 교육제도(   )

6. 귀하는 어느 물건정보기관을 이용하여 광고하십니까?
   ① 정보지(   )
   ② 부동산114 등 사설인터넷기관(   )
   ③ 협회 인터넷기관(   )
   ④ 사무실 유리창에 광고(   )

7. 귀하는 부동산 법규 및 정책에 대한 정보를 어데서 획득하고 있습니까?
   (다수 선택 시는 순위로 표시)
   ① 법제처 홈페이지(   )   ② 국토해양부 홈페이지(   )
   ③ 협회 홈페이지(   )   ④ 사설정보기관 홈페이지(   )
   ⑤ 신문 및 방송(   )   ⑥ 정보지(   )
   ⑦ 전문개발 카페(   )

8. 귀하가 중개계약을 서면으로 작성하는 것에 대한 의견은?
   ① 작성한 적이 있다(   )   ② 작성한 적이 없다(   )
   ③ 작성한 적은 없으나 서면으로 작성해야 함을 설명한 적은 있다(   )

9. 귀하가 부동산 중개를 하면서 마음으로 느꼈던 점은?
   ① 불안한 마음으로 진행한다. (   )

② 안전한 마음으로 진행한다. (   ) ☞12번

10. 귀하가 부동산 매매중개 전 과정을 통하여 불안했던 점이 있
　　었다면?
　　① 계약 후 추가 권리가 설정되어 어려움을 당했다. (   )
　　② 거래대금이 정상적으로 준비되지 않아 어려움을 당했다. (   )
　　③ 매수자가 가격을 이유로 해약을 하여 어려움을 당했다. (   )
　　④ 기타(   )　기타 내용은:

11. 귀하가 부동산 임대중개 전 과정을 통하여 불안했던 점이 있
　　었다면?
　　① 임대인이 계약을 해제해서 어려움을 당했다. (   )
　　② 입주 시 임대인이 관리비를 정리 안 해서 어려웠던 적이 있다. (   )
　　③ 임대인이 고장 부분을 잘 고쳐주지 않아서 고생한 적이 있다. (   )
　　④ 임차인이 계약을 중간에 해약한 적이 있다. (   )
　　⑤ 임차인이 잔금 일을 연기한 적이 있다. (   )

12. 귀하가 현 업무를 수행하면서 아래 사항이 어려움을 준 정도는?
　　많이 준다　　별로 안 준다
　　1) 정부 부동산시책이 너무 자주 변한다　　　　①　　②
　　2) 주변 중개업자 간 경쟁이 너무 치열하다　　①　　②
　　3) 부동산중개업의 법적 규제가 너무 심해서　①　　②
　　4) 부동산가격이 너무 올라서 거래가 어렵다　①　　②

부동산거래 시 사고를 당한 경험에 대한 설문입니다.

---

13. 귀하가 다음 거래 중 어느 때 사고를 경험했나요?

   ① 매매 시(   )   ② 임대 시(   )

   ③ 매매 및 임대 둘 다(   )

14. 사고 경험이 있다면 어떤 사고였습니까?

   ① 사기를 당했다. (   )

   ② 손해배상을 당했다. (   ) ☞16번

   ③ 해약을 당했다. (   ) ☞17번

15. 사기당한 내용은?   ☞ 답한 후 18번

   ① 물건을 전혀 다른 것을 소개했다. (   )

   ② 잘못된 부분 설명을 빼놓고 설명했다. (   )

   ③ 주민등록 위조 등 상대방이 거짓 문서를 제공했다. (   )

   ④ 상대방이 주인인 것처럼 행세를 해서. (   )

16. 손해배상을 당한 내용은?   ☞ 답한 후 18번

   ① 확인·설명 시 임대차, 등기부상 권리내용을 설명 안 해서(   )

   ② 확인·설명 시 매도인이 잘못 알려준 물건을 소개해서(   )

   ③ 물건에 하자 있는 것을 몰라서(   )

   ④ 중개 수수료에 대해 의뢰인이 이의를 제기해서(   )

17. 귀하가 중도에 해약을 당한 이유는?

   ① 매수인이 돈을 준비 못해서 해약했다(   )

   ② 매도인이 안내한 물건과 달라서 해약했다(   )

   ③ 주차장 난 등 물건의 여건이 안 좋아서(   )

④ 계약 후 추가 권리가 나타나서(   )

다음은 부동산거래 안전제도에 대한 설문입니다.

부동산을 안전하게 거래하기 위해서는 해당부동산의 완전한 권리를 받을 수 있는 **권리에 대한 보험제도**와, 거래대금 및 소유권 이전 서류를 소유권이 완전하게 이전될 때까지 제3자(중개업자 및 국가기관 등)에게 안전하게 맡기는 **에스크로우제도**가 있으며, 물건의 하자를 점검해 주는 부동산 **전문기술기관에서 점검해 주는 제도**가 있습니다. 이들에 대한 내용을 자세히 설명하면 아래와 같습니다.

권리보험제도란 권리의 하자로 인하여 피보험자가 입게 되는 손실을 보상하는 보험제도입니다. 따라서 권리보험기관에서는 다음과 같은 권원조사를 합니다.

① 공부상 권리의 하자 및 진위 조사   ② 공법상 규제 및 허용행위
③ 공부상 나타나지 않은 권리 조사   ④ 매도인의 신용정보
⑤ 세금의 완납 여부
⑥ 소유원의 이전 진위조사(전 소유자로부터 이전의 진실성)

에스크로우제도란 둘 또는 그 이상의 당사자가 일정한 조건이 충족될 때까지 제3자에게 거래대금과 소유권 이전 서류를 맡겨 놓는 제도입니다. 따라서 에스크로우기관의 역할은 다음과 같습니다.

① 계약금 보관   ② 소유권 이전 서류 보관   ③ 세금 대납
④ 소유권 이전 등 등기대행   ⑤ 대행보고서 작성

전문 부동산 기술점검제도란 2년 이상 된 건축물은 보수소요가 발생하는데 이 부동산은 40여 종의 전문 분야가 종합된 생산물이기 때문에 전문 점검기관이나 전문가가 점검이 필요하기 때문에 이들에 의하여 점검하는 제도를 말합니다. 부동산 전문기술점검기관의 점검내용은 다음과 같습니다.

① 난방시설   ② 배관   ③ 전기시설
④ 지붕상태   ⑤ 해충 조사   ⑥ 기타

임대보증금 보증보험제도란 임대차가 종료 시 임대인이 임대차 만료일에 임차인에게 보증금을 반환해 줄 수 있도록 보증보험회사가 먼저 임대보증금을 지불하고 신임차대차가 체결될 때까지 임대인은 보증보험회사가 지불한 임대보증금에 대한 이자를 지불하는 것을 보험계약조건으로 하는 보험제도를 말합니다.

18. 부동산 거래사고를 예방하기 위해 가장 시급한 것이 무엇이라고 보십니까?

① 권원보험제도(   )   ② 에스크로우제도(   )
③ 부동산하자 점검제도 (   )   ④ 임대보증금 보증보험제도(   )

19. 위 부동산거래 안전제도에 대하여 귀하가 귀하의 부동산을

거래할 때 이 제도에 참여한다면 그 참여범위에 대한 귀하
의 생각은?

① 참여하지 않겠다. (   )

② 일부만 참여하겠다. (   )☞ 21번

③ 전부 참여하겠다. (   )☞ 22번

20. 귀하가 위 부동산거래안전제도에 참여하지 않는 이유는?

① 현재의 거래에 불편이 없기 때문에(   )

② 위 거래안전제도를 운영해도 현재와 별 차이가 없기 때문에(   )

③ 위 거래안전제도를 운영하면 수수료만 오르기 때문에(   )

④ 위 거래제도가 우리나라에 부적합하기 때문에(   )

부적합한 이유는:

21. 일부만 참여한다면 어느 것을 참여하시겠습니까?(다수 선택
시 순위로 표시)

① 권리보험제도(   )   ② 에스크로우제도(   )

③ 부동산 전문 기술점검제도(   )

④ 임대보증금 보증보험제도(   )

22. 이 권리보험제도업무를 누가 수행하는 것이 좋다고 생각하십니까?

① 변호사(   )   ② 법무사(   )

③ 공인중개사(   )   ④ 손해보험사(   )

⑤ 권리보험 전담회사(   )

23. 에스크로우제도업무를 누가 수행하는 것이 좋겠다고 생각하

십니까?

① 변호사(   )　　　　　　　② 은행(   )

③ 공인중개사(   )　　　　　④ 전담회사(   )

24. 부동산전문기술점검제도 업무를 누가 수행하는 것이 좋다고
　　생각하십니까?

　　① 아파트는 관리소, 기타 건물은 주택관리업체(   )

　　② 별도 전문 점검업체(   )

　　③ 매도인이 작성하여 하자보증보험으로 대체하는 방법(   )

위 부동산거래 안전제도에 대한 수수료에 대한 설문입니다.

　　미국의 경우 권원보험은 건당 350~500달러(35만 원~50만 원), 에스크로우는 건당 85
0~1,500달러(85만 원~150만 원), 부동산 전문기술점검 수수료는 500~1,000달러(50만
원~100만 원)를 지불하고 있습니다.

　　우리나라의 경우는 하나은행에서 부동산에 대한 에스크로우 및 권원보험제도 둘을 운용하는
데 45만 원~160만 원까지 받고 있으며, 대한공인중개사협회는 에스크로우 수수료만 4억 원
기준하여 4억 원 이하의 경우는 거래대금×0.05%＋20만 원, 4억 원 초과의 경우는 거래대금
의 0.1%를 받고 있습니다.

　　부동산거래의 안전을 위한 기관들의 활동에 대하여 적절한 수수료를 지불하여야 하는데 이에
대하여 귀하의 의견을 듣고자 합니다.

25. 수수료의 형태는 무엇이 좋다고 생각하십니까?

　　① 고정금액을 수수료로 한다. (   )

　　② 금액의 양에 따라 누진제로 하는 것이 좋다. (   )☞ 27번

　　③ 금액에 관계없이 일정 비율로 하는 것이 좋다. (   )☞ 28번

26. 수수료 양을 고정금액으로 한다면 각 제도 공히 어느 정도가

적절하다고 보십니까?　　　☞ 답한 후 29번

① 35만 원이 적당하다(　　)　② 50만 원이 적당하다(　　)

③ 85만 원이 적당하다(　　)　④ 100만 원이 적당하다(　　)

27. 금액 양에 따라 누진제를 적용하는 것이 좋다면 거래대금을 기
　　준하여 어느 정도가 적절하다고 보십니까?　　☞ 답한 후 29번

　　(　　)① 5,000만 원 단위로: 0.5%씩 누진

　　(　　)② 1억 원 단위로: 0.5%씩 누진

　　(　　)③ 2억 원 단위로: 0.5%씩 누진

　　(　　)④ 4억 원 기준하여 4억 원 이하는 거래대금×0.05%＋20만 원
　　4억 원 초과는 거래대금×0.1%

28. 일정비율로 한다면 어느 정도가 적절하다고 보십니까?

　　① 0.5〜0.8%(　　)　　② 0.8〜1%(　　)　　③ 2〜3%(　　)

다음은 부동산 가격에 대한 설문입니다.

---

29. 귀하가 부동산을 매매할 때 적당한 가격에 거래하고 있다고
　　믿습니까?

　　① 의심이 많았다(　　)☞ 30번　　② 믿는다(　　)☞ 31번

30. 의심이 많았다면 왜 의심이 갔습니까?

　　① 중간에 소개하는 자가 소개료를 너무 많이 갈 것 같아서(　　)

　　② 적절한 부동산 가치로 가격을 흥정해 주고 있는지 몰라서(　　)

31. 귀하는 거래대금을 현행처럼 계약금, 중도금, 잔금으로 처리
되는 것에 대해 어떻게 생각하십니까?
① 계약금과 잔금으로 하는 것이 좋다( )
② 현행대로가 좋다( )☞ 33번

32. 거래대금을 계약금과 잔금으로 하는 것이 좋겠다고 생각한
이유는?
① 중도금까지 넘어가면 대부분 부동산에는 융자가 있는데
잘못하면 거래대금 이상으로 지불하게 된다( )
② 중도금이 넘어가면 중도에 사정이 발생하여 해약 시 위약
금 외에는 즉시 반환이 불안했다( )
③ 중도금까지 지불하면 계약만 체결했는데 거래대금이 너무
많이 일방적으로 주는 것 같다( )
④ 기타( ) 기타 내용은:

33. 부동산도 재테크수단의 하나이므로 상호 손해가 없도록 거래
하는 것이 좋다고 생각합니다. 이를 위해 감정을 하여 거래
하는 것이 좋다고 생각하는데 귀하의 의견은?
① 감정하는 것이 좋다( )
② 현행처럼 주변 거래사례로 가격을 결정하는 것이 좋다( )
③ 거래 당사자 간에 알아서 하도록 하는 것이 좋다( )

34. 가격을 감정한다면 누가 하는 것이 좋다고 생각하십니까?
① 매도인( )   ② 매수인( )

***지금까지 적극 설문해 주셔서 감사합니다.

부록# 3 주택법의 하자범위 및 하자담보책임 기간(별표#6)

[별표 6] 〈개정 2007. 3. 16〉
　　　하자보수대상 하자의 범위 및 시설공사별 하자담보책임 기간
(주택법 시행령 제59조 제1항 관련)

1. 하자의 범위

공사상의 잘못으로 인한 균열·처짐·비틀림·침하·파손·붕괴·누수·누출, 작동 또는 기능불량, 부착·접지 또는 결선 불량, 고사 및 입상불량 등이 발생하여 건축물 또는 시설물의 기능·미관 또는 안전상의 지장을 초래할 정도의 하자

2. 시설공사별 하자담보책임 기간

구 분		하자담보책임 기간			
		1년	2년	3년	4년
1. 대지조성공사	가. 토공사		○		
	나. 석축공사		○		
	다. 옹벽공사		○		
	라. 배수공사		○		
	마. 포장공사			○	
2. 옥외급수·위생 관련 공사	가. 공동구공사		○		
	나. 지하저수조공사		○		
	다. 옥외위생(정화조) 관련 공사		○		
	라. 옥외급수 관련 공사		○		
3. 지정 및 기초	가. 직접기초공사			○	
	나. 말뚝기초공사			○	
4. 철근콘크리트공사	가. 일반철근콘크리트공사				○
	나. 특수콘크리트공사				○
	다. 프리캐스트콘크리트공사				○
5. 철골공사	가. 구조용철골공사			○	
	나. 경량철골공사		○		
	다. 철골부대공사		○		
6. 조적 공사	가. 일반벽돌공사		○		
	나. 점토벽돌공사		○		
	다. 블럭공사		○		
7. 목공사	가. 구조체 또는 바탕재공사		○		

8. 창호공사	가. 창문틀 및 문짝공사		○		
	나. 창호철물공사		○		
	다. 유리공사	○			
9. 지붕 및 방수공사	가. 지붕공사				○
	나. 홈통 및 우수관공사				○
	다. 방수공사				○
10. 마감공사	가. 미장공사	○			
	나. 수장공사	○			
	다. 칠공사	○			
	라. 도배공사	○			
	마. 타일공사		○		
	바. 단열공사		○		
	사. 옥내가구공사		○		
11. 조경공사	가. 식재공사		○		
	나. 잔디심기공사	○			
	다. 조경시설물공사		○		
	라. 관수 및 배수공사		○		
	마. 조경포장공사		○		
	바. 조경부대시설공사		○		
12. 잡공사	가. 온돌공사(세대매립배관 포함)			○	
	나. 주방기구공사		○		
	다. 옥내 및 옥외설비공사		○		
	라. 금속공사	○			
13. 난방·환기, 공기조화 설비 공사	가. 열원기기설비공사		○		
	나. 공기조화기기설비공사		○		
	다. 닥트설비공사		○		
	라. 배관설비공사		○		
	마. 보온공사		○		
	바. 자동제어설비공사		○		
14. 급·배수위생설비공사	가. 급수설비공사		○		
	나. 온수공급설비공사		○		
14. 급·배수위생설비공사	다. 배수·통기설비공사		○		
	라. 위생기구설비공사		○		
	마. 철 및 보온공사		○		
	바. 특수설비공사		○		

15. 가스 및 소화설비공사	가. 가스설비공사		○		
	나. 소화설비공사			○	
	다. 제연설비공사			○	
	라. 가스저장시설공사			○	
16. 전기 및 전력설비공사	가. 배관·배선공사		○		
	나. 피뢰침공사		○		
	다. 조명설비공사	○			
	라. 동력설비공사		○		
	마. 수·변전설비공사			○	
	바. 수·배전공사		○		
	사. 전기기기공사		○		
	아. 발전설비공사			○	
	자. 승강기 및 인양기설비공사			○	
17. 통신·신호 및 방재설비 공사	가. 통신·신호설비공사		○		
	나. TV공청설비공사		○		
	다. 방재설비공사		○		
	라. 감시제어설비공사		○		
	마. 가정자동화 설비공사		○		
	바. 자동화 재탐지설비공사			○	
	사. 정보통신설비공사		○		

부록# 4 주택법의 하자범위 및 하자담보책임 기간(별표#7)

[별표 7] 〈개정 2005. 9. 16〉
내력구조부별 하자보수대상 하자의 범위 및 하자담보책임 기간
(주택법 시행령 제59조 제1항 관련)

1. 하자의 범위
   가. 내력구조부에 발생한 결함으로 인하여 당해 공동주택이 무너진 경우
   니. 제62조 제3항의 규정에 의한 안전진단 실시결과 당해 공동주택이 무너질 우려가 있다고
      판정된 경우

2. 내력구조부별 하자보수 기간
   가. 기둥·내력벽(힘을 받지 않는 조적벽 등은 제외한다): 10년
   나. 보·바닥 및 지붕: 5년

부록# 5 아파트 장기수선 계획(예)

① 건물 외부

구분	공사종별	수선방법	주기	수선율	비고
지붕	모르터 마감	부분 수리	5년	18%	시멘트 액체 방수
	콘자갈 깔기	보충	5년	15%	
	아스팔트방수층	부분 수리	5년	10%	단열층 및 보호층 포함
	고분자도막방수	부분 수리	5년	10%	
	고분자시트방수	부분 수리	8년	20%	
	타일	부분 수리	10년	5%	크링카 타일
	모르터 마감	전면 재바름	15년	100%	
	고분자도막방수	전면 재방수	15년	100%	
	고분자시트방수	전면 재방수	20년	100%	
	아수팔트방수층	전면 재방수	25년	100%	
외벽	수성페인트	전면 재도장	5년	100%	모르터면
	모르터 마감	부분 수리	8년	15%	
	인조석	부분 수리	8년	15%	
	타일붙이기	부분 수리	8년	10%	자기질 타일
	인조석 깔기	부분 수리	10년	5%	
	모르터 마감	전면 재바름	25년	100%	
	돌 붙이기	부분 수리	25년	5%	화강석
	인조석 깔기	전면 수리	30년	100%	
	씻어내기	전면 수리	30년	100%	
	타일 붙이기	전면 수리	40년	100%	
외벽 창문	유성페인트칠	전면 재도장	3년	100%	철재부분
		전면 재방청	6년	100%	
	합성수지페인트칠	전면 재도장	6년	100%	철재부분
		전면 재방청	12년	100%	
	철제창문	창문틀 수리	15년	20%	창호철물은 제외
		창문 수리	15년	15%	
	알루미늄창문	창문틀 수리	20년	10%	창호철물은 제외
		창문 수리	20년	15%	
	철제창문	전면 교체	30년	100%	
	알루미늄창문	전면 교체	40년	100%	

구분	공사종별	수선방법	주기	수선율	비고
기타	쓰레기 투입구 및 소제구		5년	25%	
	지붕 낙수구	부분 수리	6년	10%	주철재 또는 PVC제품
	홈통	부분 수리	6년	10%	PVC제품
	철재 피난계단	부분 수리	8년	16%	
	철재 난간	전면 수리	25년	100%	
	지붕낙수구	전면 교체	28년	100%	
	홈통	전면 교체	28년	100%	
	철재 피난계단	전면 교체	30년	100%	

② 건물 내부

구분	공사종별	수선방법	주기	수선율	비고
천정	수성도료칠	전면 도장	5년	100%	
	유동도료칠	전면 도장	5년	100%	
	합성수지도료칠	전면 도장	6년	100%	
	회박죽마감	부분 보수	7년	20%	
	보스(텍스)류	전면 보수	25년	100%	
	회박죽마감	전면 보수	30년	100%	
	모르터 마감	전면 보수	30년	100%	
내벽	수성도료칠	전면 재도장	5년	100%	
	유성도료칠	전면 재도장	5년	100%	
	합성수지도료칠	전면 재도장	6년	100%	
	회박죽마감	부분 보수	7년	20%	
	벽지	전면 재도배	10년	100%	
	칸막이벽(목재)	부분 보수	10년	15%	
	칸막이벽(경량철골)	부분 보수	10년	10%	
	보드류	전면 재붙임	20년	100%	
	타일 붙임	부분 수리	20년	10%	
	회박죽마감	전면 재마감	30년	100%	
	타일 붙임	전면 재붙임	50년	100%	
바닥	모르터마감	부분 수리	5년	15%	
	아스타일류 깔기	부분 수리	6년	15%	
	마루널 깔기	부분 수리	7년	15%	
	타일 붙임	부분 수리	8년	10%	
	인조석 깔기	부분 보수	15년	10%	
	아스타일류 깔기	전면 교체	18년	100%	

구분	공사종별	수선방법	주기	수선율	비고
바닥	모르터 마감	전면 재마감	20년	100%	
	마루널 깔기	전면 재깔기	25년	100%	
	타일 붙임	전면 재붙임	30년	100%	
	인조석 깔기	전면 재깔기	30년	100%	
내부 창문	목재창문	창문 수리	10년	20%	
		창문틀 수리	13년	18%	
	알루미늄창문	창문틀 수리	20년	10%	
		창문 수리	20년	15%	
	목재창문	창문 교체	28년	100%	
	알루미늄창문	창문 교체	40년	100%	
구분	공사종별	수선방법	주기	수선율	비고
계단	유성페인트칠	전면 도장	5년	100%	
	모르터 마감	부분 수리	5년	15%	
	인조석 깔기	부분 수리	7년	10%	
	바닥아스타일	부분 수리	8년	10%	
		전면 교체	15년	100%	
구분	공사종별	수선방법	주기	수선율	비고
계단	계단논스립	전면 교체	15년	100%	
	모르터 마감	전면 재마감	20년	100%	
	철재난간	전면 교체	23년	100%	목재혼합난간 포함
	인조석 깔기	전면 재깔기	25년	100%	
	스테인리스난간	전면 교체	40년	100%	
기타	단열층(벽, 천정)	부분 보수	15년	20%	보호층 포함
		전면 보수	50년	100%	

③ 전기 · 소화 및 승강기 설비

구분	공사종별	수선방법	주기	수선율	비고
예비 전원	축전지	교체	4년	100%	
	냉각수탱크	교체	15년	100%	
	기름탱크	교체	20년	100%	
	배전반	교체	20년	100%	
	자동제어반	교체	20년	100%	
	내연기관	교체	30년	100%	
	발전기	교체	30년	100%	
변전 설비	축전지	교체	10년	100%	

구분	공사종별	수선방법	주기	수선율	비고
변전 설비	충전기	교체	18년	100%	
	변압기	교체	20년	100%	
	콘덴서	교체	20년	100%	
	수전반	교체	20년	100%	
	배전반	교체	20년	100%	
	유도전압조정기	교체	20년	100%	
옥내 배선 설비	스위치	교체	5년	100%	
	콘센트	교체	6년	100%	
	배선배관	교체	20년	100%	
인터폰	인터폰	교체	20년	100%	
구분	공사종별	수선방법	주기	수선율	비고
자동화 제감지 시설	감지기	교체	20년	100%	
	수신반	교체	20년	100%	
소화 설비	소화펌프	해체수리	9년	50%	
	급수관압노피복	교체	15년	100%	
	소화펌프	교체	20년	100%	
	모터	교체	20년	100%	
	소화기구	교체	20년	100%	
	급수변	교체	20년	100%	
	내연기관(엔진)	교체	25년	100%	
	스프링클러	교체	25년	100%	
승강기 및 인양기	와이어로프	교체	5년	100%	
	기계장치	교체	15년	100%	

④ 급수, 위생, 가스 및 환기시설

구분	공사종별	수선방법	주기	수선율	비고
급수 설비	터빈펌프	교체	15년	100%	
	급수관	교체	15년	100%	
	수량계	교체	15년	100%	
	고가수조	교체	20년	100%	
가스 설비	가스코크	교체	13년	100%	
	배관	교체	15년	100%	
배수 설비	펌프	교체	12년	100%	
	배수관	교체	15년	100%	

배수 설비	배변관	교체	25년	100%	
위생 설비	세탁조	교체	17년	100%	
	경사싱크	교체	20년	100%	
	대변기	교체	20년	100%	
	세면기	교체	20년	100%	
	수세기	교체	20년	100%	
	소변기	교체	25년	100%	
환기	환기팬	교체	15년	100%	

⑤ 난방 및 급탕 설비

구분	공사종별	수선방법	주기	수선율	비고
난방 설비	보일러 수관	교체	9년	100%	밸브류 포함
	난방순환펌프	교체	10년	100%	
	보일러	해체수리	10년	10%	
		교체	15년	100%	
	급수탱크	교체	15년	100%	
	난방관	교체	15년	100%	보온피복, 바닥단열층 및 보호층 포함
	유류저장탱크	교체	20년	100%	
급탕 설비	순환펌프	해체수리	5년	20%	
		교체	10년	100%	
	급탕조	교체	15년	100%	

⑥ 옥외 부대시설

구분	공사종별	수선방법	주기	수선율	비고
옥외 부대 시설	배수로 및 맨홀	부분 수리	5년	10%	
	아연도금철망울	알루미늄페인트	6년	100%	
	정화조	부분 수리	7년	15%	
	콘크리트 포장	전면 수선	12년	100%	
	아스팔트 포장	전면 수선	12년	100%	

구분	공사종별	수선방법	주기	수선율	비고
옥외 부대 시설	보도블록	전면 교체	12년	100%	
	어린이놀이터시설	전면 교체	15년	100%	
	PVC피복	전면 수선	30년	100%	
	타리	전면 교체	30년	100%	
	철망울타리	전면 교체	40년	100%	

부록# 6 건설산업기본법의 하자범위 및 하자담보책임 기간 (별표#4)

[별표 4] 〈개정 2007. 12. 28〉
건설공사의 종류별 하자담보책임 기간

(건설산업기본법 제30조 관련)

공사별	세부공종별	책임 기간					
		1년	2년	3년	5년	7년	10년
1. 교량	① 기둥 사이의 거리가 50m 이상이거나 길이가 500m 이상인 교량의 철근콘크리트 또는 철골구조부						O
	② 길이가 500m 미만인 교량의 철근콘크리트 또는 철골구조부					O	
	③ 교량 중 ①·② 외의 공종(교면포장·이음부·난간시설 등)	O					
2. 터널	① 터널(지하철을 포함한다)의 철근콘크리트 또는 철골구조부						O
	② 터널 중 ① 외의 공종				O		
3. 철도	① 교량·터널을 제외한 철도시설 중 철근콘크리트 또는 철골구조					O	
	②. ① 외의 시설				O		
4. 공항·삭도	① 철근콘크리트·철골구조부					O	
	②. ① 외의 시설				O		
5. 항만·사방간척	① 철근콘크리트·철골구조부					O	
	②. ① 외의 시설				O		
6. 도로	① 콘크리트 포장 도로(암거 및 측구를 포함한다)			O			
	② 아스팔트 포장 도로(암거 및 측구를 포함한다)		O				
7. 댐	①본체 및 여수로 부분						O
	②. ① 외의 시설				O		
8. 상·하수도	① 철근콘크리트·철골구조부					O	
	② 관로 매설·기기설치			O			
9. 관계수로·매립				O			
10. 부지정지			O				
11. 조경	조경시설물 및 조경식재		O				
12. 발전·가스 및 산업설비	① 철근콘크리트·철골구조부					O	
	② 압력이 1제곱센티미터당 10킬로그램 이상인 고압가스의 관로(부대기기를 포함한다) 설치공사				O		
	③. ①, ② 외의 시설			O			

공사별	세부공종별	책임 기간					
		1년	2년	3년	5년	7년	10년
	13. 기타 토목공사	O					
14. 건축	① 대형공공성 건축물(공동주택·종합병원·관광숙박시설·관람집회시설·대규모소매점과 16층 이상 기타 용도의 건축물)의 기둥 및 내력벽 ② 대형공공성 건축물 중 기둥 및 내력벽 외의 구조상						O
	주요 부분과 ① 외의 건축물 중 구조상 주요 부분				O		
	③ 건축물 중 ①, ②와 제15호의 전문공사를 제외한 기타 부분	O					
15. 전문공사	① 실내의장	O					
	② 토공		O				
	③ 미장·타일	O					
	④ 방수			O			
	⑤ 도장	O					
	⑥ 석공사·조적		O				
	⑦ 창호설치	O					
	⑧ 지붕			O			
	⑨ 판금	O					
	⑩ 철물(제1호 내지 제14호에 해당하는 철골을 제외한다)		O				
	⑪ 철근콘크리트(제1호부터 제14호까지의 규정에 해당하는 철근콘크리트는 제외한다) 및 콘크리트 포장			O			
	⑫ 급배수·공동구·지하저수조·냉난방·환기·공기조화·자동제어·가스·배연설비			O			
	⑬ 승강기 및 인양기기 설비			O			
	⑭ 보일러 설치	O					
	⑮ ⑫, ⑭ 외의 건물 내 설비	O					
	⑯ 아스팔트 포장		O				
	⑰ 보링	O					
	⑱ 건축물조립(건축물의 기둥 및 내력벽의 조립을 제외하며, 이는 제14호에 따른다)	O					
	⑲ 온실설치		O				

비고: 위 표 중 2 이상의 공종이 복합된 공사의 하자담보책임 기간은 하자책임을 구분할 수 없는 경우를 제외하고는 각각의 세부 공종별 하자담보책임 기간으로 한다.

매도(임대) 의뢰용 일반중개계약서

중개의뢰인(갑)은 이 계약서에 의하여 아래 중개대상물의 중개를 중개업자(을)에게 의뢰하고 '을'은 이를 승낙한다.

구분			매도 · 임대 · 기타( )				건물명 및 호수:	
중개대상물의 표시	토지	소재지					지목	
		면적	㎡		지역 · 지구 등		현재 용도	
	건축물	건축년도					용도	
		면적	㎡		구조		현재 용도	
	은행융자 · 권리금 · 제세공과금 등 (또는 월임대료 · 보증금 · 관리비 등)							
소유자 및 등기명의인	성명		주민등록번호			전화	(집)	
	주소						(휴)	
권리관계				세입자 전화		입주가능일		
거래규제 및 공법상 제한사항								
중개의뢰금액	원		거래대금 지급방법		계약금:		중도금:	
시설물 상태	수도	파손 여부:		용수량:				
	전기	정상:		교체부분:				
	취사연료	도시가스:	LPG:	전기:		석유곤로:		
	난방	공급방식	중앙공급:		개별공급:			
		종류	도시가스:	기름:	프로판가스:		연탄:	
		보일러작동	정상:	수선요함:				
	배수	정상:		수선요함:				
벽면 지붕	균열	없음:	있음(위치):					
	누수	없음:	있음(위치)					

제1조('갑' 의 권리 • 의무사항) ① 갑은 이 계약에 불구하고 다른

중개업자에게도 중개계약을 할 수 있다.

② 갑은 을이 「부동산거래 선진화 법률」 규정에 따른 중개대상물 확인·설명 의무를 이행하는 데 협조하여야 한다.

③ 갑은 등기권리증이 없으므로 을은 권리조사에 적극 협조하여야 한다.

제2조(‘을’의 의무사항) ① 을은 갑의 아래 목적을 달성할 수 있도록 위 중개대상물을 유효 기간 내 처리를 위해 노력한다.

② 을은 갑의 다음 매도조건에 적합한 자에게 매도될 수 있도록 하여야 한다.

1.

2.

③ 을은 위 부동산에 대한 권리조사 및 분석을 철저히 하여 매수자가 부담 없이 중개대상물을 인수할 수 있도록 하여야 한다.

제3조(유효 기간) 본 계약은 200 년　월　일부터 200 년　월　일까지로 한다.

제4조(중개수수료) 중개대상물에 대한 거래계약이 성립한 경우 ‘갑’은 거래가액의 (　　　)%(또는　　　　　　원)를 중개수수료로 ‘을’에게 지급한다.

제5조(을의 손해배상 책임) ‘을’이 부동산 중개수수료 또는 실비를 과다 수령한 경우는 그 차액을 환급하고, 부동산중개대상물의 확인·설명을 소홀히 하여 재산상의 피해를 발생하게 한 경우는 ‘갑’에게 손해액을 배상하여야 한다.

제6조(권리보험 및 하자보험 가입) ① 갑은 거래계약 체결 시 잔금일 기준 6개월간의 부동산 가액의 5%에 해당하는 하자담보보증서를 발급받아 에스크로우 기관에 위탁하여야 한다.

② 을은 잔금지급일 기준으로 권리보험에 가입하기로 한다.

제7조(그 밖의 사항) 이 계약에서 정하지 아니한 사항에 대하여는 '갑'과 '을'이 합의하여 별도로 정할 수 있다.

이 계약을 확인하기 위하여 계약서를 2통을 작성하여 계약 당사자 간에 이의 없음을 확인하고 각자 서명·날인한 후 각각 1통씩 보관한다.

년 월 일

계약자

 중개의뢰인(갑): 성명 서명(또는 날인) 주민등록번호:

      주소/거소: 전화번호:

 중개업자(을): 성명 서명(또는 날인) 주민등록번호:

      상호: 등록번호:

      전화번호:

      주소/거소:

매도(임대) 의뢰용 전속중개계약서

중개의뢰인(갑)은 이 계약서에 의하여 아래 중개대상물의 중개를 중개업자(을)에게 의뢰하고 '을'은 이를 승낙한다.

<table>
<tr><td>구분</td><td colspan="4">매도 · 임대 · 기타(　　　　　)</td><td colspan="2">건물명 및 호수:</td></tr>
<tr><td rowspan="6">중개대상물의
표시</td><td rowspan="2">토지</td><td>소재지</td><td colspan="3"></td><td>지목</td><td></td></tr>
<tr><td>면적</td><td>m²</td><td>지역 ·
지 구
등</td><td></td><td>현재용도</td><td></td></tr>
<tr><td rowspan="2">건축물</td><td>건축년도</td><td colspan="3"></td><td>용도</td><td></td></tr>
<tr><td>면적</td><td>m²</td><td>구조</td><td></td><td>현재 용도</td><td></td></tr>
<tr><td colspan="5">은행융자 · 권리금 · 제세공
과금 등
(또는 월임대료 · 보증금 · 관
리비 등)</td><td colspan="2"></td></tr>
<tr><td colspan="7"></td></tr>
<tr><td rowspan="2">소유자 및
등기명의인</td><td>성명</td><td colspan="2"></td><td>주민등록
번호</td><td></td><td rowspan="2">전화</td><td>(집)</td></tr>
<tr><td>주소</td><td colspan="4"></td><td>(휴)</td></tr>
<tr><td>권리관계</td><td colspan="7"></td></tr>
<tr><td>거래규제 및
공법상 제한사항</td><td colspan="7"></td></tr>
<tr><td>중개의뢰금액</td><td colspan="2">원</td><td>기타
(세입자)</td><td>전화:</td><td colspan="3">이사일자:</td></tr>
<tr><td rowspan="8">시설물
상태</td><td colspan="2">수도</td><td colspan="6">파손 여부:　　　　　　　용수량:</td></tr>
<tr><td colspan="2">전기</td><td colspan="6">정상:　　　　　　　교체부분:</td></tr>
<tr><td colspan="2">취사연료</td><td colspan="6">도시가스:　　　LPG:　　　전기:　　　석유곤로:</td></tr>
<tr><td rowspan="4">난방</td><td>공급방식</td><td colspan="6">중앙공급:　　　　　개별공급:</td></tr>
<tr><td>종류</td><td colspan="6">도시가스:　　　기름:　　　프로판가스:　　　연탄:</td></tr>
<tr><td>보일러작동</td><td colspan="6">정상:　　　수선요함:</td></tr>
<tr><td colspan="2">배수</td><td colspan="6">정상:　　　　　수선요함:</td></tr>
<tr><td rowspan="2">벽면
지붕</td><td colspan="2">균열</td><td colspan="5">없음:　　　있음(위치):</td></tr>
<tr><td colspan="2">누수</td><td colspan="5">없음:　　　있음(위치)</td></tr>
</table>

제1조('갑'의 의무사항) ① 갑은 본 계약에 의거하여 을 외의 중개업자와 중개계약을 할 수 없다.

② 갑은 을이 「부동산거래 선진화 법률」 규정에 따른 중개대상물 확인·설명 의무를 이행하는 데 협조하여야 한다.

③ 갑은 거래계약 시 등기권리증이 없으므로 을은 권리조사에 적극 협조하여야 한다.

제2조('을'의 의무사항) ① 을은 갑의 아래 목적을 달성할 수 있도록 위 중개대상물을 유효 기간 내 처리를 위해 노력하여야 한다.

1.

2.

② 을은 갑의 다음 매도조건에 적합한 자에게 매도될 수 있도록 하여야 한다.

1.

2.

③ 을은 위 부동산에 대한 권리조사 및 분석을 철저히 하여 매수자가 부담 없이 중개대상물을 인수할 수 있도록 하여야 한다.

④ '을'은 '갑'에게 문서 또는 유선으로 2주에 1회 이상 업무처리 상황을 통지하여야 한다.

⑤ '을'은 중개대상물을 (   )부동산거래정보망에 이 전속중개계약 체결 후 지체 없이 광고하여야 하며, 중개대상물을 광고한 때에는 지체 없이 '갑'에게 부동산거래정보망 등에 광고한 내용을 통지하여야 한다.

⑥ 법 제17조 및 동법 시행령 제22조에 따라 중개대상물에 관한 확인·설명의무를 성실하게 이행하여야 한다.

제3조(유효 기간) 본 계약은 200 년   월   일부터 200 년   월

일까지로 하며 '갑'과 '을'이 합의하여 조정할 수 있다.

제4조(중개수수료) ① 거래계약이 성립한 경우 계약과 동시에 '갑'은 거래가액의 (   )%를 중개수수료로 '을'에게 지급한다.

② 다음의 경우에는 '갑'은 그가 지불하여야 할 중개수수료에 해당하는 금액을 위약금으로 '을'에게 지불하여야 한다. 단, 다음 3의 경우에는 중개수수료의 50% 범위 내에서 '을'의 소요비용을 지불하되, 사회통념에 비추어 상당하다고 인정되는 비용에 한한다.

1. 전속중개계약의 유효 기간 내에 '을' 외의 중개업자에게 중개를 의뢰하여 거래한 경우

2. 전속중개계약의 유효 기간 내에 '을'의 소개에 의하여 알게 된 상대방과 '을'을 배제하고 거래한 경우

3. 전속중개계약의 유효 기간 내에 '갑'이 스스로 발견한 상대방과 거래한 경우

4. 첨부의 '갑'은 중개대상물자료요구서를 작성하여 '을'에게 제출하여야 한다.

제5조(중개의뢰인에 대한 피해배상) '갑'은 '을'이 다음의 행위를 한 경우에 그 피해를 '을'에게 청구할 수 있다.

① 부동산 중개수수료를 계약한 것보다 과다 징수한 경우는 과다 징수한 금액

② 부동산중개대상물의 확인·설명을 소홀히 하여 재산상의 피해를 발생하게 한 경우는 피해를 본 금액

제6조(권리보험 및 하자보험 가입) 갑은 권리보험 및 하자보험에 가입하기로 한다.

제7조(기타) 이 계약에 정하지 아니한 사항에 대하여는 '갑'과 '을'이 합의하여 별도로 정할 수 있다.

이 계약을 확인하기 위하여 계약서를 2통을 작성하여 '갑'과 '을'이 이의 없음을 확인하고 각자 서명·날인한 후 각각 1통씩 보관한다.

년　　　월　　　일

계약자

　　중개의뢰인(갑): 성명 서명(또는 날인)　　　주민등록번호:

　　　　　　　　주소 / 거소:　　　　　　　　　전화번호:

　　중개업자(을): 성명 서명(또는 날인)　　　주민등록번호:

　　　　　　　　상호:　　　　　　　　　　　　등록번호:

　　　　　　　　전화번호:

　　　　　　　　주소/거소:

양식#3 일반중개계약(매수 및 임차용)

매수(임차) 의뢰용 일반중개계약서

중개의뢰인(갑)은 이 계약서에 의하여 아래 부동산의 중개를 중개업자 (을)에게 의뢰하고 '을'은 이를 승낙한다.

희망 중개대상물 의뢰내역

의뢰종류	매수( ), 임차( ), 기타( )	
항목	내용	희망 정도
희망물건의 종류		
취득희망가액		
희망 지역		
희망 면적		
취득목적 및 용도		
기타 희망조건		

제1조('갑' 의 권리·의무사항)

① 갑은 본 계약에도 불구하고 다른 중개업자에게 중개계약을 체결할 수 있다.

② 갑은 을이 갑이 요구하는 물건을 찾아주는 데 필요한 사항을 적극 협조하여야 한다.

제2조('을' 의 의무사항)

① 을은 갑이 요구하는 물건을 조속히 찾아주는 데 성실히 노력 하여야 한다.

② 을은 거래계약 체결 시 매도인의 부동산하자담보보증보험증 서를 갑이 받을 수 있도록 조치한다.

제3조(유효 기간) 본 계약은 200 년   월   일부터 200 년   월

일까지로 한다.

제4조(중개수수료) 중개대상물에 대한 거래계약이 성립한 경우 '갑'은 거래가액의 (   )%(또는   원)를 중개수수료로 '을'에게 지급한다.

제5조(을의 손해배상 책임) '을'이 부동산 중개수수료 또는 실비를 과다 수령한 경우 그 차액을 환급하고, 부동산중개대상물의 확인·설명을 소홀히 하여 재산상의 피해를 발생하게 한 경우는 손해액을 '갑'에게 배상하여야 한다.

제6조(거래대금보장보험 가입) 갑은 관리상태가 불량한 물건을 거래계약 시 거래대금의 보장을 위하여 거래대금보장보험에 가입하기로 한다.

제7조(그 밖의 사항) 이 계약에 정하지 아니한 사항에 대하여는 '갑'과 '을'이 합의하여 별도로 정할 수 있다.

이 계약을 확인하기 위하여 계약서를 2통을 작성하여 계약 당사자는 이의 없음을 확인하고 각자 서명·날인한 후 각각 1통씩 보관한다.

년   월   일

계약자

　중개의뢰인(갑): 성명 서명(또는 날인)　　주민등록번호:
　　　　주소 / 거소
　　　　전화번호:

　중개업자(을): 성명 서명(또는 날인)　　주민등록번호:
　　　　상호:　　　　　　　　　　전화번호:
　　　　주소 / 거소:

매수(임차) 의뢰용 전속중개계약서

중개의뢰인(갑)은 이 계약서에 의하여 아래 부동산의 중개를 중개업자(을)에게 의뢰하고 '을'은 이를 승낙한다.

희망 중개대상물 의뢰내역

의뢰종류	매수( ), 임대( ), 기타( )	
항목	내용	희망 정도
희망물건의 종류		
취득희망가액		
희망 지역		
희망 면적		
취득목적		
기타 희망조건		

제1조('갑'의 의무사항)

① 갑은 본 계약을 을 외의 중개업자와 중개계약을 체결할 수 없다.

② 갑은 을이 갑이 요구하는 물건을 찾아주는 데 필요한 사항을 적극 협조하여야 한다.

제2조('을'의 의무사항)

① 을은 갑이 요구하는 물건을 조속히 찾아주는 데 성실히 노력하여야 한다.

② 을은 거래계약 체결 시 매도인의 부동산하자담보보증보험증서를 갑이 받을 수 있도록 조치한다.

③ '을'은 '갑'에게 문서 또는 유선으로 2주에 1회 이상 업무처리 상황을 통지하여야 한다.

④ '을'은 중개대상물을 (   )부동산거래정보망에 이 전속중
개계약 체결 후 지체 없이 광고하여야 하며, 중개대상물을 광고한
때에는 지체 없이 '갑'에게 부동산거래정보망 등에 광고한 내용을
통지하여야 한다.

⑤ 부동산거래 선진화 법률 제17조 및 동법 시행령 제22조에 따
라 중개대상물에 관한 확인·설명의무를 성실하게 이행하여야 한다.

제3조(유효 기간) 본 계약은 200 년   월   일부터 200 년
월   일까지 3개월을 원칙으로 하며 '갑'과 '을'이 합의하여 조정
할 수 있다.

제4조(중개수수료)

① 중개대상물의 거래계약이 성립한 경우 계약과 동시에 '갑'은
거래가액의 %(또는   만 원)를 중개수수료로 '을'에게 지급한다.

② 다음의 경우에는 '갑'은 그가 지불하여야 할 중개수수료에 해
당하는 금액을 위약금으로 '을'에게 지불하여야 한다. 단, 3의 경우
에는 중개수수료의 50% 범위 내에서 '을'의 소요비용을 지불하되,
사회통념에 비추어 상당하다고 인정되는 비용에 한한다.

1. 전속중개계약의 유효 기간 내에 '을' 외의 중개업자에게 중개
를 의뢰하여 거래한 경우

2. 전속중개계약의 유효 기간 내에 '을'의 소개에 의하여 알게
된 상대방과 '을'을 배제하고 거래한 경우

3. 전속중개계약의 유효 기간 내에 '갑'이 스스로 발견한 상대방
과 거래한 경우

제5조(중개의뢰인에 대한 피해배상) '갑'은 '을'이 다음의 행위
를 한 경우에 그 피해를 '을'에게 청구할 수 있다.

1. 부동산 중개수수료를 계약한 것보다 과다 징수한 경우는 과다

징수한 금액

2. 부동산중개대상물의 확인·설명을 소홀히 하여 재산상의 피해를 발생하게 한 경우는 피해를 본 금액

제6조(거래대금보장보험 가입) 갑은 관리상태가 불량한 물건을 거래계약 시 거래대금의 보장을 위하여 거래대금보장보험에 가입하기로 한다.

제7조(기타) 이 계약에 정하지 아니한 사항에 대하여는 '갑'과 '을'이 합의하여 별도로 정할 수 있으며, 별도로 정함이 없는 경우에는 관례에 따른다.

이 계약을 확인하기 위하여 계약서를 2통을 작성하여 계약 당사자인 '갑'과 '을'이 이의 없음을 확인하고 각자 서명·날인한 후 각각 1통씩 보관한다.

년   월   일

계약자

　　중개의뢰인(갑): 성명 서명(또는 날인)　　주민등록번호:

　　　　　　　　주소 / 거소

　　　　　　　　전화번호:

　　중개업자(을): 성명 서명(또는 날인)　　주민등록번호:

　　　　　　　　상호:　　　　　　　　전화번호:

　　　　　　　　주소/거소:

▮ 약 력

목원대학교 산업정보대학원 부동산학과 석사과정 졸업

산업안전공학 학사
부동산학 석사

공인중개사
청소년지도사 2급

(전)육군포병연대장
(전)전국 공무원 문인협회 감사
(전)대전 분류심사원 발전위원
(전)대전 서구 내동 복지만두레 회장
(전)제11회 공인중개사회 대전 통합회장
(전)대한공인중개사협회 대전시지부 부지부장
(전)대한공인중개사협회 대공포럼 회장
(전)목원대학교 산업정보대학원 원우회장
(전)대한공인중개사협회 실무교육 및 부동산컨설팅 전임교수
(전)하이리치(주) 상업건물수익사업위원장
서우공인중개사사무소 소장
서우 부동산중개연구소 소장
와이비산업개발(주) 감사
공인중개사 2000회 회장
한국청소년육성회 대전 서부지회 운영위원
대전광역시 부동산 지가조사위원
상락침구회 봉사단 회원

▮ 저서

『공인중개사의 창업 및 실무』
『공인중개사의 경매대리』
『부동산중개업 창업과 중개컨설팅』

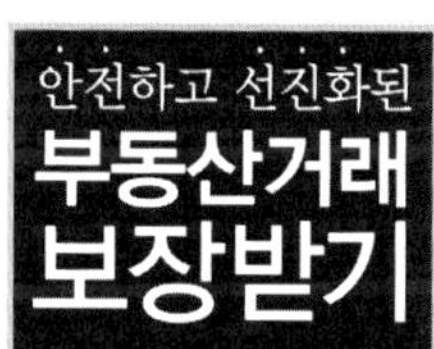

초판인쇄 | 2009년 9월 26일
초판발행 | 2009년 9월 26일

지은이 | 진영섭
펴낸이 | 채종준
펴낸곳 | 한국학술정보㈜
주 소 | 경기도 파주시 교하읍 문발리 파주출판문화정보산업단지 513-5
전 화 | 031) 908-3181(대표)
팩 스 | 031) 908-3189
홈페이지 | http://www.kstudy.com
E-mail | 출판사업부 publish@kstudy.com
등 록 | 제일산-115호(2000. 6. 19)

ISBN   978-89-268-0411-7 93320 (Paper Book)
       978-89-268-0412-4 98320 (e-Book)

내일을여는지식 은 시대와 시대의 지식을 이어 갑니다.